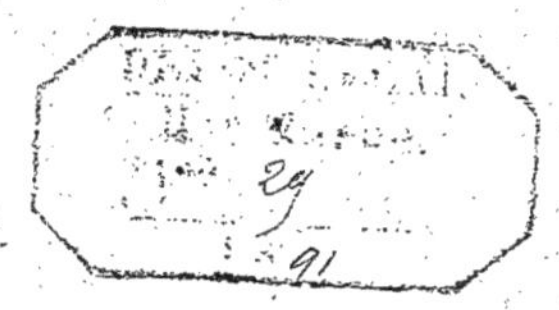

THÈSE

POUR LE DOCTORAT

DROIT ROMAIN

DES ÉLECTIONS MUNICIPALES

DANS L'EMPIRE ROMAIN

DROIT FRANÇAIS

RÉVISION DES CONSTITUTIONS

THÈSE POUR LE DOCTORAT

L'ACTE PUBLIC SUR LES MATIÈRES CI-APRÈS

Sera soutenu le Lundi 16 Mars 1891, à 2 heures du soir

PAR

Henri DE BOUSQUET DE FLORIAN,

AVOCAT A LA COUR D'APPEL,
ATTACHÉ AU CABINET DU GARDE DES SCEAUX,
LAURÉAT DE LA FACULTÉ DE PARIS.

(Droit romain : 1er prix, 1886 ; – Droit civil : 2e prix, 1887.)

Président : M. JALABERT

Suffragants : MM. LARNAUDE / CHAVEGRIN / MASSIGLI } *agrégés.*

PARIS

LIBRAIRIE NOUVELLE DE DROIT ET DE JURISPRUDENCE

ARTHUR ROUSSEAU, ÉDITEUR

14, RUE SOUFFLOT ET RUE TOULLIER, 13

1891

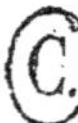

DROIT ROMAIN

DES
ÉLECTIONS MUNICIPALES

DANS L'EMPIRE ROMAIN

DROIT FRANÇAIS

RÉVISION DES CONSTITUTIONS

THÈSE POUR LE DOCTORAT

L'ACTE PUBLIC SUR LES MATIÈRES CI-APRÈS

Sera soutenu le Lundi 16 Mars 1891, à 2 heures du soir

PAR

HENRI DE BOUSQUET DE FLORIAN,

AVOCAT A LA COUR D'APPEL,
ATTACHÉ AU CABINET DU GARDE DES SCEAUX,
LAURÉAT DE LA FACULTÉ DE PARIS.

(Droit romain : 1er prix, 1886 ; – Droit civil : 2e prix, 1887.)

Président : M. JALABERT

Suffragants : { MM. LARNAUDE
CHAVEGRIN
MASSIGLI } agrégés.

PARIS

LIBRAIRIE NOUVELLE DE DROIT ET DE JURISPRUDENCE

ARTHUR ROUSSEAU, ÉDITEUR

14, RUE SOUFFLOT ET RUE TOULLIER, 13

1891

DROIT ROMAIN. — BIBLIOGRAPHIE

De Savigny. — *Histoire du Droit romain au moyen âge*, t. I, p. 39 (trad. Guenoux).

De Savigny. — *Traité de Droit romain*, t. VIII, p. 41 (trad. Guenoux).

Roth. — *De re municipali Romanorum*.

Raynouard. — *Histoire du droit municipal en France*.

Willems. — *Le droit public romain*, p. 533.

Houdoy. — *Le droit municipal*, p. 177.

Serrigny. — *Droit public et administratif romain*.

Béchard. — *Droit municipal dans l'antiquité*, p. 268.

Bouché-Leclerq. — *Manuel des institutions romaines*, p. 181.

Mispoulet. — *Les institutions politiques des Romains*, t. II, l'*Administration*, p. 112.

Mommsen et Marquardt. — *Manuel des antiquités romaines*, t. VIII, p. 181 (traduction Weiss et Lucas).

Humbert. — *Dictionnaire des antiquités grecques et romaines* ; mot : *comicia*, t. II, p. 1374.

Fustel de Coulanges. — *Histoire des institutions politiques de l'ancienne France*, I, p. 123.

Dezobry. — *Rome au siècle d'Auguste*, II.

Klippfell. — Étude sur le régime municipal gallo-romain (*Nouvelle Revue historique de Droit français et étranger*, 1880).

Thèses : **Dubois**, 1862 ; — **de Raincourt**, 1866 ; — **Durand**, 1867.

Boissier. — *Promenades archéologiques*, p. 368.

Boissieu. — *Inscriptions antiques de Lyon*, p. 160.

Zumpt. — De Malacitanorum et Salpensanorum legibus municipalibus in Hispania nuper repertis. (*Studia romana*, p. 268).

Mommsen. — Die Stadtrechte der latinischen Gemeinden Salpensa und Malaga in der provinz Bætica. (*Mémoires de l'Académie royale de Saxe*, III, p. 266.

Mommsen. — Die Stadtrechte der latinischen Gemeinden Salpensa und Malaga. (*Mémoires de l'Académie de Leipsig*), 1855.

Willems. — *Les élections municipales à Pompéi*.

Laboulaye. — *Les tables de bronze de Malaga et de Salpensa*, 1856.

Giraud. — *Les tables de Malaga et de Salpensa*, 1856.

Giraud. — *Les bronzes d'Osuna*, 1874.

Glasson. — Étude sur les bronzes d'Osuna. (*Revue critique de législation et de jurisprudence*, 2ᵉ série, t. IV, 1875.

DROIT ROMAIN

DES ÉLECTIONS MUNICIPALES

DANS L'EMPIRE ROMAIN

INTRODUCTION

Après leurs nombreuses campagnes, et comme suite
à l'immense extension de leur empire, les Romains se
préoccupèrent d'organiser la conquête, et de maintenir
par les institutions gouvernementales leur pouvoir sur
tous ces peuples d'origine, de mœurs si différentes. Les
conquérants barbares détruisaient les villes vaincues et
réduisaient les habitants en servitude ; Rome adopta un
système tout différent. Sa politique au début de l'Empire
trouve sa parfaite expression dans le mot moderne de
décentralisation. S'efforçant de détruire partout les anciennes divisions en tribus et nations, elle crée des cen-
tres, des communes, des municipes ayant leur loi particulière, leurs intérêts locaux, et jouissant d'une liberté
complète, du moins quant à leur administration intérieure : en un mot elle maintient ou introduit partout le
régime municipal. Il ne pouvait être question pour le

municipe de liberté politique : les droits politiques n'é-
taient exercés qu'à Rome. Mais la cité gardait et gérait
avec une entière indépendance ses droits, ses intérêts
municipaux : elle possédait son culte spécial, ses céré-
monies religieuses, sa justice particulière ; elle avait
surtout l'administration de ses biens, et la disposition de
ses revenus ; « en cessant d'être une personne politique,
elle demeurait personne civile » (1).

L'empire romain ressemble un peu à notre France féo-
dale : c'est une association de cités, de républiques, avec
cette nuance que le lien qui les rattache à la république
suzeraine n'est pas comme au moyen âge une vaine formule, un principe sans applications. Comme la plupart
des peuples de l'antiquité les Romains n'ont jamais eu la
notion exacte des droits de la personne, de l'individu,
puisqu'ils ont pratiqué l'esclavage ; mais leur conception
de la Cité, résultat d'une longue élaboration, était puis-
samment et sagement raisonnée. Cette indépendance
communale fut pour les Romains l'école de la vie publique ; ils lui doivent leur attachement invincible au sol de
la patrie, la bonne gestion de leurs finances municipales,
et les embellissements merveilleux de la plupart de leurs
cités, embellissements qui font encore notre admiration.

Toute cité, tout municipe avait donc son autonomie,
et constituait un petit État indépendant. Le mot municipe est ici employé dans son acception large : ce n'est
pas une simple division territoriale, mais bien un centre
ayant sa loi propre, son organisation communale, ses
magistrats élus par les habitants, en un mot sa consti-

(1) Guizot, *Essais sur l'histoire de France,* p. 10.

tution particulière (1). Qu'il s'agisse d'une colonie, où le colon originaire de Rome a apporté avec lui la loi romaine, ou latine ; que ce soit le municipe proprement dit où la loi native, indigène a subsisté, peut-être légèrement modifiée par les principes romains, peu importe pour notre étude. *Urbs, civitas, respublica, colonia, oppidum, vicus, municipium*, sont souvent employés par l'antiquité dans la même acception : ils n'indiquent que divers degrés de dépendance ; au point de vue qui nous occupe, au point de vue de l'administration municipale, nous les définirons avec Cicéron : « une multitude d'hommes associés sous l'empire d'un droit, qu'ils ont consenti en vue de l'utilité publique » (2).

A la tête du municipe se trouvent les magistrats. Leur nom et leur nombre variaient avec les villes et les pays. Ce sont le plus souvent les *duumvirs*, les *questeurs*, les *édiles*, chargés de l'administration et de la justice, de la garde du trésor communal, de la surveillance de la voirie et de l'entretien des monuments publics. — A côté d'eux, et ayant dans une sphère différente un rôle tout aussi important, sont les prêtres : *augures* et *pontifes* (culte national), *sacerdotes* (culte local), *flamines* (culte des empereurs divinisés).

Les uns et les autres doivent leurs titres et leurs pouvoirs à l'élection, au suffrage universel (3) : le pouvoir

---

(1) Aulu-Gelle, XVI, XIII : « *Municipes sunt cives Romani ex municipiis, legibus suis et suo jure utentes... neque ulla populi Romani lege astricti* ».

(2) Cic. *de Rep*. I, 25.

(3) *Lex coloniæ Juliæ Genetivæ* : LXVIII et XCI. « Que le Président des comices procède à la nomination des augures et pontifes, comme s'il s'agissait d'élire les duumvirs ».

exécutif émane de l'assemblée générale du peuple, véritable souverain : *populus jubet* (1). Le libre choix des
prêtres, des magistrats laissé aux suffrages des habitants
est la manifestation la plus apparente des libertés municipales. C'est le mécanisme de ces élections que nous
voulons étudier. Nous verrons la vitalité du régime municipal et la liberté des élections correspondre avec la
prospérité de l'Empire, puis la disparition des franchises
locales, la centralisation à outrance précéder et annon-
cer la scission et la ruine de cette grandiose organisation.

« Quand cette libre cité, qui avait ses magistratures,
ses finances, ses écoles et son culte, sera devenue par
la main-mise de l'Église et de l'État sur les esprits et les
institutions, un rouage automatique de l'immense ma-
chine qui fera le vide dans l'Empire ; lorsqu'enfin tout
sera immobilisé dans l'hérédité, et sous le formalisme
administratif, le mouvement de bas en haut s'arrêtant,
la sève ne montera plus des racines aux branches, et
l'arbre desséché tombera » (2).

Cette époque de décadence ne nous occupera pas ;

---

(1) Certains auteurs soutenaient primitivement que le peuple n'avait pas
un véritable droit de suffrage, mais simplement le droit d'« *acclamare* »
les candidats. Aujourd'hui le doute n'est plus permis en présence des documents que nous possédons, et qui seront cités dans cette étude. On trouve
en outre dans Cicéron de fréquentes allusions aux élections dans les municipes ; ad. *Att.* V, 2, 3 « *quatuorviros creare* » ; *pro Cluentio*, 8 : « *quatuorviros quos municipes fecerant, sustulit* ». Aussi dès 1801, Roth écrivait-il (*op. cit.* p. 24) , « *cæterum magistratus illi a plebe creabantur* ». De
Savigny, *Hist. dr. rom.*, p. 39, est très catégorique : « Dans les municipes
comme à Rome, le souverain pouvoir résidait incontestablement dans
l'assemblée du peuple ». Willems se prononce dans le même sens ; p. 533 :
« l'attribution principale des *comitia* est l'élection annuelle des magistrats
municipaux ».

(2) Duruy. *Hist. des Rom.*, t. V, p. 167.

notre étude se limite exclusivement à la période de prospérité extrême du régime municipal, je veux dire la fin de la République, et surtout les premières années de l'Empire. Chaque cité gère alors ses affaires intérieures, comme elle l'entend, sans intervention de l'autorité centrale ; ignorant encore le fonctionnarisme et l'administration tracassière, que lui réservent les empereurs du troisième siècle, elle procède librement au choix de ses magistrats ; elle nomme des hommes, qui commandent l'estime, le respect par la dignité de leur caractère, de leur conduite, qui surtout ont un attachement profond pour leur patrie, et peuvent s'écrier avec Pline : « *respublica nostra pro filio vel parente* » (1). C'est à de telles mœurs, à de telles institutions que les cités devaient leur prospérité, œuvre de magistrats habiles et intègres. L'Empire en subissait le contre-coup ; car la richesse des cités constitue aussi celle de l'État ; et ce régime municipal, librement et largement appliqué ne serait-il pas la cause première de l'ère la plus florissante de Rome, du siècle des Antonins ?

Cette étude des élections municipales est donc intéressante de tout point ; malheureusement pour nous à l'époque où vivaient les jurisconsultes dont les œuvres forment le droit antéjustinien, à l'époque surtout où fut rédigé le Digeste, les empereurs avaient depuis longtemps effacé tout vestige des libertés locales. Ils s'étaient emparés des nominations aux fonctions publiques : leur caprice avait remplacé la loi, et les règles électorales si sages, si prudentes, établies dans les diverses cités ne

(1) *Epist.* IV, 13.

recevaient plus aucune application. Comment remédier à cette pénurie de textes juridiques? Où trouver les documents indispensables pour jalonner notre route, et ne pas nous égarer en de perpétuelles conjectures? Les sources sont en cette matière de trois sortes. Nous possédons d'abord des Tables, des fragments de lois municipales, découverts dans des fouilles pour la plupart récentes ; tels sont les *bronzes d'Osuna*, de *Malaga* et *d'Héraclée*. Nous avons eu ensuite recours aux richesses inépuisables de l'épigraphie ; et enfin comme ces matières se lient intimement à l'histoire, nous avons trouvé dans les auteurs et les historiens de Rome des notions, qui, bien qu'éparses et incomplètes n'en offrent pas moins un grand intérêt.

De ces documents se dégage un système nettement tracé dans ses lignes principales, mais présentant parfois quelques lacunes de détail. Force nous est alors de marcher à tâtons, et raisonnant avec la plus grande prudence d'appliquer aux municipes les règles suivies à Rome. C'est en nous inspirant de cet esprit qu'après avoir déterminé qui est électeur, et qui est éligible, nous suivrons la campagne d'un candidat, assistant successivement à la tenue des comices, au vote, au dépouillement du scrutin, et à la proclamation du résultat.

CHAPITRE PREMIER

DES ÉLECTEURS.

SECTION I

QUI EST ÉLECTEUR ?

Les habitants de tout municipe se divisent au point
de vue des droits électoraux en trois groupes bien distincts : les *cives* ou *municipes*, les *incolæ*, les *hospites*
ou *pérégrins*. Nombre d'inscriptions mentionnent cette
classification, notamment celle-ci qui relate l'érection
d'une statue par les *municipes* et les *incolæ* d'Herculanum à Lucius Mammius Maximus, augustalis :

L. MAMMIO MAXIMO

AUGUSTALI

MUNICIPES ET INCOLÆ

AERE CONLATO (1).

Les *pérégrins* sont les étrangers, qui ne font dans la
cité qu'un séjour temporaire. Pas plus que les esclaves,
ils n'existent pour le municipe, et il ne fut jamais question de leur accorder des droits politiques. Tandis que
chez nous une résidence prolongée (six mois) suffit pour

(1) C. I. L., t. **X**, 1°, n. 1452.

constituer le domicile électoral, il n'en est pas ainsi dans les municipes, qui sont autonomes et indépendants. Ceci résulte d'une *epistola* d'Hadrien, qui décide que l'étudiant n'a son domicile dans la ville où il fait ses études qu'après un séjour de dix ans, et spécifie que cette faveur lui est toute personnelle (1).

Les *incolæ* sont ceux qui ont le *domicilium* dans le municipe, c'est-à-dire ceux qui y résident constamment avec intention de fixité. Le *domicilium* est le centre des affaires, le lieu qu'on habite sans idée de retour (2). Le fait d'être propriétaire dans la cité ne suffit pas pour constituer le *domicilium* (3); il résulte du fait de l'habitation, et non d'une déclaration : « *domicilium re et facto transfertur, non nuda contestatione* » (4). — Quels sont les droits électoraux des *incolæ*? Primitivement ils n'eurent pas le droit de vote ; d'après Cicéron « leur devoir se réduit à se mêler de leurs propres affaires sans se mêler de celles des autres, et sans jamais porter un regard curieux sur une république où ils ne sont rien » (5). Plus tard on leur fait certaines concessions : ils sont admis dans les comices. Il résulte du paragraphe LIII de la *loi de Malaga* (6) qu'on tirait au sort la curie dans laquelle votaient

(1) L. 2, Code, X, XXXIX.
(2) L. 7, Code, X, XXXIX.
(3) L. 17, p. 13. D. L. I.
(4) L. 20, p. 13, D. L. I.
(5) Cic. *de Offic.*, I, 34, 125.
(6) Le *bronze de Malaga*, qui nous sera d'un précieux secours pour cette étude, a été trouvé en octobre 1851 dans des fouilles faites en Espagne. Son authenticité fut contestée en 1856 par M. Ed. Laboulaye, et en 1867

les *incolae*. Nous verrons par l'étude du système électoral que les réduire à une curie, c'est-à-dire à une voix, c'était leur enlever toute influence sur le résultat du vote.

Le *civis* est celui qui a dans la ville son foyer domestique, ses dieux pénates, le tombeau de ses pères ; c'est l'enfant de la cité. Entre les *incolæ* et les *cives*, il y a la même différence qu'entre l'*origo* et le *domicilium* ; on peut avoir plusieurs domiciles (1), mais on n'a droit de cité que dans un seul municipe : « *duarum civitatum civis esse nostro jure civili nemo potest* (2). — La cité est l'œuvre, la propriété des *cives* ; c'est à eux qu'il appartient de l'administrer : eux seuls ont le droit de suffrage d'une façon absolue.

Il nous importe donc, sans entrer dans de trop longs développements sur les effets et la nature de l'*origo* (3), d'énumérer rapidement quelles sont les personnes qui ont le droit de cité. Un texte du Digeste nous apprend qu'on naît *civis* ou qu'on le devient : « *Municipem*

par M. Asker, *privat docent* de l'Université d'Heidelberg ; mais les savantes remarques de M. Ch. Giraud, et les commentaires des romanistes allemands ont fait raison de ces attaques. — Ce bronze contient un fragment de loi municipale, de statut communal, sanctionné par Domitien. Ceci nous donne la date de la loi de Malaga, avec d'autant plus de précision que Domitien ne porte pas encore sur cette table le nom de Germanicus, qui lui fut attribué après sa campagne en Germanie : elle fut donc mise en vigueur entre les années 81 et 84 de notre ère.

V. Molinier. — *Notice sur les bronzes de Malaga.* — *Revue de l'Académie de législation de Toulouse.* t. V, p. 64.

(1) L. 5 et L. 6, p. 2. D. L. I.

(2) Cic. *pro Balb.* II.

(3) Voir de Savigny : *Traité de droit romain*, tome VIII, p. 44-70.

aut nativitas facit, aut manumissio, aut adoptio » (1).

I. Civis de naissance. — Deux règles suffisent à formuler les effets de la naissance sur la *civitas*. — 1° L'enfant issu de deux personnes, qui ont contracté le *connubium* suit la condition de son père : « *Qui ex duobus igitur Campanis parentibus natus est, Campanus est. Sed si ex patre Campano, matre Puteolana, œquè municeps Campanus est* » (2). Au contraire en l'absence de *connubium* l'enfant acquiert droit de cité dans le municipe de sa mère (3). Ajoutons que ce second principe ne paraît pas avoir été d'une application constante. Gaius cite en effet un sénatus-consulte d'Hadrien, qui décide que : « *etsi non fuerit connubium, qui nascitur, justus patris filius est* » (4). — 2° Lorsque l'enfant acquiert la *civitas* du père, il faut prendre cette *civitas* au moment de la conception ; lorsqu'il suit la condition de la mère, il faut se placer au moment de la naissance (5).

II. Civis par fait postérieur à la naissance. — Le droit de cité s'acquiert par l'*adoptio*, la *manumissio*, et l'*allectio*. Par les deux premiers modes l'adopté et l'affranchi deviennent *cives* de la ville natale de l'adoptant, du patron, et transmettent ce nouveau titre à leurs enfants (6).

---

(1) L. 1 pr. D. L. I.

(2) L. 1, 2. p. D. L. I. Voir dans le même sens, L. 6, p. 1. D, L. I ; Ulpien V, 8, et Gaius I, 89.

(3) L. 1 p., 2 et L. 9. D. L. I ; Gaius I, 80 et 88.

(4) Gaius, I, 77.

(5) Ulpien, V, 10.

(6) L. 15 p. 3 et L. 6 p. 3. D. L. I.

L'*allectio* (1) est l'admission au titre de citoyen, l'adoption par la cité. En principe cette concession du droit de cité exige l'intervention de l'autorité souveraine, de l'assemblée du peuple : « *adolescens… quem filium publicum omnis sibi civitas cooptavit* » (2) ; mais ce droit est le plus souvent délégué aux magistrats. Cette sorte de naturalisation s'étend toujours aux enfants du nouveau *civis* nés après l'*allectio* ; mais ceux qui sont nés avant doivent être l'objet d'une admision spéciale (3). Quelles étaient les conditions de l'*allectio* ? Il est probable que les magistrats avaient une grande liberté d'appréciation, mais qu'il fallait comme à Rome avoir rendu quelque service au municipe, soit *militia* (en servant 6 ans dans les vigiles, les gardes de nuit), soit *nave* (par la construction d'un navire), soit *ædificio* (en affectant les deux tiers de sa fortune à la construction d'édifices) (4).

Connaissant les *cives*, il nous est facile de déterminer qui est électeur. Le *civis* a en principe le droit de voter dans les comices ; mais il peut en être exclu pour cause d'incapacité ou d'indignité.

I. — Des causes d'incapacité en matière de suffrage. — Sont incapables et cela en vertu de causes naturelles :

1° Les femmes. — La législation romaine avait reconnu et établi que l'exercice des droits politiques est incompatible avec les devoirs et la vocation de la femme.

(1) L. 7, Code X, XXXIX.
(2) Apulée, *Mét.* IV.
(3) Gaius, I, 93.
(4) Ulpien III, 5 et 6 ; Gaius I, 33.

« *Feminæ ab omnibus officiis civilibus vel publicis remotæ sunt* (1) ».

2° Les personnes atteintes de certaines maladies mentales, et qui ne peuvent apprécier la portée de leurs actes ; tel est le *furiosus* (2).

3° Les mineurs. — A quel âge le *civis* devenait-il citoyen actif, et avait-il le droit de voter ? En l'absence de texte la solution de ce point ne nous apparaît que d'une façon incertaine et conjecturale. Un fait indéniable c'est que l'impubère ne jouit d'aucun droit politique (3) ; le citoyen *sui juris* ne sort de tutelle qu'à l'âge de puberté, et c'est seulement alors qu'il acquiert une certaine personnalité, une certaine indépendance. Mais le fait seul d'avoir atteint l'âge de 14 ans donnait-il le droit de suffrage ? Nous ne le croyons pas ; il semble résulter d'un passage de Tacite, qu'on ne devenait électeur qu'en revêtant la robe virile : « *Virilis toga Neroni maturata, quâ capessendæ reipublicæ habilis videretur* » (4). La toge n'était pas un vêtement, dont tout le monde pût se parer ; il était interdit aux étrangers, et même aux bannis de porter ce signe de la dignité romaine. La cérémonie par laquelle on revêtait un jeune *civis* de la robe virile avait une sorte de caractère politique : c'était l'accès, le premier pas dans une société, dont il devenait par là membre

(1) L. 2, pr. D. L. XVII.
(2) L. 5... id.....
(3) L. 2, p. 1... id.....: « *item impubes omnibus officiis civilibus debet abstinere* ».
(4) Tac. *Ann.*, XII, 41.

actif. L'âge exigé pour porter cette toge ne paraît jamais avoir été fixé d'une manière immuable ; nous en trouvons des exemples dans les auteurs tantôt à 14 ans (1), tantôt à 16 (2) et même à 20 ans (3). Que conclure de là, sinon qu'il n'y avait pas de loi, mais un usage général, ne permettant pas de donner la robe virile aux jeunes gens avant l'âge de 14 ans, et retardant le plus souvent cet honneur de quelques années. Pour nous le *civis* devenait donc électeur entre 14 ans, âge de la puberté, et 17 ans, époque à laquelle commençait pour les jeunes Romains le service militaire auquel il leur était interdit de se refuser, sous peine d'infâmie (4).

4° Les vieillards. — La cité devant toujours rester jeune et vigoureuse, on redoutait l'engourdissement de l'âge, et l'on décidait qu'à soixante ans on ne peut plus voter dans les comices : « *et tanquam sexagenarios majores de ponte dejicies* (5) ».

II. — Des causes d'indignité. — A raison de condamnations pénales déterminées, ou de certains faits emportant déconsidération, les *cives* pouvaient se voir enlever leur droit de vote. On les appelait alors *municipes sine suffragio*, ou *ærarii* (6), comme à Rome. La loi

---

(1) Tac. XIII, 15.
(2) Cic. *ad Att.*, I. 2.
(3) Suét. *Calig.* X.
(4) Plut. *Vit. Grach.* XXX. Cet âge avait été fixé par Servius Tullius.
(5) Macrob. *Saturn.* I, 5.
(6) Les *ærarii* forment une classe de contribuables, exclus par les censeurs de la classification des curies.

Julia Genetiva (1) fait allusion à cette classe de citoyens, et interdit au Président des comices de tenir compte du suffrage de celui qui aura été déclaré indigne. Les causes d'indignité peuvent se classer sous deux chefs : *infamia* et *ignominia*.

1° L'énumération des *infames* est contenue dans l'édit Prétorien (2). On y voit figurer à côté du soldat renvoyé ignominieusement de l'armée, à côté du comédien, et du *leno*, les personnes condamnées dans un procès de *calumnia*, de *prævaricatio* (3), ou dans un procès civil, engagé à la suite des contrats et quasi-contrats de société, de tutelle, de mandat, et de dépôt. Tandis que certaines condamnations, telles que l'interdiction de l'eau et du feu (4) et la déportation (5), font perdre le droit de cité, il en est d'autres qui suppriment seulement le droit de vote : ce sont celles qui résultent des délits de vol, de violence, de dol et d'injure. Sont aussi déclarés *infames* les personnes coupables des délits que nous venons d'énumérer, mais qui ont transigé pour éviter les poursuites. Signalons encore quelques situations considérées comme déshonorantes : celles du père qui remarie sa fille veuve avant l'expiration du temps légal du deuil, et de celui qui l'épouse dans ces conditions ; celles du bigame, et du père qui marie deux fois sa fille.

(1) *Lex. Genet.* CV.
(2) L. 1, D. III, II.
(3) Dès le premier siècle de l'empire tous les *judicia publica* entraînent l'infamie. L. 7, D. XLVIII, I.
(4) Cic. *pro domo*, 29.
(5) L. 4, D. XLVIII, XIX.

2° L'*ignominia* résulte du pouvoir censorial. Les censeurs ont le droit de s'enquérir de la conduite morale des citoyens et le pouvoir de la juger. Lorsqu'ils infligent la plus mauvaise *nota censoria*, cette note, le plus souvent motivée, entraîne une flétrissure morale : *ignominia, existimationis et dignitatis minutio*. L'effet capital de cette *nota* est de priver du droit de vote ceux qu'elle frappe : « *quos notæ causa censores suffragiis privabant* (1) ». Une différence importante entre ces deux classes d'indignes, est que les *infames* sont pour toujours exclus du corps électoral, tandis que les *cives* atteints par une *nota censoria* peuvent être réhabilités par les censeurs suivants.

SECTION II

DES CIRCONSCRIPTIONS ÉLECTORALES.

Les *cives,* qui sont électeurs, se trouvent divisés, répartis pour l'exercice de leur droit de suffrage en circonscriptions, dites *tribus* ou *curies*. On suppose (2) que le mot *tribus* est employé dans les municipes de date récente ; ils copiaient Rome, où n'existaient plus à cette époque que les comices par tribus. Au contraire *curies* aurait été l'expression des municipes anciens, qui avaient emprunté et gardé les institutions primitives de Rome. Quoi qu'il en soit de cette hypothèse, le mécanisme élec-

(1) Aulu-Gelle, XVI, 13.
(2) Mommsen. *Eph. epigr*. II, 125.

toral est identique dans les deux cas ; que l'assemblée des *cives* s'appelle *comicia tributa,* ou *comicia curiata,* sa tenue n'en reste pas moins soumise aux mêmes règles.

Chaque curie représentait un bureau électoral, et votait dans une enceinte particulière, ou du moins déposait ses tablettes dans une urne distincte et spéciale. Mais le trait caractéristique de la curie, et ce qui faisait sa grande importance, c'est qu'elle constituait l'unité électorale : la suite de cette étude nous apprendra en effet qu'on était élu non par la majorité des suffrages individuels, mais par la majorité des curies. Il est donc tout naturel que nous recherchions les bases de cette division du corps électoral.

Le nombre des curies variait avec les municipes, dépendant sans doute de l'étendue de la cité, et de l'importance de la population. Les inscriptions en signalent tantôt six (1), dans une localité d'Afrique dont on ne peut lire le nom, tantôt dix, dans le *municipium Thibaritanum* (2), et même 23 et 24 en Sardaigne et à Lanuvium (3).

Comment divisait-on la ville en tribus ? comment répartissait-on les *cives* dans les curies ? Nous trouvons-nous en présence d'une division territoriale, ou les habitants sont-ils groupés par classes, par catégories ? Autant de questions sur lesquelles nous n'avons pas de textes,

(1) C. I. L. t. VIII, 1, n° 4202.
(2) C. I. L. t. VIII, 1, n° 1828.
(3) C. I. L. t. X, 2, n° 7953 et C. I. L. t. XIV, n° 2120.

et dont la solution rentre dans le domaine de la conjecture.

M. P. Willems, dans son intéressante étude sur les *Elections municipales à Pompéi*, suppose que ce sectionnement était local ; c'est simplement, d'après lui, une division par quartiers, qui repose entièrement sur le domicile réel, copiant l'organisation primitive des curies de Rome. Voici comment il justifie son hypothèse. Il a trouvé, ou a cru trouver le nom de trois curies de Pompéi sur des affiches électorales : les *forenses*, les *salinienses* et les *campanienses*.

Avec une certaine vraisemblance il a supposé que les *forenses* (1) étaient les habitants du quartier avoisinant le forum : ce serait la curie, la section électorale du forum. — Le mot *salinienses* (2) désignerait les électeurs, composant la curie du quartier voisin de la porte d'Herculanum. Sur la route de Pompéi à Herculanum se trouvaient en effet des *salinæ* célèbres, mentionnées par Columella (X. 135). — Quant aux *Campanienses* (3), ce seraient les membres de la *curia campaniensis*, les descendants de l'ancienne population Osque, refoulée et reléguée dans un quartier de la ville par les colons de Sulla.

Nous ne croyons pas pouvoir admettre la thèse de M. Willems ; aucun document, aucune inscription ne vient en effet la confirmer. Bien au contraire, si on parcourt les nombreuses inscriptions trouvées en Afrique,

---

(1) C. I. t. IV, 783.
(2) C. I. t. IV, 128.
(3) C. I. t. IV, 470 et 480.

où l'organisation en curies fut générale et très vivace, on est frappé de ce fait : c'est que presque toujours les noms des curies sont empruntés aux divinités et aux empereurs. Nous citerons comme exemple la ville de Lambèse. M. Renier a découvert les noms des 10 curies de cette cité (1) : ils étaient gravés sur les bancs de l'amphithéâtre, désignant les places que devait occuper chacune d'elles. Ce sont les curies : *Jovia, Saturnia, Julia, Augusta, Trajana, Adriana, Sabina, Antoniana, Aurelia, Papiria.* On voit que les prénoms particuliers de ces curies sont ceux du dieu romain, et du dieu phénicien par excellence, d'une série d'empereurs, et de Sabina, femme d'Adrien. Nous ne trouvons plus comme à Pompéï des noms ayant une signification locale, désignant un quartier déterminé ; le prénom de la curie n'a aucun rapport avec le domicile de ses membres, et ne sert qu'à la distinguer des autres. Si l'on remarque en outre avec M. Cagnat, que le municipe de Lambœsis a été fondé par Adrien, et que la *curia adriana* est la *curia veteranorum*, le principe de la division par quartiers, par arrondissements est inadmissible : car les vétérans demeuraient où bon leur semblait, et n'étaient point groupés sur le même point de la cité.

Rapprochant de ces considérations le fait déjà signalé, que les *incolæ* votent tous dans la même curie, on est amené à conclure que la division en curies n'était qu'un

____

(1) C. I, t. VIII, 1, nᵒˢ 3293, 3302, 2596, 2712, 2714.

classement de la population. Mais là s'arrêtent nos conjectures, et nous ne pouvons dans le silence des textes indiquer la base de ce classement : reposait-il sur le cens,
sur la fortune? dépendait-il de l'âge, de la noblesse, des
aptitudes spéciales? autant de points douteux. Quel que
fût le principe de la répartition, il est à croire que les municipes s'étaient le plus souvent approprié les principes
de Rome, et que notamment ils avaient trouvé le moyen
d'atténuer, de supprimer même la puissance effective
du suffrage universel en reléguant les plébéiens, les
pauvres, les petites gens dans un nombre de curies,
de cadres, insuffisant pour constituer une majorité.
La distinction entre le *populus*, la classe dominante,
et la *plebs*, la foule déshéritée, se retrouve dans les
municipes. Il ne faut donc pas trop se laisser éblouir
par les apparences libérales et égalitaires de l'organisation municipale dans les provinces. Si l'on va au fond
des choses, on s'aperçoit que tout comme à Rome la cité
est aristocratique, fermée, et sait maintenir cette distinction des rangs, qui s'étend depuis les *humiliores*
(esclave et plèbe) jusqu'à une double aristocratie d'honneur et d'argent, seule maîtresse des destinées du municipe.

CHAPITRE II

Dans les différents textes de lois municipales parvenus jusqu'à nous, se trouvent indiquées de nombreuses conditions d'éligibilité. On peut les classer sous les cinq chefs suivants : naissance, âge, honorabilité, capacité, fortune.

1° *Le candidat doit être né libre, ingenuus.* — La loi de Malaga, par. LIV ordonne au Président des comices de faire nommer les magistrats : *ex eo genere ingenuo- rum hominum...*, et insiste par deux fois sur l'importance de cette condition. — Une loi *Visellia* (1) permettait de poursuivre les affranchis, qui auraient osé solliciter les magistratures réservées aux hommes libres : *quæ ingenuorum sunt.* Cette loi fut reprise et complétée par Dioclétien et Maximin (2) : tout affranchi, qui briguait les honneurs sans avoir obtenu la *restitutio natalium* ou le *jus aureorum annulorum*, était déclaré infâme, et ils ordonnaient que *justa legis severitatem congruenti pœna ulciscetur.* — Une inscription (3) nous

---

(1) Code. Const. unique, l. IX, t. 21.
(2) Code 1, X, 32.
(3) Orelli, n° 3914.

apprend que *in municipio Suelitano* les affranchis ne pouvaient arriver au duumvirat, ni au quatuorvirat.

Telle était la règle générale : elle souffrait quelques exceptions, spécialement dans les colonies fondées par César. Le paragraphe CV de la *lex coloniæ Genetivæ* (1) reconnaît que le titre de *libertinus* n'est pas une cause d'inéligibilité.

A Rome le candidat devait être ingénu de père et d'aïeul ; cette double condition ne paraît pas avoir été exigée dans les municipes ; un certain nombre d'inscriptions relatives à des magistrats n'indiquent pas en effet le nom du père : preuve presque certaine que ce père était affranchi.

2° *Le candidat doit avoir accompli son service militaire, ou à défaut avoir atteint un certain âge.* — Le principe est général, mais ses applications sont essentiellement variables : l'âge exigé est différent suivant les statuts locaux. C'est ce que constate Callistrate (2). *Legem quoque respici cujusque loci oportet, an.... etiam de numero annorum in ea commemoretur.* Dans le même sens Trajan écrivait à Pline : let. 114, l. X : « je ne puis faire pour toutes les villes de la Bithynie une loi générale... il faut suivre la coutume de chaque ville ». Il importe de remarquer qu'il n'y a jamais eu en effet de loi municipale

---

(1) La *lex coloniæ Juliæ Genetivæ* est la loi de fondation d'une colonie établie en Espagne sur l'ordre de César après la bataille de Munda. On en a trouvé deux fragments en 1870 et 1875 à Osuna ; de là le nom sous lequel elle est souvent désignée : *bronzes d'Osuna.*

(2) L. 5, p. 1. D. L. 6.

générale, commune à tout l'Empire romain. Certains auteurs s'appuyant sur quelques textes du Digeste, et notamment sur une loi d'Ulpien (1), qui renvoient à une *lege municipali*, ont cru à l'existence de cette loi générale. C'était méconnaître l'esprit de la politique romaine, qui avait laissé à chaque municipe la plus grande indépendance, et la plus large autonomie ; les Romains n'étaient pas possédés comme nous du besoin de mettre en parfaite concordance toutes leurs institutions locales, et les mesures générales n'étaient pas dans leurs idées. Les textes du Digeste déjà cités ne visent pas une loi d'ensemble, mais bien la loi particulière de chaque cité. Du reste toutes ces lois spéciales offraient entre elles de grandes ressemblances, car elles étaient le plus souvent calquées sur la constitution romaine : l'octroi fréquent de ces chartes communales devait aboutir à des dispositions sinon identiques, du moins très voisines (2).

Nous ne croyons pas que la condition, dont parle Polybe VI, 17, (avoir fait dix campagnes), ait été jamais appliquée dans les municipes. Le droit commun, la disposition la plus usuelle sous la République, est indiqué par la *lex Julia municipalis* 90 (3). Cette loi exige l'âge

(1) L. 3. D. L. 9. — Citons encore : L. 11. D. L. 4. — L. 6. D. L. 9. — L. 1. D. L. 3.

(2) Mommsen, *Stadtrechte der lat. gem.* p. 398.

(3) Les *tables d'Héraclée* ont été découvertes en 1732 et 1735 dans le golfe de Tarente. Le texte accompagné d'un commentaire de Mommsen se trouve dans le *Corpus inscriptionum latinarum*, tom. I, n° 206. Ces tables sont un fragment de la loi *Julia municipalis*, rendue en l'an 709 de Rome sur la proposition de César. (Cic., *ad. fam.* VI, 18). — Voir de Savigny : *der rœmische Volksschlusz der Tafel von Heraclea*, IX, 11.

de 30 ans pour briguer les magistratures, et à défaut 3 années de service dans la cavalerie, ou 6 années dans l'infanterie : l'armée était pour les Romains la meilleure préparation au maniement des hommes, c'était l'école de la discipline, et du dévouement à la patrie. La *lex Julia municipalis* déclare qu'il est indifférent que le temps de service ait eu lieu *in castris inve provincia ;* ce dernier mot, opposé au service dans les camps, désigne tout emploi militaire extérieur, auxiliaire, tel que le règlement des transports, ou les fournitures de vivres. — Nous retrouvons encore cet âge de 30 ans mentionné dans un plaidoyer de Cicéron (1) : « Claudius, après avoir pris l'avis des Marcellus, prescrivit aux habitants d'Halèse un grand nombre de dispositions sur l'âge, pour empêcher qu'on ne fut sénateur avant trente ans ».

Sous l'Empire la limite d'âge fut abaissée à 25 ans. La loi de Malaga repousse la candidature de celui, *qui minor annorum* XXV *erit* (2). Deux textes du Digeste confirment cette règle, l'un de Callistrate (3), l'autre d'Ulpien (4) : « il ne convient pas d'autoriser les mineurs de 25 ans à administrer la chose publique, ni à arriver aux magistratures ». Toutefois le même texte d'Ulpien nous apprend qu'il suffisait d'être dans sa 25ᵉ année : *annus autem vicesimus quintus cæptus pro pleno habetur.*

Signalons quelques exceptions au principe. C'est un

(1) 2ᵉ action contre Verrès, II, p. 49.
(2) *Lex Malacitana,* p. LIIII.
(3) L. 11, D. L. 2.
(4) L. 9, D. L. 4.

édit d'Auguste autorisant dans la Bithynie la questure à 22 ans (1). C'est l'hypothèse dans laquelle les candidats majeurs viendraient à manquer : *necessitas penuriæ hominum* (2). C'est enfin une application des lois Julia et Papia Poppæa : pour pouvoir briguer les honneurs on attribue au mineur un an par chaque enfant (3) : *singuli anni per singulos liberos* (4).

3° *Ne pas avoir subi de condamnation criminelle, et ne pas exercer certaines professions considérées comme honteuses.* — Cette condition est visée par la loi de Malaga (5). Le Président des comices désignera tel ou tel candidat « pourvu qu'il ne se trouve pas dans une de ces situations, qui font que, quoique citoyen romain, on ne peut arriver au décurionat ». Les situations qui rendaient inéligibles sont énumérées par la *lex Julia municipalis* : 95 et 110-125 : elles résultent de condamnations, ou de l'exercice de certaines professions, et reproduisent en les complétant les règles de l'édit Prétorien, que nous avons indiquées au sujet des *cives* indignes de l'électorat.

I. — Certaines condamnations. — Sont inéligibles les auteurs et complices d'un vol, soient qu'ils aient été condamnés, soit qu'un pacte étant intervenu, ils aient écarté l'accusation à prix d'argent. Suit une énumération

---

(1) Pline, *Epistolæ*, X, 83.
(2) L. 2, p. 1, D. L. VI.
(3) L. 2, D. IV, IV.
(4) Sur la question d'âge voir : Mommsen, *Étude sur Pline le jeune*, trad. Morel (Bibliothèque de l'école des hautes études, p, 57).
(5) *Lex Mal.* LIIII, *in fine*.

d'actions résultant de contrats, de quasi-contrats et de délits, qui entraînent pour les condamnés l'incapacité d'être élus : ce sont les actions intentées à la suite d'une constitution de gage, d'une société, d'une tutelle, d'un mandat, des délits de dol et d'injures. — On range encore dans la même catégorie : les citoyens condamnés par application de la loi *Plætoria*, c'est-à-dire ceux qui ont abusé de l'inexpérience des mineurs ; les condamnés pour parjure, pour calomnie, prévarication, ou à la suite d'un *judicium publicum* ; les débiteurs insolvables, admis au bénéfice de la *bonorum cessio* ; les militaires renvoyés ignominieusement de l'armée, et enfin les personnes qui ont dénoncé un citoyen romain, moyennant une rétribution pécuniaire.

Quelques textes de jurisconsultes vont nous aider à parfaire cette liste. Marcianus (1) dit que tout individu auquel aura été appliqué la loi *Julia de vi privata* ne pourra plus être décurion, ni aspirer aux honneurs. — Macer (2) fait la même constatation au sujet du citoyen condamné pour injure atroce. Il importe de remarquer que la plupart de ces textes ne visent que le décurionat ; mais les incapacités qu'ils mentionnent s'appliquent également aux magistratures, puisque ces fonctions donnaient entrée au Sénat. — La loi unique l. X, t. LVIII au Code interdit au magistrat sous le coup d'une action criminelle de briguer une nouvelle charge avant d'avoir

(1) L. 1 pr., D. XLVIII, VII.
(2) L. 40, D. XLVII, X.

établi son innocence. Cette disposition doit être étendue
à toute personne *in reatu*, accusée de crime (1).

II. — CERTAINES PROFESSIONS. — Les professions qui
fermaient l'accès des magistratures sont aussi indiquées
par la *lex Julia municipalis* ; on les classe en deux
groupes distincts. Dans le premier rentrent les professions dont l'exercice n'entraînait qu'une incapacité relative, « *dum eorum quid faciet* » pendant qu'on les exerçait ; ce sont le *præconius*, le *dissignator* et le *libitinarius* :
le crieur public, l'huissier qui désigne les places au thé-
âtre, et l'employé des pompes funèbres. Les *cives* de la
seconde catégorie étaient inéligibles d'une façon absolue :
on y range l'homme qui fait métier de se vendre pour
combattre ; le *lanista*, celui qui forme les gladiateurs ;
le comédien, celui qui exerce *artem ludicram* ; ceux qui
trafiquent de leur corps, et ceux qui exercent le métier
d'entremetteur.

Ajoutons à la loi *Julia* un texte de Callistrate (2) : les
ingénus, qui exercent un petit commerce, *qui utensilia
negotiantur*, peuvent être candidats ; mais à défaut de
mieux. — Une loi de Dioclétien et Maximin (3) nous apprend qu'il n'était pas nécessaire d'être lettré pour être
élu magistrat. — Enfin nous trouvons dans Ulpien (4)
que les *spurii* étaient admis aux honneurs, après enquête
sur leurs mœurs, et que Sévère et Antonin accordèrent

(1) Sall. Cat. XVIII.
(2) L. 12, D. L, II.
(3) L. 6, Cod. X, XXXI.
(4) L. 3, p., 2 et 3, D. L. II.

aux Juifs la même faveur.—Mais n'oublions pas en lisant ces derniers textes qu'ils se rapportent à une époque de décadence pour le régime municipal, à un moment où la liberté des élections était déjà en voie de disparaître.

A côté de ces incapacités devaient exister aussi des incompatibilités. Nos recherches sur ce point n'ont malheureusement pas été fructueuses ; nous n'avons relevé que celle-ci : un candidat ne peut être revêtu d'aucun commandement militaire (1).

4° *Parcourir le* cursus honorum *dans l'ordre légal.* — Une hiérarchie existait entre les diverses magistratures, et avec une sage prévoyance les Romains avaient décidé qu'il fallait pour arriver aux honneurs suprêmes gravir successivement les divers échelons en débutant par les fonctions considérées comme inférieures. On obligeait ainsi les candidats à s'initier au maniement des affaires, et à acquérir une expérience en rapport avec le rôle qu'ils étaient appelés à jouer. Le *cursus honorum* consistait à ne briguer l'édilité qu'après avoir obtenu la questure, et le duumvirat qu'après l'édilité. La questure est en effet définie par Ulpien : « *ingressus et quasi primordium honorum* ». Modestin (2) nous a conservé une épitre d'Antonin, qui exige que le candidat « *a minoribus ad majores perveniatur* ». Callistrate (3) s'exprime ainsi : « L'ordre dans lequel on peut exercer les magistratures n'est pas indifférent, mais bien déterminé :

(1) Cic. *ep. famil.* XVI, 12 et Suét. *Cæs.* XVIII.
(2) L. 11, pr. D. L, IV.
(3) L. 14, p. 5, D. L, IV.

on ne peut gérer une magistrature supérieure, si déjà on n'a obtenu celle qui lui est inférieure ». Cette règle devait en pratique subir de nombreuses exceptions, et dût certes être maintes fois tournée par les ambitieux influents et riches. Nous en trouvons deux exemples dans les inscriptions recueillies par Herzog : c'est à Nîmes (1) un questeur, Marcus Senucius, nommé directement IIIIvir ; c'est à Arles (2) un édile, qui avait évité la questure. Citons encore à Rome T. Quinctius Flaminius, qui de questeur est nommé consul. Son élection fut attaquée, mais le Sénat décida que « *populo creandi quem velit, potestatem fieri æquum esse* (3) ».

On ne pouvait exercer deux magistratures successivement, sans interruption : *ne honores continuentur* ; il fallait entre les deux laisser écouler un certain laps de temps. C'est ce qui est indiqué au Code, dans le titre : *de intervallis* (4). Ce texte exige un *triennium* entre deux charges d'ordre différent, un *quinquennium* pour pouvoir briguer à nouveau les mêmes honneurs. Le même intervalle est mentionné dans la loi de Malaga, p. LIIII. Le *quinquennium* n'est pas un délai de cinq années complètes, révolues ; il faut y comprendre, si je puis m'exprimer ainsi, l'*annus a quo* et l'*annus ad quem* : ce qui ramène à trois ans seulement la période d'incapacité. — Le but de ces prescriptions est facile à saisir : on

(1) *Galliæ narbonensis historia*, n° 132.
(2) *Galliæ narbonensis historia*, n° 326.
(3) T. L. XXXII, 7.
(4) Const. 2, Code X, XL.

voulait éviter que le magistrat ne sacrifiât les intérêts généraux de la cité à sa réélection en prodiguant les faveurs pour se créer une nombreuse clientèle.

5° *Justifier d'un certain capital.* — Le magistrat municipal, faisait le sacrifice de son temps et de ses occupations pendant une année; ses fonctions n'étaient pas rémunérées. De plus c'étaient des charges en soi fort onéreuses ; la satisfaction que l'on avait à être entouré du respect de ses concitoyens, à sortir dans les rues revêtu de la robe prétexte, et précédé de licteurs, était une satisfaction réservée aux classes riches, et à laquelle les plébéiens pouvaient rarement prétendre. Sans parler des frais d'élection, la fortune du candidat devait être suffisante pour pouvoir payer l'*honorarium*, le don d'avènement, et pour garantir la bonne gestion de la caisse communale.

La *lex Juliæ Genetivæ*, p. 128, dit que les magistrats doivent veiller à ce qu'il y ait des jeux dans le cirque, des sacrifices publics, des banquets religieux. Pour ces jeux, ces repas, parfois dans un but plus pratique pour construire ou réparer certains monuments, une somme, *summa honoraria*, était versée par le magistrat élu. La quotité de cette somme, de ce don d'avènement était déterminée pour chaque fonction par la loi locale ou du moins par l'usage. Pline demande à Trajan (1) si tous les *bullutæ* (sénateurs) doivent payer une somme *pro introitu*, et il lui est répondu : *sequendam cujusque civitatis legem.*

(1) Epist., X, 112.

Ce don n'était dû que lors d'une première nomination, et non lors d'un renouvellement de charge. Fort peu d'exceptions étaient admises, et dans ce cas les inscriptions le mentionnent toujours (1). A combien s'élevait cet *honorarium*? Nous lisons dans la *lex Juliæ Genetivæ*, p. 70 et 71 que : « les magistrats élus donneront des jeux en l'honneur des dieux pendant quatre jours consécutifs. Pour ces jeux les duumvirs ne devront pas dépenser moins de 2000 sesterces de leur argent, et autant de la caisse communale ; les édiles 2000 sesterces de leur poche, et 1000 du trésor ; tous ces subsides devront être intégralement employés aux jeux ». Une inscription d'Orelli (3) mentionne un Sextus Ligurius, qui à l'occasion de son avènement au pontificat perpétuel : « *negotiaribus vinariis denarios III, et omnibus corporibus licite cœuntibus denarios II, item ludos circenses dedit* ». L'*honorarium* paraît avoir varié entre 1000 et 20.000 sesterces ; mais par vanité il était souvent doublé et atteignait des sommes fort considérabes. C'est un citoyen nommé prêtre qui donne *pro seviratu* H.S.MM. (3); un autre *decem milia pro duumviratu* (4). C'est une femme de Calama (Numidie), qui élue prêtresse, donne 400.000 sesterces (5).

L'*honorarium* n'était pas la seule condition de fortune exigée ; le magistrat était responsable de la gestion des

---

(1) C. 1. L., t. X, 1°, n° 1081 : *duumviratum gratuitum dederunt*.
(2) Orelli, 4020.
(3) 2000 sesterces : Wilmanns, 2486.
(4) C. I. L., t. X, 1°, n° 1074.
(5) Pline, *Epist.*, X. 48.

intérêts municipaux, et devait par suite pouvoir fournir
une caution suffisante. Le magistrat qui afferme les biens
de la cité, qui place les capitaux du municipe, garantit
les loyers et les arrérages (1) ; bien plus il répond de
la bonne administration de son successeur. Pour que
cette responsabilité soit effective, la loi municipale prescrit des précautions, et exige des garanties. « Chaque
candidat devra avant le vote donner des cautions fixées
par le Président des comices, cautions qui affirme-
ront que l'argent du municipe ne courra aucun risque
entre ses mains. Mais si ces garants ne paraissent pas
suffisants, le candidat devra désigner des biens en se
soumettant à l'arbitrage du Président. Que le Président
reçoive de bonne foi les garants et garanties jusqu'à ce
ce qu'ils soient suffisants » (2). Callistrate signale aussi
cette obligation : *si facultates habeant* (3).

Cet arbitrage du Président, souverain juge, devait entraîner des difficultés, des appréciations inégales : aussi
les municipes suivirent tout naturellement l'exemple de
Rome, et au lieu de sûretés particulières établirent un
cens. Paul (4) nous dit en effet que la dot de la femme, bien
qu'appartenant au mari, ne doit pas être comptée dans
le calcul de la fortune exigée des candidats. Quel était
ce sens ? Il variait suivant les cités, mais paraît généralement assez élevé. Pline nous indique celui de Co-

(1) L. 36, 1. D. L. I.
(2) *Lex Malocitana*, LX.
(3) L. 12. D. L. II et L. 14 p. 3, D. L. IV.
(4) L. 21, 3. D. L. I.

mum (1), qui était de 100.000 sesterces, et Strabon celui de Gades (2) : 400.000 sesterces.

Comme corollaire et pour faciliter la saisie des gages, des garanties, la *lex Julia Genetiva*, p. 91, exige que le candidat ait depuis les cinq dernières années son domicile dans la cité, ou dans les mille pas à l'entour, et que les biens donnés en gage, les *prædes* ne soient pas à plus d'un mille de la ville. Ces *prædes* étaient soumis à toute la rigueur de l'exécution sans jugement (3).

Telles sont énumereés rapidement les conditions exigées de tout candidat : la sanction en était simple et naturelle. Le Président des Comices ne tient pas compte, *non rationem habet* (4), des voix données aux candidats incapables : « il ne devra recevoir à voter dans les comices, ni proclamer ou faire proclamer élus, aucun de ceux qui en vertu de la présente loi ne peuvent être admis candidats (5) » ; ou s'il a proclamé l'élection, « il prendra soin de faire rayer des tables publiques le nom de la personne irrégulièrément élue (6) ». Toutes les lois municipales ne se contentaient pas d'annuler l'élection d'un incapable ; la loi *Julia municipalis* condamne le candidat, qui ne remplit pas toutes les conditions voulues, à une amende de 50.000 sesterces au profit du peuple, et frappe de la même peine le magistrat, présidant les

(1) *Épist.* I, 19.
(2) Strabo, III, p. 109.
(3) P. Dareste. *Des contrats de l'État en Droit romain*, p. 56.
(4) L. *Malaga*, p. 54 et 60.
(5) L. *col. gen.* p. CI.
(6) *Id.* p. XCI.

comices, qui a tenu compte d'un candidat indigne (1). —
Du reste la volonté du peuple était plus puissante que la
loi, et elle fit élire parfois des ambitieux indignes ou incapables, mais riches et puissants ; pour déguiser l'illé-
galité, on disait alors que la loi était abrogée pour un
an : c'est ce qu'on appelait le sommeil de la loi « *leges
dormiant* » (2). Nous connaissons l'exemple de Scipion,
surnommé plus tard l'Africain, qui briguait l'édilité sans
avoir l'âge requis, et se contentait de répondre à toutes
les objections : « *Si me omnes Quirites œdilem facere vo-
lunt, satis annorum habeo* » (3). — Signalons en terminant une différence entre Rome et les provinces : un absent pouvait dans ces dernières briguer les magistratures
municipales. Interprétant ces mots de la loi Julia : « *qui
petit, cujusve ratio habebitur* », Cicéron s'exprime ainsi :
*aperte indicat posse rationem haberi etiam non præsen-
tis* (4) ».

(1) *Lex Julia Municipalis* : 125 et 140.
(2) Appien. *De rebus Punicis*, 112.
(3) T. L. XXV, 2.
(4) Cic. *Epist. ad Brutum*, 5.

CHAPITRE III.

§ 1. — *Ouverture de la période électorale.*

Les magistratures étant annuelles, les élections avaient lieu chaque année à la même époque. D'après M. Willems les magistrats entraient en charge le 1er juillet, et les élections avaient lieu environ 3 mois auparavant, c'est-à-dire dans le courant de mars. D'une disposition assez obscure de la loi *Julia municipalis,* « *post kalendas quinctiles primas* » (1), il paraît au contraire résulter que les comices pour l'élection des magistrats se tenaient aux calendes de juillet. Quoi qu'il en soit, les élections ont lieu trois mois avant l'entrée en fonctions, afin que, s'il y a de justes causes de récusation, on puisse remplacer les magistrats, sans aucun préjudice pour l'administration de la cité. (Code, L. 1, l. I, t. LVI). La période électorale est ouverte par un édit de convocation : on emploie indifféremment pour désigner cet édit les expressions : *comiciis diem edicere* (2), *comicia in diem edicere* (3), ou *comicia in trinum nundinum in-*

(1) *Lex Julia municipalis,* 95-100.
(2) Tit. Liv. XXVI, 18.
(3) *Id.* XXII, 33.

dicere (1). Le magistrat qui convoque est celui qui présidera les comices ; comment le désigne-t-on ?

A Rome, à moins d'accord préalable, la présidence est attribuée par le sort (2) : elle était donnée à un tribun pour les *comicia tributa*, à un consul pour les *comicia centuriata*. Dans les municipes il en est autrement : « Que le *plus âgé* des duumvirs, ou, si quelque cause empêche le plus âgé de tenir les comices, que l'autre duumvir tienne les comices » (3). La présidence est un privilège de l'âge ; elle appartient au *major natu*.

L'édit de convocation est inscrit sur tous les portiques, *unde de plano legi potest* : il fait connaître l'objet des comices en désignant les magistratures à attribuer. Un certain laps de temps doit s'écouler entre la convocation et le jour fixé pour le vote. Aucun texte de loi municipale n'indique la durée de ce délai ; toutefois dans la loi de Malaga (4) il est question d'actes que les candidats doivent faire, *intra præstitutum diem*, dans le temps voulu, et nous croyons pouvoir appliquer par analogie les règles suivies à Rome. La loi *Cæcilia Didia* (5) de l'an 656 de Rome prescrit de promulguer l'édit de convocation trois *nundinæ* à l'avance. Sur ce délai, ce *trinundinum* ou *trinum nundinum* (6), on n'est pas entièrement d'accord : les uns entendent par là le temps qui

(1) Tit. Liv. III, 35.
(2) Tit. Liv. XXIV, 10 et XXXV, 6.
(3) *Lex Mal.* LII.
(4) *L. Mal.* LI.
(5) *Dictionnaire des antiquités grecques et romaines* ; mot : comices.
(6) T. L. III, 35 et Macrobe, *Sat.* I, 16.

s'écoule entre trois *nundinæ*, entre 3 jours de marché,
c'est-à-dire 17 jours ; les autres trois *nundina*, 3 fois
l'intervalle compris entre deux jours de marché, c'est-
à-dire 24 jours. Dans tous les cas, on comprend dans le
délai le jour de la publication et celui du vote. Ce *trinundinum* est du reste un délai minimum : le magistrat
pouvant fixer pour le vote un jour plus éloigné. — L'édit
du Président ne détermine ni l'heure (c'est le lever du
soleil), ni le lieu du vote (c'est toujours le même) ; il se
contente de fixer le jour.

Ce jour doit être choisi parmi les *dies comitiales* (1).
Les *dies nefasti* étant consacrés aux actes religieux,
on distingua parmi les *dies fasti* certains jours dits *comitiales*, qui furent réservés à la tenue des comices. —
Il est intéressant de remarquer que les *nundinæ*, qui re-
viennent dans le calendrier périodiquement comme nos
dimanches, ne peuvent être *comitiales* (2). N'est-ce pas
là l'indice certain des tendances aristocratiques que nous
avons signalées dans l'organisation municipale? Tandis
que chez nous l'élection a toujours lieu un dimanche, un
jour de repos, la cité romaine interdit les comices un
jour de marché, parce que ce jour là tous les plébéiens,
les cultivateurs sont à la ville, et prendraient naturellement part au vote sans avoir à se déranger de leurs travaux. — Cet édit ouvre la période électorale : nous allons

(1) Varron, *de l. lat.* VI, 29.
(2) Macrobe, I, 16, 30.

voir naître et se développer les candidatures pendant les
legitimi dies (1), jours compris dans le *trinundinum*.

§ 2. — *Une campagne électorale.*

Comment désignait-on les candidats? Par quels
moyens se faisaient-ils connaître et sollicitaient-ils les
suffrages de leurs concitoyens? Quels étaient les moyens
de propagande électorale ? Autant de questions sur la
solution desquelles les textes de lois sont absolument
muets ; les quelques renseignements qui nous sont parvenus sont empruntés à la littérature de Rome, et surtout à l'épigraphie.

Pour cette partie de notre étude les fouilles faites à
Pompéï vont nous être d'un précieux secours. Sur un
très grand nombre de murs, entre la porte et les fenê-
tres, à hauteur d'homme, on a découvert de nombreuses inscriptions peintes en rouge ou en noir sur le stuc,
sur la chaux, qui recouvrait les murailles ; d'autres
étaient simplement tracées au charbon. Le premier re-
vêtement ayant été gratté, on a trouvé au-dessous d'autres inscriptions plus anciennes, gravées au stylet sur la
pierre même (2). De ces inscriptions peintes ou gravées,
quelques-unes sont des réclames ; la plupart sont des
affiches électorales, affiches d'ordre bien supérieur
comme composition et comme durée à nos placards

(1) Appien, *Bell. civ.* II, 8.
(2) Ces dernières inscriptions portent en Italie le nom de « graffiti ».

multicolores, en papier, susceptibles d'être aussitôt détruits, lacérés ou même recouverts. Cette publicité permanente, consistant à laisser s'étaler sur les murs pendant de longues années les noms des candidats et de leurs protecteurs, apprenait à tous les citoyens les noms des grandes familles, des magistrats sortis de leur sein, et sans nul doute ne contribuait pas peu à augmenter leur popularité.

Les affiches jouaient dans les élections un rôle fort important. Il résulte de calculs faits par M. Willems (1) que, lors de l'élection de mars 79, qui précéda de quelques mois l'éruption du Vésuve, il y eut à Pompéï pour briguer les quatre magistratures (duumvirat et édilité) dix candidats, et une moyenne de 1.500 affiches. N'oublions pas que les élections étaient annuelles, que la population totale, libre et servile, de Pompéï ne dépassait pas 20.000 âmes, et nous pourrons conclure que ces consultations du corps électoral donnaient lieu à des luttes plus ardentes, plus passionnées que nos élections municipales actuelles, et aussi que nos candidats n'ont rien inventé en fait de réclame bariolée, onéreuse et tapageuse. Signalons pourtant entre les deux époques une différence, qui est tout à l'honneur des candidats de Pompéï. Si partisans et protecteurs leur décernent comme aujourd'hui avec une extrême facilité les épithètes les plus flatteuses, et les traitent de *juvenes egregios* (2),

(1) *Les élections municipales à Pompéï*, p. 9.
(2) C. I. IV, n. 1022.

de *virum bonum* (1), *probum* (2), *dignum reipublicæ*, etc.;
en retour nous ne trouvons jamais la moindre méchan-
ceté, la plus légère attaque contre les candidats rivaux.
Au milieu des luttes électorales les plus vives règne toujours un ton d'urbanité et de politesse, dont on nous a
depuis longtemps déshabitué.

Les peintres et graveurs chargés de la publicité électorale n'étaient pas moins inventifs et moins audacieux
que nos afficheurs actuels. Un mur, une colonne, toute
surface plane était bonne pour eux, et ils s'en emparaient
aussitôt. Le désir de placer bien en évidence les inscriptions de leur client était si vif qu'ils en oubliaient le
respect dû aux choses les plus sacrées, et gravaient leurs
affiches même sur les tombeaux. Ceux-ci étaient en effet
situés le long des grandes routes, aux abords de la cité ;
toute inscription peinte sur un monument funéraire atti-
rait naturellement l'attention des passants, et rendait sa
lecture obligatoire. L'inscription suivante (3), trouvée sur
un tombeau, fulmine des malédictions contre le candidat dont le nom serait gravé sur le marbre funéraire :
« *inscriptor, rogo te, ut transeas hoc monumentum. Ast
cum quojus candidati nomen in hoc monumento inscrip-
tum fuerit, repulsam ferat neque honorem ullum gerat* ».

Lisons quelques-unes de ces affiches, et pour plus de
clarté ne nous occupons que d'un seul candidat, de Mar-

(1) C. I. IV, n. 222.
(2) C. I. id. n. 1145.
(3) Henzen, 6977.

cus Casellius Marcellus (1). Ce personnage se présenta à Pompéï aux élections de mars 79 après J.-C., l'année de la catastrophe ; on a trouvé 107 affiches relatives à son élection : elles vont nous permettre de reconstituer à grands traits sa campagne électorale.

Si quelqu'un désire chez nous tenter les hasards d'une élection, il se met lui-même en avant, et n'attend pas le plus souvent qu'on vienne le chercher pour poser sa candidature ; de sa propre initiative, il rédige ses programmes et lance ses affiches. Il ne paraît pas en avoir été de même à Pompéï ; le candidat ne parle jamais en son nom personnel, il n'affiche aucun programme, et ne formule aucune promesse ; il n'existe pas de profession de foi dans laquelle le candidat expose ses opinions. On trouve pourtant l'affiche d'un édile qui promet du bon pain : *bonum panem fert* (2). Ce sont ses voisins, ses amis, ses parents, qui se réunissent, se consultent, pèsent ses mérites, ses chances de succès, et décident qu'il sollicitera les suffrages de ses concitoyens. Alors ils font graver sur les murs d'une rue de leur quartier des inscriptions ainsi conçues :

CASELLIUM MARCELLUM

AED. ROG. VICINI (3)

« Les voisins de Casellius Marcellus le demandent pour édile. » — Ou encore :

(1) Le nom de ce personnage est complet : Marcus, prénom ; Casellius, nom gentilice ; Marcellus, le *cognomen*, le nom de famille.

(2) C. I, t. IV, n° 429.

(3) C. I, t. IV, n° 3258.

CASELLIUM AED.
VICINI ROGANT (1)

Dans le quartier habité par Casellius, probablement
sur les maisons de ses partisans, on trouve 18 inscriptions du même genre. C'est le moyen pour les clients,
pour les obligés de Casellius de lui témoigner leur reconnaissance.

Près de là était la boutique d'un boulanger, Genialis
Infantio. Le grand nombre d'affiches, qui recouvre le
mur de cette boutique, semble indiquer qu'elle était si-
tuée dans un endroit très passant, à quelque carrefour,
et que son propriétaire louait des places aux gens dési-
reux de patroner un candidat. On y lit :

M. C. M. AED.
PYRAMUS OLYMPIONICA
CALVOS ROG. (2)

« Trois citoyens, Calvos, Pyramus, Olympionica (probablement un sobriquet, le vainqueur aux jeux Olympi-
ques) demandent pour édile Casellius Marcellus ».

Sur la même boutique est une affiche plus curieuse :

M. CASELLIUM ET L. ALBUCIUM
STATIA ET PETRONIA ROG.
TALES CIVES IN COLONIA IN PERPETUO. (3)

« Statia et Petronia désirent la candidature de Casel-

(1) C. I, t. IV, n° 3286.
(2) C. I, t. IV, n° 3291.
(8) C. I, t. IV, n° 3294.

lius et Albucius : il faut toujours dans la colonie des citoyens de cette valeur ». Une demande analogue se lit
sur un autre mur :

MARCELLUM

FORTUNATA CUPIT. (1)

Quelles sont ces trois femmes et comment expliquer
leur intervention dans les luttes politiques ? M. Willems
pense d'après leur nom qu'elles n'appartiennent point à
des familles patriciennes : ce seraient des cabaretières.
Si cette conjecture est fondée, ces inscriptions ne seraient
que des réclames, des moyens habiles pour attirer dans
leur établissement les partisans de Marcellus, et pour
augmenter leur clientèle. — Une autre hypothèse nous
paraît plus vraisemblable. Bon nombre d'inscriptions et
de peintures trouvées dans les ruines dénotent des mœurs
corrompues et très licencieuses : Pompéï était une ville
de plaisir. Si on rapproche des deux affiches précédentes,
celle-ci malheureusement mutilée ;

VENUS

CASELLIUM AED. (2)

qui ne paraît pas être une invocation à Vénus, patronne
de Pompéï, mais bien un appel à tous les adorateurs de
cette déesse, on peut en conclure que Casellius Marcellus
était l'Alcibiade de Pompéï, et que mainte Aspasie s'in-
téressait à son élection. Quoiqu'il en soit, cette interven-

______

(1) C. I, t. IV, n° 111.
(2) C. I, t. IV, n° 546.

tion des femmes dans les élections n'est pas un fait isolé, mais paraît bien au contraire avoir été admis par les mœurs romaines : « *nihil mores obstiterunt, quominus pro me ambitiosa fieret* (1).

Toujours sur la boutique du boulanger on lit tracée au stylet l'inscription suivante :

M. Casellium Marcellum ædilem bonum et munerarium magnum (2).

C'est un éloge du candidat, qui sera bon administrateur, et donnera des jeux magnifiques.

Remarquons en passant que si le boulanger louait des places aux partisans de Casellius, il n'aliénait point ses préférences, et réservait toutes ses sympathies pour un autre candidat :

L. ALBUCIUM CELSUM AED.
T. GENIALIS INFANTIO ROG. (3)

Enfin ce sont les parents eux-mêmes qui patronnent les membres de leur famille, et sollicitent les voix en leur faveur :

M. CASELLIUM AED. O. V. F.
COGNATUS ROG. (4)

Les lettres O. V. F. (*oro vos faciatis*) sont une formule d'un emploi très général dans les affiches électorales.

Voilà donc Casellius Marcellus averti qu'un certain

(1) Sénèque, *Consol. ad Helv.*, XVII.
(2) C. I. IV, n° 3338.
(3) C. I. IV, n° 3296.
(4) C. I, t. IV, n° 215.

nombre de ses amis, de ses parents s'intéressent à lui, et le considèrent comme d'un excellent choix pour les fonctions d'édile. Il semble qu'il ne lui reste qu'à poser sa candidature, à faire sa déclaration, et à tenter la fortune d'un scrutin. Mais non, il attend encore : ces adhésions personnelles ne sont pas pour lui des garanties suffisantes de succès ; il faut qu'il soit demandé, soutenu par des groupes d'électeurs, par des *collegia*, qui représentent un peu nos comités actuels. Les corporations, les collèges sont en effet un des organes importants de la vie municipale ; ils se composaient parfois d'un très grand nombre de membres, obéissant au même mot d'ordre, et l'on redoutait leur hostilité, autant qu'on recherchait leur appui. Dans les affiches de Pompéï on voit intervenir ; les *pomari* (1) (fruitiers), les *pistores* (2) (boulangers), les *gallinari* (3) (marchands de volailles), les *unguentari* (4) et *tonsores* (5) (barbiers et parfumeurs), les *muliones* (6) (muletiers), les *saccari* (7) (porte-faix). A côté de ces *collegia* on trouve les recommandations de cercles, de clubs, de sociétés d'amusement : ce sont par exemple les *seribibi* (8) (tard-buveurs), et les *universi dormientes* (9).

(1) C. I. t. IV, n° 180 et 202.
(2) *Id.* n° 886.
(3) *Id.* n° 373.
(4) *Id.* n° 609.
(5) *Id.* n° 743.
(6) *Id.* n° 97.
(7) *Id.* n° 274.
(8) *Id.* n° 581.
(9) *Id.* n° 575.

Le collège le plus intrigant, le plus remuant, et qui a laissé le plus grand nombre d'inscriptions est celui des *caupones* : aubergistes et cabaretiers. Il semble résulter d'une affiche brisée qu'ils ont soutenu la candidature de Casellius :

AI.....

CASELLIUM

AUPO ROG. (1)

Il est en effet difficile d'expliquer l'inscription autrement qu'en ajoutant un *c* devant *aupo* : ce seraient les *caupones*.

Deux autres collèges patronnent Casellius : les cultivateurs et les charrons ; ce qui nous amènerait à croire que c'était un riche propriétaire rural.

M. CASELLIUM MARCELLUM

AED. AGRICOLÆ ROG. (2)

Et plus loin :

MARCELLUM AED. LIGNARI

PLOSTRARI ROG. LASSI

CUM FABIO ET CRIMIO ET

C. NISIO INFANTIONE

UBIQ. (3)

Les *lignari plostrari*, les charrons, sont une subdivision de la grande corporation des *lignari*, marchands de

(1) C. I. t. IV, n° 537.
(2) *Id.* n° 490.
(3) *Id.* n° 485.

bois. « Ils demandent de tout côté Marcellus comme édile, ainsi que les membres de la gens Lassia avec Fabius, Crimius et Nisius Infantio ».

Casellius sollicité, appuyé par ses amis et par divers collèges se décide alors à poser sa candidature : toute magistrature doit en effet être demandée. Pour cela il comparaît en personne devant le Président des comices, et fait sa déclaration, sa *professio* (1) ; il peut aussi faire faire la présentation en son nom par des tiers (2). Le Président *nomen accipit* (3), et l'inscrit sur une liste, qui reste ouverte plusieurs jours, et est close à époque fixe (4). Quels sont les termes extrêmes de ce délai ; quel est cet *ultima dies, qua competitores profiteri nomina oportebat* (5) ? Il est impossible de préciser ces points. Peut-être était-ce la veille même du jour fixé pour la réunion des comices, ou en tout cas un jour très proche de cette date : car les affiches postérieures à la *professio* sont peu nombreuses.

Les affiches de cette dernière période changent de genre et de style. Elles ne sont plus faites comme avant par des personnes, qui n'ont pas le droit de vote, et les femmes n'interviennent plus ; elles ne se contentent pas de *cupire*, ou de *rogare* ; mais bien plus énergiques elles affirment, elles expliquent les intentions et le vote de

(1) *Lex Malacitana*, LI.
(2) *Lex Malacitana*, LI.
(3) T. L. XXXIX, 39.
(4) L. Mal. LI.
(5) Appian. *B. civ* II, 8.

ceux qui les font graver. Voici quelques exemples :

MARCELLUM ET CELSUM AED. (1)

NOVICI. CAUPO FAC.

« Le cabaretier Novicius déclare que sa voix est acquise à Marcellus et à Celsus ». — Et cette autre :

AED. D. R. P. FAC. (2)

M. CASELLIUM

FIDELIS FBRLI.

Le dernier mot de l'inscription est d'une lecture incertaine : on ignore si on se trouve en présence d'une
date, ou d'un nom propre : Fabrilis par exemple. Quoiqu'il en soit voici la traduction : « Fidelis vote pour Casellius, qui sera un édile digne de la cité (*dignum rei
publicae*) ».

Tel est le côté extérieur, documentaire d'une période
électorale. Il nous faudrait pour être complet étudier la
conduite, les démarches, les intrigues des candidats ;
mais sur ce point les textes relatifs aux élections municipales font défaut, et nous devrions raisonner par analogie de ce qui se passait à Rome.

Le candidat (*candidatus*, blanchi) porte une robe blan-
che, apprêtée avec de la craie, ce qui lui donne un blanc
éclatant ; en outre il se poudre de blanc le cou, la nuque
et les cheveux (3). Nous ne le suivrons pas dans ses tour-

(1) C. I. t. IV, n° 494.
(2) C. I. t. IV, n° 540.
(3) M. Desobry, *Rome au siècle d'Auguste*, t. II, let. 26, explique ainsi
cet usage : le candidat était obligé de rester découvert toute la journée sous

nées de sollicitations, allant au forum saluer le peuple, flattant les uns et les autres, doux, affable, empressé de rendre service à tous, distribuant de nombreuses poignées de main, et trouvant un mot aimable pour chacun (1). Les mœurs électorales restent à travers les temps à peu près identiques, et exigent des candidats les mêmes sacrifices. Si les paroles et la conduite de Caïus Cotta « quand je suis candidat, je promets à tout le monde, et je m'acquitte ensuite avec ceux dont la reconnaissance me paraît le plus avantageux (2) » trouvent heureusement chez nous peu d'imitateurs, combien pourraient en revanche répéter ce mot tristement ironique que Cicéron prête à un candidat, obligé de faire des bassesses devant ses électeurs : *me velle esse ineptum* (3).

Un point intéressant dans les mœurs électorales romaines est l'influence de l'argent, de la fortune. Nous avons déjà parlé du cens exigé, et du don d'avènement; il fallait encore que le candidat put se signaler par la plus somptueuse libéralité, par les dépenses les plus ruineuses : il devait donner des jeux superbes dans les cirques, faire servir des festins publics dans les différents quartiers, et faire distribuer la *sportule*, composée de dons en argent ou en nature. Ces magnifiques largesses étaient de rigueur, et pouvaient seules déterminer un

un soleil parfois ardent et dangereux, et le blanc atténuait les effets des rayons solaires.

(1) Pour plus amples détails sur la conduite des candidats : voir Desobry, *op. cit.*

(2) q. Cic. *Petit consul.*, 12.

(3) Cic. *De Orat.* I, 24.

vote favorable ; c'est ce que Juvénal a appelé l'universelle adoration de Sa Très-Sainte Majesté l'or : *sanctis-
sima divitiarum Majestas* (1). Suivant Cicéron on arrivait
aux magistratures moins par sa valeur personnelle, que
« par le secret de Philippe de Macédoine, qui disait qu'il
n'y avait point de place imprenable, pourvu qu'on y pût
faire entrer un petit âne chargé d'or (2) ».

Contre cette influence de la richesse, et l'ingérence de
ce nouveau facteur dans les élections, le législateur tenta
de réagir. A Rome les lois *Calpurnia*, 687, *Tullia*, 691,
Aufidia, 692, et *Porcia*, 697, édictèrent des peines et des
incapacités frappant les corrupteurs, et ceux qui s'étaient
laissés séduire. Dans les municipes on prit de semblables
précautions : nous traduisons un passage de la loi *Genetiva*, intéressant par les détails qui y sont prévus :

« Après cette loi, qu'aucun citoyen de la colonie *Genetiva* se portant candidat à une magistrature, pendant l'année qui précédera l'élection, ne fasse dans l'intérêt de
sa candidature aucune des choses suivantes : qu'il ne
donne ni festins publics, ni repas particuliers, et qu'il
n'en fasse pas donner par autrui, avec l'intention de gagner des voix ; toutefois dans l'année de la candidature
il peut inviter tous les jours à sa table neuf convives, sans
idée de corruption. Qu'aucun candidat ne fasse des dons,
des cadeaux, des largesses dans un but suspect. Que personne ne donne des festins publics, ni des repas parti-

(1) Juv. *Sat.*, I, 112.
(2) Cic. *Ad. Att.*, I, 16.

culiers, ne fasse des dons ou largesses pour favoriser sciemment la candidature d'autrui. Si quelqu'un viole ces prescriptions, qu'il soit condamné à payer 5.000 sesterces aux habitants de la colonie *Genetiva*, et celui qui le voudra pourra poursuivre le paiement de cette somme auprès du duumvir ou du préfet, qui instituera à cet effet un *judicium* de récupérateurs (1). »

Citons aussi un sénatus-consulte, qui étend aux municipes la *lex Julia de ambitu*, et prononce une peine de *cent aurei* et l'infamie contre ceux qui emploiront pour leur élection des manœuvres prohibées (2).

§ 3. — *Liste officielle des candidats.*

Nous avons vu le postulant faire sa déclaration, sa *professio ;* ceci ne le constitue pas candidat de droit. Le Président des Comices peut refuser de l'inscrire, de *nomen accipere ;* il peut lui défendre de se présenter. Les droits du Président sont en effet très étendus, et on a pu dire avec raison de lui : *creat consules*. A l'origine il avait un pouvoir souverain d'appréciation pour le choix des candidats, et il lui suffisait de déclarer que les auspices consultés par lui n'étaient pas favorables à tel ou tel citoyen pour omettre son nom sur la liste. Plus tard il est contraint sinon par la loi du moins par l'usage d'accepter tous les candidats, qui réunissent les condi-

(1) L. *Col. Gén.* CXXXII.
(2) L. 1, p. 1, D. XLVIII, XIV.

tions d'éligibilité requises. « Les dieux et les auspices
ne sont plus consultés qu'à la condition d'être impar-
tiaux entre tous les candidats » (1).

Le Président doit s'assurer que toutes les conditions
sont bien remplies, et n'inscrire les noms qu'après un
examen minutieux. C'est ce que dit la loi de Malaga (2):
« si le nombre des candidats, *dont il convient de tenir
compte* pour les comices en vertu de cette loi, est inférieur... » Et plus loin : « le Président ne tiendra pas
compte du candidat, qui aurait quelqu'une des incapacités qui empêcheraient un citoyen romain de faire
partie des décurions (3) ». Bien plus on trouve encore, du
moins à Rome, quelques exemples de son pouvoir discrétionnaire : il refuse la *professio* de citoyens qu'il considère comme indignes de briguer les honneurs. Le consul Porcius déclare qu'il n'acceptera pas tel candidat :
non accipere nomen ejus (4). Sentius Saturninus, consul, « jugeant indignes de la questure quelques-uns de
ceux qui s'étaient mis sur les rangs, leur défendit de
faire leur déclaration. Il le défendit aussi à Egnatius, et
n'ayant pu l'y faire renoncer, il jura que, lors même
que les suffrages du peuple porteraient cet homme au
consulat, rien ne le déterminerait à le proclamer » (5).

S'il ne se présente pas de candidats, s'il s'en présente

(1) Fustel de Coulanges : *la Cité Antique.*
(2) *L. Mal.* LI.
(3) *Id.* LIV.
(4) T. L. XXXIX, 39.
(5) Velleius Paterculus, II, XCII.

moins que le nombre à élire, ou si enfin parmi ceux qui
ont fait leur déclaration, il s'en trouve que le Président
a exclus de la liste, comment va-t-on la parfaire ? comment remédier à la pénurie de candidats ? La loi de Malaga nous donne la solution de la difficulté : dans ces différents cas, il y a lieu à une sorte de *candidature d'office*.

« Le Président des comices désignera parmi les éligi-
bles autant de noms qu'il en faut pour compléter la liste ;
ces noms seront affichés par ses soins de façon qu'on
puisse les lire de *plano* (sans avoir besoin de s'élever).
Les citoyens ainsi affichés peuvent désigner au Président,
en leur lieu et place, chacun le nom d'une personne rem-
plissant les conditions d'éligibilité, et ceux-ci à leur tour
peuvent désigner, s'ils le veulent, à leur place chacun
une autre personne dans les mêmes conditions. La liste
de tous ces noms est affichée par les soins du Président,
de façon qu'on puisse la lire de *plano*. Puis il tient les
comices pour toutes ces personnes, comme si déclaration
avait été faite en leur nom dans le temps voulu, comme
s'ils avaient sollicité librement cet honneur, et ne se
fussent point désistés de leur demande (1) ».

(1) *L. Mal.* LI.

CHAPITRE IV

§ 1ᵉʳ. — *Tenue des comices.*

Au jour fixé par l'édit, le Président consulte les auspices, soit par lui-même, soit par l'intermédiaire d'un
augure. Si les présages sont favorables, il donne l'ordre
à un *accensus*, à un héraut, de convoquer les électeurs :
exercitum imperare, viros vocare. Celui-ci, *prima luce* (1),
en fait la publication d'abord dans le temple où le Président prend les auspices, puis dans l'enceinte des murs :
« *de muris comitiatum populum præco vocet ad te* » (2), et
il ordonne aux banquiers de fermer leurs boutiques (3).
Cet appel du héraut était probablement accompagné de
sonneries de trompettes, *tubæ* (4). Le peuple se rend à
l'endroit désigné ; à Rome, c'était le Champ-de-Mars, en
dehors de la ville. C'est le moment des manœuvres de la
dernière heure : éloges, promesses, calomnies, tout est
successivement employé pour modifier la religion de l'é-
lecteur.

Bientôt après on apporte la chaise curule, qu'on place

(1) T. Liv., XXXVIII, 51.
(2) Varron, *de l. lat.* VI, 86 et 91.
(3) *Id.*, VI, 76.
(4) *Id.*, VI, 72.

sur une estrade, dite *tribunal* (1). Le Président arrive, précédé des licteurs, qui abaissent leurs faisceaux devant le peuple (2) ; c'est un hommage rendu à sa souveraineté. Il est d'usage que le Président invite ses collègues, et les autres magistrats supérieurs à se placer avec lui sur l'estrade, à *sedere pro tribunali* (3) ; il en fait de même pour les personnalités marquantes, et le plus souvent pour les candidats.

Après avoir accompli des sacrifices, le Président fait une prière « *solemne carmen precationis* » (4) en ces termes : « *Ut ea res mihi, magistratuique meo, populo plebique romanæ, bene ac feliciter eveniret* ». (5) Que cette journée soit heureuse et favorable pour moi, pour ma magistrature, pour le peuple et la plèbe de Rome !

Après cette prière un nouvel appel est fait aux électeurs. En voici la forme la plus ordinaire d'après Varron : « Le consul Calpurnius dit : *Voca ad conventionem omnes Quirites huc ad me.* L'appariteur, l'*accensus* répète à haute voix : *omnes Quirites, ite ad conventionem huc ad judices* » (6). Le but de cette formule, qui ouvre réellement la journée électorale, paraît être de fixer l'attention des électeurs, et de les grouper autour du *tribu-*

(1) T. L. XXVI, 22 et Suet. *Tib.* XVII.
(2) T. L. II, 7.
(3) Varron, *de l. lat.* VI, 91 et Suet., *Tib.* XVII.
(4) T. L. XXXIX, 15.
(5) Cic. *pro Murena* I. C'est la formule romaine ; on la modifiait en remplaçant le mot Rome par celui de la cité qui exerçait ses droits électoraux.
(6) Varron *de l. lat.* VI, 75.

nal pour qu'ils entendent bien les communications qu'on va leur faire sur le but des comices.

Le Président s'adresse alors directement aux citoyens, qui se sont approchés à la voix du héraut : « *Velitis jubeatis uti... vos Quirites rogo* » (1). C'est une formule de déférence, une question traditionnelle, qui n'appelle aucune réponse. Puis il fait connaître par un *præco* les magistratures à attribuer, la liste des candidats, qui seuls peuvent être élus, et ajoute : « *Quod bonum fortunatum felixque salutareque siet populo romano quiritium reique publicæ populi romani quiritium mihique collegæ meo, fidei, magistratuique nostro* » (2).

Tel est le premier acte des comices. Jusqu'ici l'assemblée n'est pas ordonnée ; chacun se place où bon lui semble : c'est une *conventio* ou *contio* (3). Elle va maintenant se transformer en *comitia*. Le Président ordonne de faire sortir, d'éloigner « *summovere* » les assistants non électeurs, et il le fait avec une urbanité parfaite : « *si vobis videtur, discedite* » (4). Si parfois pour empêcher la tenue des comices on refusait de sortir, le Président avait le droit de faire arrêter les récalcitrants (5). — Quant aux électeurs, les *divisores* les séparent par curie, et les répartissent, « *introvocant* » dans leur enceinte spéciale, dans leur *septum* (6). C'est encore le Pré-

(1) T. Liv. I, 46.
(2) Var., *de l. lat.* VI, 75.
(3) Aulu-Gelle, XV, 27.
(4) T. L. II, 56.
(5) T. L. II, 56.
(6) *L. Mal.* LV et T. L. X, 13.

sident, qui ordonne de « *discurrere in tribus ad suffragium ferendum* » (1), et chaque électeur doit aussitôt
obéir, sous peine d'être exclu du vote, s'il n'entre pas à
temps dans le *septum*.

Cette série d'actes préliminaires se termine par une
des applications de l'*imperium* du Président (2); il commande aux citoyens d'exercer leurs droits électoraux,
« *mittit in suffragium* ». Notons avant d'étudier le mode
de votation que, s'il n'était pas d'usage que le Président
prononçât des discours, il faisait parfois des allocutions
d'ordre général sur la nécessité d'avoir pour magistrats
des hommes capables, et n'hésitait pas dans certains cas
à patronner officiellement tel ou tel candidat (3).

Voici l'ordre dans lequel se font les élections aux
diverses magistratures. « Le Président fera nommer
d'abord les duumvirs, puis les édiles et enfin les questeurs, en observant la distribution des curies réglée par
la loi (4) ». On lit dans le texte *rogare* et *subrogare* les
magistrats ; *subrogare* est une élection par suite de vacance, de décès, et dans ce cas l'élu n'exerce sa magistrature que pendant la période de l'année, qui reste à
courir avant le renouvellement général.

(1) T. Liv. XXV, 2.
(2) « *Imperio qua convenit ad comicia centuriata* » Varron, de *l. lat.*.
VI, 9.
(3) T. Liv. X. 21.
(4) *L. Mal.* LII et LIV.

§ 2. — *Du mode de votation.*

Qu'entendait-on par *septa*, et comment peut-on se figurer ces lieux de vote ? Au centre de la place est situé l'*ovile*, la *bergerie* : c'est un espace libre dans lequel se trouvaient outre le *tribunal* (l'estrade du Président), les assesseurs, les personnes chargées de surveiller le vote, en un mot le bureau. Autour de l'*ovile*, et convergant vers lui étaient les *septa*, c'est-à-dire des endroits clos par des cordes, des barrières (1), ou même par des murs comme à Rome (2). « *Sæpta proprie sunt loca in campo Martio inclusa tabulatis, in quibus stans populus Romanus suffragia ferre consuaverat* (3) ». On ne peut mieux comparer cette disposition qu'à une immense roue dont l'*ovile* formerait le moyeu, les *septa* représentant l'espace compris entre les divers rayons. Aucune ruine ne nous permet malheureusement de reconstituer la disposition exacte de ces lieux de vote ; mais l'idée d'un plan circulaire nous paraît la plus logique et la plus naturelle, étant donné le mode de votation usité. Notre conjecture est du reste corroborée par l'expression suivante, que nous empruntons à Varron : « *vocare populum in licium* (4) (dans la ceinture).

(1) Le roi Tullus les entoure de *manibiis*. Cic. *de rep.* II. 17.

(2) Les *septa Julia*, commencés par César en 700, terminés par Auguste, 727, étaient un édifice couvert, divisé en galeries et orné de marbres.

(3) Servius : *Commentaria in Vergilii carmina. Buc.* I. 33.

(4) Varron, *de l. lat.*, VI. 77.

A chaque curie était réservé un *septum,* dans lequel elle se retirait, comme nous l'avons dit, sur l'invitation du Président, et où elle était enfermée durant l'émission des suffrages : ce qui évitait qu'un même électeur put voter plusieurs fois. Toutes les curies votent ensemble ; pas de *tribus præorogativa* comme à Rome.

Entre le *septum* et l'*ovile* était un passage limité par des cordes ou des barrières ; élevé de 3 ou 4 pieds au-dessus du sol, il ressemblait à un pont (1) ; de là le nom de *pons*, sous lequel il était désigné. Une loi *Maria* proposée par Marius, exige que ces passages soient très étroits, de telle façon qu'on ne puisse y circuler que un par un, afin d'éviter les encombrements et les confusions dans le vote : « *pontes fecit angustos* » (2). C'est sur le *pons* que devait passer l'électeur pour voter : de là l'expression : *ire in suffragium.* Chaque *pons* était gardé par un *custos*, un assesseur, citoyen désigné par le Président, qui faisait défiler les électeurs un à un dans l'*ovile,* après avoir constaté leur identité.

Primitivement à la sortie du pont se trouvait le *rogator*, le chef de la curie ; le vote était oral, et un officier public pointillait sur des tablettes le nombre de voix obtenues par chacun des candidats, tandis que le *rogator* vérifiait les titres des votants. Mais pour assurer l'indépendance du vote une *lex tabellaria*, la loi *Gabinia*, en l'an 604 de Rome, ordonna le scrutin secret par

(1) Suet., *Cæs.* 80 et Cic., *Legibus,* III, 17.
(2) Cic., *de Leg.* III, 17.

tablette (1). Cette réforme que Cicéron qualifiait ainsi : *tabella vindex tacitæ libertatis* (2), enthousiasme beaucoup moins Pline le jeune : « *nam quotocuique eadem honestatis cura secreto, quæ palam* » (3), combien se trouve-t-il de personnes sur qui la probité garde autant d'empire en secret qu'en public ; *multi famam, conscientiam pauci verentur*.

Malgré toutes ces précautions le vote n'était pas absolument secret ; un certain contrôle, une certaine pression s'exerçait jusqu'aux abords de l'urne. Par les soins du Président on distribuait dans les *septa* des tablettes, des *tabellæ*, sur lesquelles l'électeur inscrivait au poinçon le nom du candidat de son choix, ou peut-être seulement la première lettre de son nom, *prima littera* (4). Un grand nombre d'électeurs ne sachant pas écrire devait avoir recours à l'obligeance de tiers ; il en résultait, paraît-il, de nombreux abus, et des substitutions frauduleuses (5). Pline, *lit.* 25, l. IV, nous apprend qu'on gravait parfois des bouffonneries sur les tablettes, et il s'indigne de cette légèreté dans les mœurs politiques : « *in quibusdam tabellis multa jacularia atque etiam fœda dictu* ». — Mais ce n'est pas tout : le vote de l'électeur était soumis à un double contrôle officiel et officieux : le premier sur le *pons*, le second auprès de l'urne. Sur le *pons* c'est d'abord le *custos* ; ce sont en-

(1) *L. Mal.* L. II.
(2) Cic., *leg. agra.*, II, 2.
(3) Pline, *Epist.* III, 20.
(4) Cic., *pro domo*, 43.
(5) Plut., *C. Graccus*, 13 et Suet. *Cæs.* 80.

suite les amis des candidats : Cicéron se plaint à diverses reprises que ces derniers « *pontes occuparant* », pour prendre connaissance du bulletin de l'électeur (1).

L'électeur arrivé dans l'*ovile* dépose sa tablette dans la *cista* (2), dans l'urne de sa curie (3), puis par des couloirs latéraux se retire hors de l'enceinte du vote, sans pouvoir, comme nous l'avons vu, revenir dans le *septum*. Il ne votera donc certainement qu'une seule fois, mais il faut éviter qu'il ne dépose simultanément plusieurs bulletins dans l'urne. Voici le système de contrôle, préventif de la fraude, organisé par les Romains. Nous l'empruntons presque textuellement à la loi de Malaga (4). Auprès de l'urne de chaque curie le Président doit placer trois citoyens du municipe, trois électeurs pris dans une curie autre que celle dont ils surveillent le vote. Ces citoyens avant de prendre possession de leurs fonctions jurent d'être de bonne foi, et de surveiller consciencieusement le vote. Leurs attributions sont doubles : ils sont *custodes*, gardiens de l'urne, et *diribitores*, scrutateurs,

(1) Cic. *ad. Att.* I, 14 et *Leg.* III, 17.

(2) *Cista* désigne d'une façon générale toute espèce de boîte, de corbeille. Une monnaie de la *gens Cassia* porte au revers la figure d'un sénateur debout, déposant dans une *cista* une tablette sur laquelle on lit la lettre V (*veto* ou *votum*). Cette cista est un vase cylindrique, muni de 2 poignées verticales.

(3) Une monnaie de Nerva (*Dict. des antiq. gr. et rom.*, p. 1386) représente l'acte du vote. Un électeur qui est dans le *septum* reçoit de l'extérieur une tablette, tandis qu'un autre électeur est sur le *pons* et se prépare à déposer son vote. Deux lignes horizontales parallèles figurent les cordes qui séparent les *septa*. Dans cette monnaie comme dans celle de la *gens Cassia* (v. note précédente) les tablettes ont des dimensions telles, qu'il paraît impossible d'avoir pu dissimuler son vote.

(4) *L. Mal.* LV.

chargés du dépouillement du scrutin. Pour que ce bureau constitué par le Président ne puisse être accusé de pression officielle, et de sympathie trop marquée pour tel ou tel personnage, tout candidat a le droit d'établir auprès de chaque urne un homme à lui, un de ses partisans, chargé de contrôler les *custodes* (1). Enfin point intéressant, parce qu'il nous montre avec quelle attention le législateur municipal avait prévu les moindres détails, on n'a pas voulu que les voix des *custodes* officiels et officieux fussent perdues. D'un autre côté une élection ne durait jamais bien longtemps ; il était par suite inutile et dangereux d'établir un roulement parmi les gardiens, il ne fallait pas que l'urne fût abandonnée un seul instant ; alors la loi décide « que les gardiens placés par le magistrat et par les candidats voteront dans la curie dont ils surveillent l'urne, et que leur vote sera aussi valable que s'ils avaient voté dans leur propre curie (2) ».

Le Président lui-même quitte son siège pour voter dans sa curie (3). — En principe tout citoyen absent est exclu du vote, mais Auguste autorisa les membres de certaines colonies à adresser leur vote scellé au Présisident, qui doit les déposer dans l'urne de leur curie (4). Notons enfin une application spéciale de la loi *Julia de ambitu*. « Que personne ne vienne créer des empêchements religieux, et ne fasse rien d'autre pour empêcher

(1) Varron, *De r. rust.*, III, 5.
(2) *L. Mal.* LV *in fine*.
(3) Suét. *Cæs.*, 80.
(4) Suet. *Aug.*, 46.

les comices de se tenir, ou de se terminer. Celui qui aura agi différemment dans une mauvaise intention devra payer 10.000 sesterces aux habitants du municipe *Flavium Malacitanum*, et pour recouvrer cet argent tout habitant aura une action personnelle, réelle ou extraordinaire (1).

Tel est rapidement exposé le mode de votation dans les municipes. Il dénote dans son ensemble une très grande habitude de la vie politique; les précautions contre les fraudes possibles abondent, et assurent un scrutin sincère et loyal. Une seule critique pourrait être faite contre cette réglementation : le vote n'apparait pas entièrement libre, car il n'est pas absolument secret : les nombreux surveillants qui entourent l'urne, *custodes* officiels et officieux, durent maintes fois par leur présence gêner l'expression libre des sympathies de tel ou tel électeur, et l'obliger à voter contre sa conscience pour ne pas mécontenter son patron, ou son protecteur.

§ 3. — *Dépouillement du scrutin.*

Lorsque tous les électeurs ont défilé dans l'*ovile*, le vote est terminé, et sur l'ordre du Président les corbeilles, les urnes sont portées dans un lieu spécial appelé *diribitorium* (2). A Rome cette salle était une annexe des

---

(1) *L. Mal.* LVIII.
(2) Le mot *diribere* vient de *dis habere,* séparer, trier.

sep ta; elle fut construite au Champ-de-Mars en 747. On procède alors au dépouillement du scrutin ; c'est, nous l'avons vu, une des attributions des *custodes* désignés par le Président (1). Les uns sortaient les tablettes de la *cista* ; « ils avaient les bras nus afin d'éviter toute idée de fraude, et tournaient vers le peuple la face écrite de chaque tablette qu'ils amenaient » (2). Les autres munis d'autant de tablettes qu'il y avait de candidats, marquaient par des points le nombre de *tabellæ* sorties de l'urne au nom du candidat, c'est-à-dire le nombre de voix obtenues : *puncta ferre* (3). — Le Président surveille le dépouillement et tranche les points douteux. — Cette opération finale a lieu simultanément pour toutes les curies. Les tablettes sont ensuite placées dans des sacs, *loculi* (4), que l'on scelle et que l'on dépose à l'*ærarium* ; elles serviront plus tard de contrôle, si besoin en est, par exemple s'il s'élève un procès de brigue.

§ 4. — *Proclamation du résultat.*

Les chiffres trouvés par les *diribitores* sont communiqués au Président des comices : c'est lui qui est chargé d'en donner connaissance au peuple, à l'assemblée rede-

(1) *Custodes, rogatores, diribitores* sont trois mots synonymes. *L. Mal.* LV et cic. *in Pis.* XV 36.

(2) Desobry, *op. cit.* p. 26.

(3) Cic. *in Piso.* V. 11. Horace se moquait d'un candidat malheureux : « *suffragiorum puncta non tulit septem* ». *Sat.* II, 2.

(4) Varron, *de. r. rust.* III, 5.

venue *conventio*, et qui proclame les magistrats élus. Cette proclamation se compose de deux opérations différentes : il faut nettement distinguer le vote, le résultat de chaque curie, et le résultat total, définitif.

I. — PROCLAMATION DU SCRUTIN DE CHAQUE CURIE. — « Le Président proclamera élu dans chaque curie (*renuntiare*) celui qui aura le plus grand nombre de suffrages, jusqu'à ce que le chiffre des nominations soit rempli » (1). Il le proclamera en cette forme : *illæ curia ædiles dicit*. S'il y a donc deux questeurs à élire, seront proclamés les deux candidats qui arrivent avec le plus grand nombre de voix : *pro ea curia factum creatumque esse*. On n'exige pas dans la curie un minimum de suffrages ; peu importe le nombre des votants : la majorité relative suffit. — Si le candidat qui a la majorité ne remplit pas les conditions d'éligibilité, le Président ne doit pas le proclamer ; la solution logique est qu'on considère élu le candidat qui a ensuite le plus grand nombre de voix. La même opération était successivement faite pour chaque curie ; on ignore dans quel ordre. Il est probable que cet ordre dépendait de la rapidité du dépouillement ; la curie, dont les *diribitores* avaient le plus tôt terminé, était proclamée la première ; cela a du reste peu d'importance, puisque le Président proclame les résultats de toutes les curies, ou plutôt les fait proclamer par la bouche du héraut.

Ces règles sont d'une application élémentaire ; une

____
(1) *L. Mal.* LVI.

seule difficulté pouvait s'élever. Que décider dans le cas
où deux ou plusieurs candidats ont obtenu dans une curie le même nombre de voix ? Quel est celui que le Président devra proclamer élu ? L'hypothèse aurait pu être
embarrassante, si elle n'avait été longuement prévue par
la loi de Malaga.

Voici les principes (1) dont le Président des comices
devra s'inspirer dans les cas d'égalité de suffrages. —
1re règle : on préférera au célibataire l'homme marié, ou
celui « *qui maritorum numero est* », c'est-à-dire le veuf.
— 2e règle : entre deux candidats mariés, celui qui a
des enfants l'emportera sur celui qui n'en a pas. —
3e règle : s'ils ont tous les deux des enfants, sera choisi
celui qui en a le plus. Sur l'application de cette dernière
règle, les détails abondent dans la loi. Faut-il tenir
compte des enfants décédés, et dans quelle mesure ?
Après avoir répondu affirmativement sur le premier
point, notre texte fait les distinctions suivantes. Sont
comptés pour un enfant vivant, soit deux enfants morts
« *post nomen impositum* », (2) après avoir atteint l'âge

---

(1) *L. Mal.* LVI.

(2) Ces mots : *nomen impositum* font allusion à une singulière cérémo-
nie, qui avait lieu le 9e jour après la naissance pour les garçons, le 8e pour
les filles. (Macrobe, t. I, p. XVI.) C'était le baptême romain. Ce jour-là, la
famille étant assemblée, la plus âgée des parentes prenait l'enfant dans
son berceau, lui frottait de salive le front et les lèvres pour écarter de lui
les maléfices, et lui souhaitait toute sorte de prospérités : *lustrare*. Puis
le père le reconnaissait, l'acceptait comme son fils, et pour cela l'élevait en
l'air : *tollere* ; par cet acte il lui donnait son nom : *nomen impositum*. Jusqu'à cette cérémonie l'enfant n'a pas de nom : ceci est corroboré par l'inscription suivante trouvée dans la Narbonnaise :

D. M.
DEF. AN.
PRIM.

où l'on donne un nom, soit un fils pubère, ou une fille « bonne à marier », qu'on a perdus. — 4ᵉ règle : si les deux candidats, qui ont obtenu le même nombre de voix, sont en outre dans les mêmes conditions, on tirera leurs noms au sort, et le premier sorti sera proclamé élu.

Nous avons vu que le Président des comices avait le droit de s'opposer à l'inscription d'un candidat sur la liste ; ce refus ne pouvait empêcher les suffrages de se porter sur un citoyen incapable, mais populaire. Quelle en était donc la sanction, et quelles étaient les armes dont pouvait user le Président pour faire respecter ses décisions ? C'était précisément de ne pas *renuntiare*, de ne pas proclamer le candidat nommé contre sa volonté. Nous trouvons dans Aulu-Gelle (1) l'exemple d'un édile, qui *negat accipere*, qui refuse de tenir compte des voix obtenues par l'un des candidats. Pison (2), présidant les comices, est consulté sur un candidat ; il répond que, s'il est élu, *non renuntiabit*. Lorsque le Président refuse de proclamer l'élection d'un citoyen qu'il considère comme peu honorable, ou qui ne remplit pas les conditions requises, il est d'usage qu'il adresse quelques paroles aux électeurs, leur conseillant de modifier leur vote ; puis il fait procéder à un nouveau tour de scrutin.

Diis manibus, defunctus anno primo.
C'est l'inscription funéraire d'un enfant, qui n'avait pas encore de nom. L'absence du nom sur la pierre ne peut s'expliquer autrement : ce n'est en effet ni un oubli, ni une économie, puisque l'on y mentionne son âge.
(1) Aulu-Gelle, VI, 9.
(2) Val. Maxime, III, 8,3.

Tite-Live (1) nous rapporte un exemple de ce pouvoir par trop discrétionnaire du Président. Lors de l'élection qui porta César au consulat, le consul Métellus, constatant que les 20 premières centuries avaient voté pour Lucceius, prononça un discours, dans lequel il représenta Lucceius comme incapable de porter honorablement le fardeau du consulat, et ordonna de rappeler dans les *septa* les centuries qui avaient déjà voté : *centuriam revocare*.

II. — Proclamation du résultat définitif. — Nous connaissons les candidats élus dans chaque curie ; quels sont ceux qui seront proclamés magistrats ? Une simple addition des résultats partiels aurait donné le résultat définitif. Cette opération ne parut pas assez solennelle aux Romains et ils inventèrent un système compliqué que nous empruntons encore à la loi de Malaga (2). Le Président fait graver sur des tablettes le nom de chaque curie, les jette dans une urne et tire au sort (3). Le tirage au sort avait lieu le plus souvent de la façon suivante : les tablettes ou les signes distinctifs représentant les curies étant très légers, les *custodes* remplissaient d'eau le vase qui les contenait ; la curie dont le nom sortait le premier de l'urne était proclamée la première : c'est la *sortitio tribuum*.

Lorsqu'une curie est désignée par le sort, le Président

(1) T. L. XXIV, 8 et 9.
(2) *L. Mal.* LVII.
(3) *Lucain*, Phar. V, 392, et Varron, *de re rust.* III, 17 : « *latis tabulis sortitio fit tribuum* ».

proclame ce qu'elle a fait, « *quem quæque tribus fecerint ædilem* », quel est son vote, quels sont les candidats élus par elle, et il l'annonce en cette forme : « *Olla curia ædilem dicit illum* » (1); puis il passe à une autre, à toutes successivement d'après l'ordre déterminé par le sort. Seront proclamés définitivement élus ceux qui ont obtenu la majorité des curies. Pour le résultat définitif la majorité relative ne suffit jamais ; il faut la majorité absolue des curies : « *numerum explere* » (2). L'unité électorale n'est pas la tablette, la voix de chaque électeur, mais le vote de la curie, de la section électorale. Cette remarque est très importante : elle nous explique le mécanisme électoral romain, qui, avec des apparences de grande liberté et de parfaite égalité, a su maintenir les honneurs, les fonctions, et le pouvoir entre les mains d'une classe unique, les patriciens et les riches. Le suffrage universel était accordé, et il semblait que les pauvres et les déshérités, qui comme de tout temps étaient le plus grand nombre, auraient pu se choisir des magistrats selon leur sympathie ; mais la réalité était tout autre : groupés, entassés dans trois ou quatre curies, ils ne pouvaient rien avec leurs trois ou quatre voix contre la classe aisée, qui se subdivisait en six ou sept curies et par suite décidait toujours du résultat.

La loi de Malaga prévoit aussi le cas où deux ou plusieurs candidats obtiendraient les voix d'un nombre égal

(1) Varron, *de l. lat.* VII, 89.
(2) T. L. III, 64.

de curies, et décide qu'on appliquerait alors les règles déjà exposées pour le cas d'égalité de voix dans une même curie. — Il sera parfois inutile de tirer au sort et de *pronunciare* toutes les curies : dès que deux candidats — s'il n'y a que deux sièges à pourvoir — auront pour eux la majorité des curies, le résultat sera acquis et l'élection parfaite.

Le rôle du Président des comices semble terminé ; il n'en est rien. Avant de *renuntiare*, avant de proclamer magistrats les candidats pour lesquels a voté la majorité des curies, il doit leur faire prêter serment publiquement, en présence de tous. Voici la formule de ce serment (1). « L'élu doit jurer par Jupiter (le dieu par excellence de Rome), par le divin Auguste, le divin Claude, le divin Vespasien, le divin Titus (c'est la série des empereurs divinisés), par le génie de l'empereur César Domitien (la loi de Malaga date de son règne), par les dieux Pénates, qu'il fera tout ce que cette loi exige, et n'agira jamais contre elle à son escient et avec mauvaise intention ».

Cette formule de serment se retrouve identique dans la loi de Salpensa, réglée encore avec plus de minutie. Nous la traduisons textuellement : « Ils (les magistrats) jureront en public par Jupiter, par le divin Auguste, le divin Claude, le divin Vespasien Auguste, le divin Titus Auguste, par le génie de Domitien et par les dieux Pénates, qu'ils exécuteront fidèlement tout ce

(1) *L. Mal.* LIX.

qu'ils croiront être commandé par cette loi, et intéresser les citoyens du municipe Flavium Salpensanum, et qu'ils ne feront rien sciemment contre cette loi ou contre les intérêts des citoyens de ce municipe, qu'ils empêcheront ceux qu'ils pourront empêcher, qu'ils ne tiendront pas autrement le conseil, qu'ils n'accorderont rien autrement, qu'ils ne jugeront pas autrement, que ne le veut cette loi ou l'intérêt commun des citoyens de ce municipe » (1). — La loi ajoute que le magistrat qui ne prête pas ce serment est passible d'une amende de 10.000 sesterces, et que le droit d'en poursuivre le paiement appartient de plein droit à tout citoyen du municipe : c'est une *actio popularis*.

Lorsque le serment a été prêté, le Président procède à la *renuntiatio*, à la proclamation définitive. Celle-ci a lieu dans un ordre déterminé par le nombre de curies qui ont donné leur voix aux magistrats élus. Comme il est plus honorable d'être élu le premier, il y a un *duumvir prior*, un *quæstor primus* (2). C'est le dernier acte des comices, et le Président les dissout aussitôt. — Signalons dès cette époque l'existence d'une sorte de procès-verbal : des scribes transcrivent sur des registres publics les détails et le résultat de l'élection (3).

Les électeurs ont terminé leur tâche. Tandis que les partis battus disparaissent, les magistrats nouvellement

---

(1) *Lex Salpensa,* XXV et XXVI.
(2) Cic., *Brut.* 93, et L. T. XXIX, 22.
(3) Cic., *in Piso,* 15.

élus montent sur les Rostres, et adressent aux citoyens quelques paroles de remerciement (1). Puis ils vont rendre grâce aux dieux, suivis de la foule de leurs amis, de leurs partisans, avec lesquels ils se montrent déjà arrogants et fiers : *Posteaquam est designatus, multo salutas negligentius* (2). Il est d'usage de les reconduire : *deducere*, jusqu'à leur demeure (3), et d'aller les féliciter chez eux (4).

Du cas où les comices n'ont abouti à aucun résultat. — Ceci peut se présenter, soit lorsque le Président les a interrompus volontairement, comme il en avait le pouvoir, soit lorsqu'aucun candidat n'a pu atteindre la majorité absolue, soit enfin dans le cas d'un empêchement religieux. L'assistance des augures aux comices est de rigueur et ils peuvent en provoquer l'interruption à raison d'un obstacle religieux, c'est-à-dire dans le cas d'éclair et de tonnerre (5), ou lorsqu'un des assistants est pris d'une attaque d'épilepsie : « *morbus comitialis* ». Le Président congédie alors, *dimittit*, l'assemblée, et fixe un nouveau terme pour recommencer l'élection. C'est ainsi que Cicéron fut proclamé trois fois « *prætor primus propter dilationem comitiarum* » (6).

(1) Plutarque, *P. Æmil*, 11.
(2) Cic., *pro Murena*, 36 et Sénèque, *épit.*, 18.
(3) Varron, *de re rust*. III, XVII.
(4) Plut., *Cæsar*, 58.
(5) T.-L. XL, 42.,
(6) Cic., *de im. Cn. Pompeii*, I, 2.

CHAPITRE V

A Rome les comices électoraux furent supprimés en l'an 14. Jules César avait partagé avec le peuple la nomination des magistrats (1). Auguste abusa de l'influence de ses recommandations (2) ; aussi dans ses instructions donne-t-il à son successeur le conseil de supprimer les comices, qui n'étaient plus qu'une comédie électorale (3). C'est ce que Tibère s'empressa de faire : « *tum primum e campo comitia ad patres translata sunt* » (4). Cette réforme venait à son heure : le peuple abdiqua tranquillement « *neque populus ademptum jus questus est* » (4), et Juvénal constatait avec mépris qu'en échange de leur droit de suffrage, les Romains se contentèrent de réclamer : *panem et circenses* (5).

La réforme de Tibère était-elle générale, et les municipes étaient-ils atteints dans leurs libertés locales? Oui, ont soutenu divers auteurs tels que Zumpt (6) et de Sa-

(1) Suét., *Caes.*, XLI.

(2) Suét., *Aug.*, LVI.

(3) Velleius Paterculus, II, 124 : *post redditum cœlo patrem, primum ejus operum fuit ordinatio comiciorum, quam manu sua scriptam divus Augustus reliquerat.*

(4) Tac. *Annales*, I, 15.

(5) Juv., *Sat.*, X.

(6) *Commentationes.*

vigny (1), et ils sont même allés jusqu'à spécifier que ce coup d'État était l'œuvre d'une loi *Petronia,* dont le nom seul est venu jusqu'à nous. Cette thèse n'est plus admissible aujourd'hui en présence des nombreux documents que nous possédons, et que nous allons rapidement signaler.

Ce sont d'abord des textes d'écrivains et de jurisconsultes. Pline le jeune parle d'élections dans la Bithynie, particulièrement à Amisus au second siècle de notre ère (2). A l'époque de Modestin (commencement du III⁰ siècle) la loi *Julia de ambitu* était encore en vigueur dans les municipes : « *quod si in municipio contra hanc legem magistratum aut sacerdotium quis petierit*...... » (3). Paul au temps d'Alexandre Sévère écrivait dans ses *Sentences*: « Si le citoyen, qui brigue en province une magistrature ou un sacerdoce, ameute la foule *suffragiorum causa*..... qu'il soit condamné à la déportation (4) ». Voici enfin un texte, qui mentionne des élections en Afrique en l'an 326. « Les magistrats, qui ont à s'occuper des nominations pour l'année suivante, doivent prendre garde que, quoique la nomination en Afrique soit encore réservée au suffrage du peuple selon l'habitude, l'on trouve des gens capables » (5). — Nombre d'inscriptions si-

(1) *Hist. du dr. romain au moyen âge,* I, p. 40 et 43. — Voir aussi : Becker-Marquardt, *Handbuch der rœmischer Alterthümer,* III, p. 349.
(2) Pl., *epist.* X, 78, 79, 110.
(3) L. un. D. XLVIII, XIV.
(4) *Sent.,* Paul. V, 30.
(5) Const. 1, *Code Théod.* XII, V.

gnalent des élections postérieures au règne de Tibère. A Arles c'est un candidat qui fait des promesses pour augmenter ses chances de succès (1). A Lyon (1ᵉʳ siècle de notre ère) Sextus Ligurius Marinus est nommé duumvir quinquennal « *ex postulatione populi* » (2). Dans le municipe de Bovilles nous trouvons des comices électoraux en l'an 157 :

PRIMUS COMICIA MAGISTRATUUM
CAUSA INSTITUIT M. CIVICA BARBAR (3).

Le texte est brisé à droite ; on le complète en ajoutant à la première ligne *creandorum*, à la 2ᵉ *Barbaro*.

Les documents les plus précieux et les plus probants sont ceux sur lesquels repose à peu près entièrement cette étude, j'ai nommé les inscriptions de Pompéï, et la loi de Malaga. Le système municipal organisé par les tables de Salpensa et de Malaga (fin du Iᵉʳ siècle) a pour base l'élection, le suffrage de tous les habitants du municipe, et, à moins qu'on n'en conteste l'authenticité, la conclusion s'impose : l'*ordinatio comitiorum* faite par Tibère se limitait à Rome. Nous avons vu en effet que le droit municipal de Malaga ne lui était pas particulier, et qu'on peut avec certitude généraliser les principales dispositions de cette loi (4). — Les inscriptions de Pompéï confirment cette assertion : si l'élection des magistrats

(1) Herzog, n° 325.
(2) Orelli, 4020.
(3) C. I. L., XIV, n° 2410.
(4) Mommsen et Marquardt, *op. cit.*, t. VIII, p. 195.

avait appartenu aux cent décurions, on s'expliquerait
difficilement cette ardeur dans la lutte, et surtout ce luxe
d'affiches. Et ceci n'est pas une simple hypothèse ; nous
en trouvons l'affirmation la plus précise dans l'inscription suivante :

PAQUIUM PROCULUM IIVIR. I. D. D. R. P. (1)
UNIVER. POMPEIANI FECERUNT.

« L'unanimité (*universi*) des habitants de Pompéï a élu
duumvir jure dicundo, digne de la république, Paquius
Proculus ».

Les comices électoraux dans les municipes subsistent
donc après Tibère, et nous ne devons pas nous en étonner ; c'est une application de la politique de l'empire, qui
peut se résumer ainsi : liberté dans toutes les petites
choses, subordination dans les grandes. L'empire avait
étouffé à Rome tout esprit d'indépendance, mais il avait
en même temps ouvert un débouché à l'activité politique,
en maintenant ou créant dans les municipes des comices,
des élections, des garanties libérales, et même des im-
munités et des privilèges. Pline le jeune (2), nommé gouverneur de la Bithynie, entre 109 et 113 de notre ère,
est effrayé des franchises accordées aux municipes par
Domitien et ses devanciers, et il en réfère à Trajan. Que
répond le prince ? Respectez les privilèges accordés,
même si leur origine vous paraît douteuse. Cette politi-

(1) C. I. t. IV, n° 1122.
(2) Voir le livre X de sa *Correspondance avec Trajan*, surtout les lettres
56,57-93 et 94.

que fut suivie par tous les empereurs, même par les plus
despotiques, même par Domitien, auquel est dûe la loi
de Malaga ; elle devait conduire graduellement à la grande
réforme de Caracalla, à l'admission de tous les sujets de
l'empire au droit de cité romaine.

A quelle époque peut-on fixer la disparition des comices électoraux ? A quel moment la nomination des magistrats fut-elle enlevée aux *cives* pour ne plus appartenir qu'aux *décurions* ? La réponse ne peut être unique ni
ferme, car la réforme fut en quelque sorte coutumière :
elle s'accomplit par la seule force des choses, à des époques très différentes suivant les localités : « nous ne connaissons aucun texte de loi qui supprime formellement
cette institution (comices), et nous pensons que cela
s'est fait peu à peu, probablement par imitation de ce
qui était arrivé à Rome où le Sénat avait depuis longtemps remplacé les comices. » (1).

Le motif de ce changement fut la pénurie des candidats, pénurie qui tenait à diverses causes. Dans certains
pays le christianisme avait fait de rapides progrès ; or
il était impossible à un chrétien d'assister aux cérémo-
nies, et d'officier selon les rites du paganisme. Une autre cause d'ordre plus général, c'est que les magistratures, au lieu de rester comme sous la République des
fonctions honorifiques, deviennent purement onéreuses.
Les impôts augmentaient avec le nombre des fonctionnaires de l'empire, et les magistrats responsables de la

(1) Mispoulet, *op. cit.*, t. II, p. 145.

rentrée de l'impôt sortaient le plus souvent de charge
ruinés ou considérablement appauvris (1). Dès lors les
honores ne diffèrent plus des *munera* que par le nom (2).
Bien plus, en retour de ces sacrifices de temps et d'argent, on aurait pu espérer que le magistrat allait gagner
en considération et en estime, mais on observe le fait
contraire : le fonctionnaire de l'empereur est le seul puis-
sant, c'est le seul maître. L'intervention constante du
gouverneur de la province ou du *curator civitatis* réduit
l'administration municipale à un rôle secondaire.

Les premières conséquences d'un tel état de choses
apparaissent dès le premier siècle. C'est la loi de Salpensa, qui prévoit le cas où le duumvirat sera conféré à
l'empereur. C'est la loi de Malaga, qui en l'absence de
candidats permet au Président des comices de désigner
des candidats d'office. Ce fait qui n'était prévu qu'exceptionnellement dans notre loi devint bientôt la règle générale. Les magistratures n'étant plus que des corvées,
le nombre des présentations volontaires va toujours en
décroissant, et il ne reste bientôt plus que des candidats
d'office, *inviti*. Ceux-ci étaient désignés par le Président
en nombre correspondant aux magistratures à pourvoir,
et le vote des comices n'était plus un choix, mais une
simple ratification. Il était naturel que dans ces conditions le peuple se désintéressât de l'exercice d'un droit

(1) La loi 2, D. L. VIII accorde une pension alimentaire aux magistrats
qui se sont ruinés dans l'exercice de leur charge.
(2) L. 7, D. L. II.

inutile, et évitât de se déranger pour un vote acquis d'a-
vance. Les électeurs ne venant plus aux comices, cette
dernière formalité de l'élection disparut, et la nomination des magistrats passa au Sénat, que depuis longtemps le Président consultait avant de choisir, de désigner les candidats. « L'élection se réduisait à une simple
formalité, et cette hypothèse, déjà très possible d'après
notre loi municipale (loi de Malaga), devint toujours plus
fréquente à mesure que les candidatures volontaires se
firent plus rares. En fait il n'y a plus dès lors que la *nominatio*, et comme les *duoviri* avaient l'habitude de réunir l'ordre à cet effet, il en résulta que plus tard l'élection
des fonctionnaires se trouva en réalité entièrement entre
les mains de leurs prédécesseurs et du conseil communal » (1). La *nominatio* est devenue *creatio*.

Nous avons dit que cette réforme était coutumière, et
s'était opérée tout naturellement dans les mœurs. En
effet les empereurs n'intervinrent législativement dans
la question que fort tard, et ce n'est pas sans hésitation
qu'ils s'engagèrent dans cette nouvelle politique. Un res-
crit de Marc-Aurèle et de Lucius Vérus (2) (161-169)
décide que les honneurs municipaux seront à l'avenir
déférés aux décurions seuls, d'après l'ordre d'entrée de
chacun dans la curie. Mais Septime-Sévère (3) autorise à
nouveau la plèbe à briguer les magistratures municipales.

(1) Mommsen, *Stadtrechte der Lat. gem.*, p. 424.
(2) L. 6, D. L, IV. — Voir aussi : L. 7, p. 2, D. L, 2.
(3) L. 14, p. 4. D. L, IV.

Donc pas de règle générale, pas de réforme d'ensemble. L'inscription suivante trouvée à Pompéï en 1816 nous indique que dans certains cas l'*ordo* pouvait créer un magistrat extraordinaire, sans consulter le peuple : « *Præfectus jure dicundo ex D. D. (decreto decurionum) lege Petronia* » (1). Ce n'est là qu'un cas exceptionnel. La transformation de l'organisation municipale, qui allait aboutir à l'ingérence continue du pouvoir impérial, et à la création d'une administration centrale, n'est complète qu'au troisième siècle. Alors seulement Ulpien, qui mourut en 230, pouvait s'exprimer ainsi : « *solent plerumque Præsides remittere ad ordinem nominatum, ut Caïum Seium creant magistratum* » (2).

A cette date le nouveau principe a triomphé dans presque tout l'empire : les décurions ne sont plus des magistrats sortant de charge, ce sont de futurs magistrats. Les comices ont disparu dans les municipes, et les conséquences du nouvel état de choses ne vont pas tarder à apparaître. La situation des plébéiens devint si misérable que Valentinien et Valens durent en 364 leur donner un protecteur officiel sous le nom de *defensor civitatis* (3), ou *defensor plebis* ; ce fonctionnaire avait pour mission de les défendre contre les vexations des riches, contre l'oppression des puissants, *potentiores* : « *admodum utiliter edimus,* disent les deux empereurs, *ut plebs omnis*

(1) Orelli, 3979.
(2) L. 1, par. 3-4. D. XLIX, 4.
(3) Abel Desjardins, *Dict. des antiquités gr. et rom.*

officiis patronorum contra potentium defendatur inju-rias ». Ce *defensor* devint rapidement le magistrat mu-nicipal le plus important : il était élu par l'ensemble des habitants de la commune (1).

Mais à part le *defensor civitatis*, l'habitant du municipe ne choisit plus ses magistrats ; les *cives* se sont laissé enlever leur droit de suffrage, ce palladium des libertés municipales. Désormais les institutions libérales et au-tonomes de la cité sont brisées par le formalisme admi-nistratif, par cette forte centralisation politique, dont le nom s'est en quelque sorte identifié avec celui du gou-vernement même de l'empire romain ; désormais le ma-gistrat municipal n'est qu'un agent du fisc (poste sans honneur mais non sans péril), obligé de s'incliner devant la toute puissance du fonctionnaire impérial, fruit du favoritisme, et cause des fautes et des abus, qui allaient si rapidement entraîner la ruine du plus grand et du plus florissant des empires.

(1) Code, 2, I, 55 et Const. 1, Code Théod. I, 11.

DROIT FRANÇAIS

REVISION DES CONSTITUTIONS

BIBLIOGRAPHIE GÉNÉRALE

Batbie. — *Droit public et administratif*, t. III, p. 53.
Serrigny. — *Droit public des Français*, t. I, p. 68.
Pinheiro-Ferreira. — *Droit public*, t. I, p. 169.
Molinier. — *Droit constitutionnel*, p. 100.
Saint-Girons. — *Droit constitutionnel*, p. 5-70.
Cossé. — *Théorie de la responsabilité politique*, p. 75-118.
Laboulaye. — *Questions constitutionnelles :*
  1º *La revision de la Constitution*, p. 105.
  2º *Du pouvoir constituant*, p. 369.
  3º *De la souveraineté*, p. 409.
Block. — *Dictionnaire de la politique* ; mots : *Constitution. — Pouvoir constituant.*
Dalloz. — *Répertoire de législation*, t. XVIII, p. 235.

Mounier. — *Considérations sur les gouvernements et principalement sur celui qui convient à la France*, p. 59.
Faustin-Hélie. — *Les Constitutions de France.*
Hello. — *Régime constitutionnel*, p. 19.
Guizot. — *Mémoires pour servir à l'histoire de mon temps*, t. VII, p. 21.

Bard et Robiquet. — *La Constitution française de 1875*, p. 374.
Louis Blanc. — *La Constitution de 1875.*
Poudra et Pierre. — *Traité pratique de Droit parlementaire*, t. I, p. 1-16 et t. II, p. 1-29.
Lefebvre. — *Étude sur les lois constitutionnelles de 1875*, p. 204.

1

Devin. — *Commentaire de la Constitution de 1875, p. 97.*
Bozérian. — *Étude sur la revision de la Constitution.*
Edmond Scherer. — *Revision de la Constitution.*
Laferrière. — *L'article 8 de la Constitution.*

James Fazy. — *Cours de législation constitutionnelle,* p. 301.
Demonbynes. — *Constitutions européennes.*
Batbie et Laferrière. — *Les Constitutions d'Europe et d'Amérique.*
Dareste. — *Les Constitutions modernes.*
Laboulaye. — *Histoire des États-Unis,* t. III.
De Tocqueville. — *De la démocratie en Amérique,* t. I, p. 166 et 311.
Erskine May. — *Histoire constitutionnelle de l'Angleterre.*
Glasson. — *Histoire du Droit et des institutions de l'Angleterre,* t. VI, chap. 1er.
Boutmy. — *Études de Droit constitutionnel: Angleterre, États-Unis.*
Arosemena. — *Constituciones politicas de la America meridional reunidos y comentados.*
Recueil officiel des Constitutions cantonales en vigueur en 1880. — *Berne.*

Note. — On sera peut-être étonné de nous voir citer un si petit nombre de références. Nous avons pourtant signalé tous les auteurs, qui traitent la revision avec quelques développements, mais nous avons jugé inutile d'ajouter à notre liste les ouvrages de droit public et de droit constitutionnel, qui ne font que poser ou indiquer le problème. Une telle pénurie de documents aurait pu rendre fort difficile notre tâche, si nous n'avions eu pour y suppléer deux collections des plus précieuses et des plus complètes : pour la la France, le *Moniteur* et le *Journal officiel* ; pour l'étranger, l'*Annuaire de législation étrangère.*

INTRODUCTION

L'étranger, qui, ignorant notre situation politique et nos divisions de partis, assisterait à nos réunions électorales, lirait nos journaux, et consulterait les programmes de nos candidats, aurait vite fait de conclure avec quelque apparence de raison que la France possède une Constitution imparfaite, vicieuse même, et que la grande majorité de la nation, souffrant d'un profond malaise, sollicite une revision devenue indispensable. Les mots *revision de la Constitution* ont pris en effet depuis quelques années dans le langage politique une importance toute spéciale, une place prépondérante : on les fait miroiter aux yeux de la nation comme le remède à toutes ses souffrances. Certains partis, dont les espérances ont été cruellement déçues par le vote de la Constitution actuelle, voient dans la revision l'occasion d'une revanche ; c'est pour eux un cri de guerre, une arme légale et constitutionnelle. D'autres y trouvent un moyen commode d'agitation, un thème à déclamations, une plateforme électorale. D'autres enfin, non les moins dangereux, ne raisonnent que par idées abstraites et rêvent la rédaction d'une Constitution idéale. Tous invoquent le pays qu'on fait si souvent parler quand il ne dit rien, quand il ne demande qu'à rester tranquille, et ils déclarent, avec la plus entière assurance, que le pays désire la revision. Qu'en savent-ils? A cette question : voulez-vous qu'on revise la Constitution, l'électeur répond : certainement, si c'est pour la rendre meilleure ; mais qui peut lui donner cette garantie?

Nous n'avons signalé le côté politique de la question que pour en démontrer toute l'importance, et pour mettre en relief l'intérêt d'une pareille étude. Le jurisconsulte doit faire abstraction des opinions de partis, et négliger les interprétations individuelles, par trop sujettes à caution ; son rôle consiste à analyser les textes, à rechercher les résultats, et par leur comparaison à mettre en lumière les véritables principes du droit constitutionnel. C'est le but que nous nous sommes proposés en étudiant la revision des Constitutions.

Avant d'examiner les différentes solutions imaginées par le législateur et réglées par les textes constitutionnels, il importe de limiter le débat et d'indiquer les termes précis du problème. Deux principes, aujourd'hui incontestables (1), en résument les données : 1º Un peuple a toujours le droit de reviser sa Constitution ; — 2º Une Constitution doit être stable. — La conciliation de ces deux idées générales constitue toute la difficulté.

(1) Nous déclarons ces principes incontestables, parce que nous raisonnons dans l'hypothèse d'un pays libre ; ce sera notre unique point de vue dans le cours de cette étude.

1° *Un peuple a toujours le droit de reviser sa Constitution.*

La nation est souveraine (1) : gouvernement et Constitutions sont faits par elle et pour elle ; dès qu'elle en souffre, elle peut les changer. Qu'est la Constitution ? C'est la loi qui organise les pouvoirs publics ; elle lie les corps constitués, qui sont les agents de la nation, mais elle ne peut dominer la volonté du peuple dont elle émane. La Constitution en édictant certaines règles, en établissant telle ou telle forme de gouvernement, recherche le bien-être et le bonheur du peuple ; il serait étrange que, si elle s'est trompée, elle ne puisse subir des modifications : ce serait sacrifier le but aux moyens. La nation, qui s'est donné une Constitution, peut la transformer quand et comme il lui plaît, quelles qu'en soient l'ancienneté et l'origine ; son intérêt est sa seule règle : *salus populi suprema lex esto.* Lui dénier ce droit, c'est méconnaître sa souveraineté. Ce principe est d'ordre absolu ; il s'applique même si la Constitution n'a pas prévu sa revision, même si elle l'a interdite : une pareille clause est nulle de plein droit. La souveraineté est inaliénable et imprescriptible : les auteurs de la Constitution n'é-

(1) Nous n'avons pas à discuter ici le principe de la souveraineté du peuple. Il nous paraît de toute évidence défini de la façon suivante. Ce n'est pas une souveraineté absolue, sans limites, une sorte de droit divin révolutionnaire ; il n'appartient pas au peuple de déclarer dans son omnipotence que tel droit incontestable ou que telle liberté disparaîtra, et que ce qui est juste deviendra injuste. Non, la souveraineté a des limites : elle doit s'incliner devant certains principes antérieurs et supérieurs, qu'elle a pour mission de consacrer et de faire respecter. — En dehors de ces droits inviolables, quand il s'agit des formes politiques, des conditions du gouvernement, de l'organisation des pouvoirs publics, la nation est véritablement souveraine.

taient que les mandataires de la nation, ils ne pouvaient outrepassant leurs pouvoirs imposer à leur mandant une forme de gouvernement invariable. Ce qu'il y a d'immobile dans une société donnée, c'est son siège, c'est le sol qu'elle occupe ; mais sa volonté et par suite son état peuvent se modifier, et il n'appartient à personne de déclarer et de faire qu'un peuple cesse de vouloir.

Ces principes sont constatés depuis de longues années ; mais ne pas vieillir est le propre de la vérité. J. J. Rousseau écrivait dans le *Contrat social* : « D'ailleurs en tout état de cause un peuple est toujours le maître de changer ses lois, même les meilleures. Car s'il lui plaît de se faire mal à lui-même, qui est-ce qui a le droit de l'en empêcher » (1)? Et Sieyès : « Dira-t-on qu'une nation peut par un premier acte de sa volonté s'engager à ne plus vouloir à l'avenir que d'une manière déterminée ? D'abord une nation ne peut ni s'aliéner, ni s'interdire le droit de vouloir ; et quelle que soit sa volonté, elle ne peut pas perdre le droit de la changer, dès que son intérêt l'exige. En second lieu envers qui cette nation se serait-elle engagée? je conçois comment elle peut obliger ses membres, ses mandataires, et tout ce qui lui appartient ; mais peut-elle en aucun sens s'imposer des devoirs envers elle-même ? Qu'est-ce qu'un contrat avec soi-même » (2) ?

Ce droit de la nation de réformer, de reviser *peut* être inscrit dans la Constitution ; des raisons d'ordre pratique nous font ajouter qu'une Constitution sage *doit* ren-

(1) *Contrat social*, l. II, chap. XII.
(2) *Qu'est-ce que le tiers état ?* p. 159.

fermer les moyens d'arriver à son amélioration. Fut-elle très habilement rédigée, et parfaitement adaptée aux exigences du moment, il arrivera un jour où elle ne répondra plus à des nécessités nouvelles, et si alors elle ne peut être amendée, elle sera fatalement détruite. Car si le mot impossible n'est pas français, on peut dire aussi que le mot immuable ne devrait exister dans aucune langue. On a justement remarqué que le changement est la condition d'existence des nations comme des individus : les peuples ont une enfance avec ses imperfections, une jeunesse avec sa pétulance, un âge mûr avec sa vigueur, une vieillesse avec son impuissance. Si, dans ce mouvement continu, la Constitution seule ne change pas, elle ne conviendra bientôt plus à la société nouvelle et le désaccord ira en s'accroissant jusqu'à une crise fatale pour la loi fondamentale ; car la société ne consentira pas à péricliter sous l'empire de cette loi, dans la crainte des quelques dangers que pourra entraîner sa réforme. Ce serait un vaste édifice condamné à périr plutôt que de recevoir une légère réparation.

Il faut tenir compte des leçons de l'expérience ; et pour fonder une Constitution solide, qui ne soit pas destinée à être emportée par la violence, il faut appliquer cette pensée de Napoléon : « les Constitutions sont l'ouvrage du temps ; on ne saurait laisser une trop large voie aux améliorations (1) ». — « Il est toujours téméraire, dit M. Saint-Girons, d'entonner un *exegi monumentum* ; l'homme, être d'un jour, ne bâtit pas pour l'é-

----

(1) Pelet, *Opinion de Napoléon sur divers sujets*, p. 151.

ternité (1) ». Aux yeux de Laboulaye l'éternité des lois constitutionnelles, c'est « quelque chose, comme la quadrature du cercle, c'est-à-dire la chimère favorite des ignorants et des esprits faux (2) ». Les institutions doivent pouvoir se modifier peu à peu, et se modeler sur les besoins nouveaux, afin d'éviter une crise révolutionnaire. Mme de Staël disait : « Si l'on voulait mettre en système les révolutions, on ne pourrait pas mieux s'y prendre qu'en déclarant immuables les formes du gouvernement ; car si le gouvernement d'un pays ne peut participer en rien à la marche des choses et des hommes, il sera nécessairement brisé par elles ». Pour échapper à cette crise fatale, pour éviter sa violation, il suffit à la loi fondamentale de prévoir et d'organiser sa révision : elle permettra ainsi de faire disparaître les quelques taches, qui auraient gâté le tout, et de procéder à des amputations nécessaires, avant qu'il ne soit trop tard. Elle sortira de cette épreuve fortifiée, retrempée, et avec une autorité toute nouvelle.

2° *Une Constitution doit être stable*. — La nation peut reviser sa Constitution ; mais il n'est pas nécessaire, il serait même néfaste que pour se prouver à elle-même son droit, elle l'exerçât à tout instant. La Constitution ne peut être considérée comme une loi ordinaire ; son importance lui donne un caractère tout particulier : elle doit inspirer le plus sérieux respect. Elle attestera les convictions et réalisera les espérances du pays, si elle est une œuvre fixe et durable. La stabilité de la Consti-

(1) *Traité de droit constitutionnel*, p. 32.
(2) *Questions constitutionnelles*, p. 150.

tution et du gouvernement est nécessaire à la force des lois, à la sécurité générale ; elle favorise les efforts et les progrès de la nation : c'est la première condition du bonheur public. On ne saurait donc toucher à cette base fondamentale avec trop de ménagements. Le calme, la sécurité sont pour un peuple les plus grands biens : il les préfère à la liberté, et on a vu parfois la masse des électeurs après des périodes troublées et inquiètes, craignant le chômage, la misère, abdiquer ses droits entre les mains de ceux qui se faisaient forts d'assurer la tranquillité. Un législateur de l'antiquité voulait que celui, qui proposerait dans les assemblées une loi nouvelle, ne s'y présentât qu'avec les instruments de son supplice, afin que si sa réforme était repoussée, il fût puni sur le champ comme perturbateur de l'État. D'une disposition si sévère, nous ne retiendrons que la conclusion : l'instabilité des Constitutions est funeste à la dignité et au bien-être des peuples.

Il ne suffit pas pour modifier une Constitution d'y relever quelque léger défaut, quelque inconvénient sans portée : il faut qu'elle renferme un vice radical et intolérable. Il est une maxime d'ordre général, qui peut s'appliquer spécialement en matière de gouvernement : le mieux est souvent l'ennemi du bien. N'oublions pas que dans toute disposition législative on peut signaler le pour et le contre, qu'ils sont parfois si intimement liés qu'en ôtant l'un, on arrache l'autre, et que si le bien est difficile à rétablir, on ne peut en dire autant du mal. Ce n'est pas qu'un pays libre, qu'une République surtout, redoute la discussion et craigne de voir ébranler ses bases constitutionnelles ; elle n'est pas de droit divin, elle prétend reposer sur la raison : l'examen ne peut que la fortifier, et la populariser. Mais des tentatives d'amélioration trop souvent répétées sont plus nuisibles que le maintien d'une disposition, peut-être imparfaite, à laquelle le peuple s'est accoutumé : rien n'est plus pernicieux ni plus contraire au progrès régulier que l'instabilité. La fluctuation perpétuelle des principes et des systèmes ne sera jamais un moyen d'ordre et de prospérité ; le goût des innovations ne deviendra jamais un gage de meilleur avenir. Une Constitution doit avoir le caractère d'un édifice achevé, et non « d'un perpétuel déménagement ». Ce n'est pas faire de la bonne politique que de vouloir appliquer la phrase, que répétent avec complaisance les pessimistes aigris : « en changeant, on n'aura jamais plus mal que ce qu'on a ».

Le principe incontestable de la revision sera donc d'une application rare et réfléchie ; il faut que la nécessité en soit vivement reconnue : *in novis rebus constituendis evidens esse debet utilitas.* Si des raisons d'égale force militent les unes en faveur du *statu quo*, les autres en faveur d'une réforme, il faut maintenir ce qui existe.

Malheureusement la France a été longtemps le pays classique de l'abstraction, et cette tendance de notre esprit national, légèrement atténuée peut-être, subsiste encore, malgré les expériences concluantes et les rudes leçons du passé. Il est une école qui vit dans l'absolu, et qui méconnaissant les faits se flatte de constituer par le seul raisonnement. Aucune Constitution, même si elle a donné en pratique d'excellents résultats, même si elle assure au pays une florissante prospérité, ne peut trouver crédit devant ces doctrinaires. Ils ont conçu un idéal de Constitution, fort logique en vérité, mais rigoureux comme un théorème. Cet idéal, ils le poursuivent sans relâche, accumulant les ruines le long de leur chemin, et pour eux la revision sera toujours une nécessité tant qu'ils n'auront pas réalisé leur chimère, leur « dada constitutionnel ». Poursuivre un pareil but, c'est négliger les conditions particulières de notre pays, c'est surtout oublier qu'une Constitution s'adresse aux hommes tels qu'ils sont, non tels qu'ils devraient être, que son but est de concilier des habitudes, de ménager les passions et les intérêts. Cessons de n'être que logiques, et sachons de notre histoire contemporaine tirer cette morale, que le côté pratique des institutions est le plus important pour le législateur. Il est à regretter qu'en France pour beaucoup d'hommes politiques la forme l'emporte sur le fond. Qu'est-ce pour eux que la souffrance générale, qu'une instabilité inquiétante, auprès de la régularité et de la symétrie constitutionnelle? Leur idéalisme plane au-dessus des conséquences pratiques. Méfions-nous d'une doctrine aussi dangereuse, et craignons de voir se reproduire pour la Constitution les fatales conséquences de la formule célèbre : Périssent les colonies plutôt qu'un principe !

Si, pour réaliser les conceptions de la théorie pure, on porte la main sur la Constitution existante, et si on use du droit de revision, on fait une œuvre téméraire. « Une fois la santé sociale cherchée dans des redressements de textes au lieu d'être demandée au simple et mâle exercice des droits acquis, un peuple s'est livré à un terrible maître et qui le mènera loin » (1). Il ne faut pas se montrer trop exigeant envers nos institutions : une Constitution étant une œuvre humaine sera toujours imparfaite. Ne cherchons pas la cause de nos maux dans les défauts de nos lois fondamentales, n'ayons pas la superstition d'une formule, mais sachons par nos mœurs, par le développement de nos traditions extraire de ce texte imparfait tout ce qu'il contient d'utile et de libéral. Ce n'est pas par une simple modification constitutionnelle qu'on réalisera le programme si modeste de cette école : « refaire la société, changer ses idées et ses mœurs ».

Nous le répétons : la Constitution doit être stable, sa revision doit être préparée de longue main, et n'être faite que lorsqu'elle a été sollicitée par un mouvement d'opinion publique sérieux et profond. Les hommes ont plus de penchant à maudire leur sort qu'à le bénir ; il importe de ne pas exciter cette tendance funeste, si l'on ne veut aboutir à un malaise du corps social et aux perturbations néfastes qu'entraîne l'instabilité. Il ne faut pas céder à l'esprit d'aventure, et soulever des questions périlleuses sous le prétexte ingénieux de ne pas les laisser à des adversaires.

Pour éviter des revisions trop fréquentes, pour que la Constitution puisse être durable et considérée avec quelque respect, il est un principe que les constituants ne devraient jamais oublier. Il ne faut pas agrandir démesurément la Constitution, et vouloir tout régler dans son

____

(1) Edmond Scherer, *Revision de la Constitution*, p. 21.

texte ; il faut éviter d'y insérer des dispositions secondaires et accessoires, et ne formuler que les règles indispensables. Si on se débarrasse de cette manie de la réglementation, si on écoute les conseils de Benjamin Constant : « Laissez de l'espace au temps et à l'expérience pour que ces deux puissances réformatrices dirigent vos pouvoirs déjà constitués dans l'amélioration de ce qui est fait et dans l'achèvement de ce qui reste à faire », on ne comprendra pas dans la Constitution tous les points de détail et on laissera quant à leur réforme une entière liberté de mouvement. Car la vieille maxime : *discipulus est prioris posterior dies*, est en politique d'une vérité toute relative : le jour qui naît est l'élève bien peu respectueux du jour qui fuit et il trouve toujours quelque chose à blâmer dans les inventions des grands hommes de la veille. Écrire les dispositions accessoires dans les lois ordinaires, dans les lois organiques, c'est diminuer les cas de revision, c'est augmenter la stabilité et l'autorité de la Constitution.

La conciliation de ces deux grands principes, de ces deux nécessités aussi impérieuses l'une que l'autre : souveraineté du peuple, stabilité de la Constitution, est le fond du problème de la revision. On comprend combien l'exercice de ce droit est difficile à réglementer ; il s'agit entre deux termes extrêmes de trouver le point intermédiaire, qui sera la solution juste et rationnelle. Ce point peut osciller soit à gauche soit à droite ; telle solution préférera assurer la stabilité de la Constitution aux dépens de la souveraineté nationale, telle autre sera en sens inverse. Mais qu'on y prenne bien garde ; ce n'est

pas là une simple question doctrinale, c'est le point
vital de la Constitution, c'est son existence même que va
assurer ou compromettre la clause de revision. Une assemblée constituante vient de rédiger une Constitution,
qui n'est ni meilleure ni plus mauvaise qu'une autre ;
elle doit en terminant prévoir sa revision, et deux écueils
sont à éviter. Ou accordant à la nation souveraine l'exercice du pouvoir constituant comme une attribution normale, sans réserves, on lui permettra de toucher à tout
instant à sa Constitution ; c'est l'instabilité consacrée,
c'est l'anxiété permanente dans le pays. Ou voulant assurer une œuvre durable, on entourera l'exercice du droit
de revision d'obstacles si nombreux et de difficultés si
considérables, que le peuple en sera réduit pour obtenir
une légère réforme à procéder par un coup de force, à
faire une révolution. Dans les deux hypothèses le législateur voue par une pareille clause son œuvre à la destruction, et il ne nous paraît pas téméraire d'affirmer que
beaucoup de Constitutions, si brutalement déchirées,
ont dû leur triste fin à une revision mal comprise. Nous
allons successivement rechercher comment le problème
a été résolu par les Constitutions françaises antérieures
à 1875, par la Constitution actuelle, et enfin par les principales législations étrangères.

PREMIÈRE PARTIE

LES CONSTITUTIONS FRANÇAISES AVANT 1875

Depuis la Révolution, la France a traversé une période d'instabilité gouvernementale sans exemple dans l'histoire contemporaine : les régimes s'y sont succédé avec une surprenante rapidité. Devant l'œil étonné de l'historien défilent des monarchies, des empires, des républiques : sorte de kaléidoscope fidèle, dans lequel se reflètent l'inconstance de nos mœurs politiques et l'absence de toute tradition. Ces divers gouvernements se sont pour la plupart fondés spontanément, à la suite de Révolutions ou de Coups d'État (1) ; sans attaches directes avec le passé, ils apportaient avec eux une Constitution toute nouvelle, à eux toute spéciale. Au point de vue qui nous occupe, ces nombreuses Constitutions se divisent tout naturellement en deux groupes bien distincts. D'un côté les Constitutions, qui ont prévu leur revision, c'est-à-dire celles de 1791, de 1793, de l'an III, et de 1848. De l'autre les Constitutions qui restent muettes sur la question : les Chartes, et les Constitutions impériales.

---

(1) « L'origine d'un gouvernement est toujours un fait ; la légalité ne commence que lorsqu'il est établi ». De Barante, *Questions constitutionnelles*, p. 171.

PREMIER GROUPE

Constitutions ayant prévu leur revision.

§ 1er. — *Constitution du 3 septembre 1791.*

Les États généraux, réunis au mois de mai 1789, avaient dès le 10 juin, proclamé leur pouvoir constituant. Le but, qu'ils poursuivirent dès lors avec la plus grande activité et la plus remarquable persévérance au milieu des difficultés et des obstacles quotidiens, suscités par le pouvoir dont l'existence était menacée, fut de donner une Constitution à la France, Constitution qu'ils considéraient comme l'arche sainte destinée à préserver les libertés acquises. L'étude de cette Constitution est particulièrement intéressante, et demandera d'assez longs développements, parce que la question de la revision fut l'objet de savantes controverses et de longues discussions, parce que surtout la Constituante faisait œuvre entièrement nouvelle : elle n'était pas en effet gênée par les précédents, elle construisait son édifice par les seules données du raisonnement, et par l'application de principes, jusqu'alors purement théoriques.

Avant d'aborder l'examen des divers projets de revision, qui furent soumis à l'Assemblée Constituante, et discutés par elle, il importe, pour en bien saisir les nuances, voire même les contradictions, de ne pas oublier la date de la discussion : commencée le 29 août, elle se termina le 3 septembre 1791. C'était donc après la fuite de Louis XVI et son arrestation à Varennes ; la suspension du pouvoir royal qui durait déjà depuis deux mois, avait amené une situation provisoire, supportée impatiemment ; le pays traversait une de ces crises de perturbation générale, dans lesquelles, aucune autorité ne s'imposant plus, les partis s'agitent, prêts à en venir aux mains pour se disputer le pouvoir. Dans ces conditions l'idée dominante des Constituants devait être et fut d'établir un gouvernement stable ; la fixité de la Constitution était à leurs yeux le rempart destiné à arrêter les attaques du parti des émigrés qui redemandait le passé, et celles du parti avancé, qui menaçait l'avenir. Nous allons voir l'influence prépondérante que prirent ces événements dans les débats sur la revision.

Dans la séance du 29 août 1791, Chapelier déposa son rapport au nom des deux Comités de constitution et de revision. Dès le début il formule et fixe les principes avec la plus grande netteté : « La Nation a le droit de réformer sa Constitution ; toute Constitution sage doit renfermer les moyens d'arriver à sa perfection » (1). Puis arrivant à l'application de cette règle, il sent la nécessité d'assurer à la Constitution certaines conditions de stabilité, et le préambule du décret s'exprime ainsi :

« Considérant qu'il faut, que les formes, par lesquelles la Nation fera connaître son opinion, soient fixées de manière à ne pas entraîner des erreurs, et à ne pas donner à des mouvements tumultueux, ou à des délibéra-

(1) *Moniteur universel*, tome V, p. 1005.

tions irréfléchies, le caractère imposant de la volonté nationale, et qu'il faut fixer un délai auquel cette volonté
sera examinée, délai qui ne doit être ni assez éloigné
pour que la Nation souffre de quelques parties vicieuses
de son organisation sociale, ni assez rapproché pour que
l'expérience n'ait pas eu le temps de donner ses salutai-
res leçons, ou que l'esprit de parti, le souvenir des anciens préjugés prennent la place de la raison et de la justice, par lesquelles tous les citoyens doivent désormais
être guidés... » (1). Et s'inspirant de ces idées, le rapporteur proposait de réunir en 1800 une Assemblée de revision, qui aurait à examiner si les pouvoirs constitués
étaient restés dans les bornes fixées par la Constitution.

La discussion s'ouvrit aussitôt. Le projet de Malouet,
qui voulait soumettre la Constitution à l'acceptation
du peuple, et celui de Pétion (2), (système des Conventions périodiques, chargées de la revision, se réunissant
tous les 20 ou 30 ans), furent rejetés par l'Assemblée,
qui, le 30 août, adopta à l'unanimité la proposition Tronchet : « La Nation a le droit imprescriptible de revoir sa
Constitution, quand il lui plait ; mais l'Assemblée Nationale déclare que son intérêt l'invite à suspendre l'exercice de ce droit pendant trente ans » (3).

Cette invitation qui n'engageait à rien, ce décret purement platonique ne pouvait satisfaire les Constituants.
Il contenait du reste la juxtaposition de deux principes
contradictoires : d'un côté la reconnaissance de la sou-

(1) *Moniteur*, t. V, p. 1006.
(2) Comme le fit justement remarquer Dandré, adopter ce système, c'é-
tait vouloir donner au pays « une fièvre périodique ».
(3) *Moniteur*, V, 1014.

veraineté nationale, omnipotente pour reviser sa Constitution ; de l'autre, l'anéantissement de cette souveràineté pendant 30 ans. La discussion fut reprise le 31 août :
elle devait aboutir à une solution plus pratique, mais
non moins illogique.

Tous les orateurs, qui se succédèrent à la tribune,
Frochot, Dandré, Barnave, Tronchet et Robespierre reconnurent la souveraineté du peuple, et proclamèrent
hautement son droit absolu de reviser la Constitution.
« Le pouvoir constituant est un effet de la pleine souveraineté. Le peuple nous l'a transmis pour une fois ; il
s'en est dépouillé ; mais il n'a entendu, ni pu entendre
nous confier sa souveraineté, pour limiter, pour indiquer après nous d'autres actes de souveraineté... Mais
nous pouvons prévenir par un mode paisible et conservateur, pris dans la Constitution, la provocation de ce
vœu spontané du peuple, qui n'arrive jamais que par la
souffrance (1) ». Dans cette dernière phrase du discours
de Barnave reparaît l'idée fixe des Constituants, le besoin de stabilité et de permanence, qui allait triompher
lors du vote, et qui fit adopter la proposition de Tronchet : « Lorsque 3 législatures successives auront émis
un vœu pour la revision de quelques articles constitutionnels, la quatrième sera chargée d'examiner les articles ». Cette disposition assurait à la Constitution six
années de tranquillité et d'existence calme ; l'Assemblée ne s'en contenta pas, et vota cette seconde motion
de Tronchet, comme suite à la première : « En conséquence, et par les mêmes vues d'intérêt général, et de la

(1) *Moniteur*, V. 1020.

nécessité d'attendre le secours de l'expérience, l'Assemblée nationale décrète qu'il ne pourra être fait aucune motion pour la revision de la Constitution avant la troisième législature (1) ».

Le 2 septembre 1791 l'Assemblée est de nouveau saisie de la question de revision, afin d'adopter un texte définitif. Nous avons vu en effet qu'elle avait successivement voté deux motions, entre lesquelles il fallait se prononcer, ou qu'il fallait fusionner. La discussion fut des plus confuses, et les orateurs singulièrement embarrassés par l'impossibilité de concilier un principe et une situation inconciliables s'égarèrent dans les distinctions les plus subtiles et parfois les plus fausses.

Quelques Constituants voulaient maintenir les deux projets : le premier, disaient-ils, ne vise que la revision totale, qui appartient à la Nation seule ; nous l'avons invitée à n'y procéder qu'après trente ans. Le second, qui exige l'accord de trois législatures, est la procédure organisée d'une revision partielle. Une telle doctrine ne pouvait triompher ; l'Assemblée n'osait pas nier la souveraineté nationale, mais elle la redoutait, et n'avait pas pleine confiance dans les effets de cette invitation d'ajournement à 30 ans. Ce délai devait donc disparaître, entraînant avec lui le pouvoir de reviser, qu'on avait tout d'abord reconnu au peuple. Tel est bien le motif qui décida l'Assemblée, comme le prouve nettement la lecture des débats.

Duport attaqua le délai de 30 ans par une argumen-

_____

(1) V. *Moniteur*, V, 1016.

tation d'une valeur fort contestable, mais qui mérite
d'être rappelée à cause de son originalité, et parce qu'elle
nous permet de saisir sur le vif l'aveuglement prétentieux
de la plupart des législateurs : « Dire que ce changement
ne sera pas utile avant trente ans, avant cent ans, c'est-
à-dire faire supposer qu'il sera utile après ce terme,
c'est ne guère songer au bonheur et à la tranquillité de
la génération suivante, et ne pas donner lieu à nos enfants de bénir notre sagesse » (1).

Les autres orateurs traitèrent la difficulté avec un esprit plus juste et plus pratique ; ils voulaient avant tout
écarter l'idée d'une Convention nationale, qu'ils considéraient comme pouvant entraîner des crises, des bouleversements et des révolutions ; ils comprenaient la
nécessité de la revision, mais ils cherchaient un moyen
de réforme sage, calme, et qui complétât la Constitution en y plaçant un germe d'amélioration. Thouret
disait : « Ce qui est essentiel à la nation, qui jouit d'une
Constitution fondamentalement bonne, c'est de pouvoir
en rectifier les défauts de détail. Il ne faut pas alors prévoir la nécessité d'une subversion totale dans une Constitution, fondée sur les bases immuables de la justice et
les principes éternels de la raison » (2). Et Barnave :
« Lorsque vous vous occupiez du pouvoir constituant,
vous ne pouviez rien prescrire à cet égard, mais tout au
plus inviter la Nation à ne point le déléguer avant 30 ans.
Mais depuis vous avez adopté un moyen de revision, qui
rendra probablement inutile l'exercice du pouvoir cons-

(1) *Moniteur*, V, 1028.
(2) *Id.*, 1030

tituant » (1). Et encore Beaumetz : « Autant nous regardons comme un devoir sacré de l'Assemblée nationale de déclarer formellement le droit qu'a la Nation tous les jours et à toute heure de rechanger en entier sa Constitution, autant nous sommes persuadés que l'exercice actif de ce droit est contraire à ses intérêts » (2).

Le 3 septembre 1791 Thouret présente à l'Assemblée la rédaction définitive du titre VII, adoptée à l'unanimité par les deux comités de Constitution et de revision ; elle fut votée sans nouvelle discussion, complétée par un amendement de Frochot, qui devint l'article 7.

Le titre VII de la Constitution du 3 septembre 1791 comprend 8 articles ; nous citons textuellement le premier, nous contentant d'analyser rapidement les autres.

« ART. 1. — L'Assemblée nationale constituante déclare que la Nation a le droit imprescriptible de changer sa Constitution ; et néanmoins, considérant qu'il est plus conforme à l'intérêt national d'user seulement, par les moyens pris dans la Constitution même, du droit d'en réformer les articles, dont l'expérience aurait fait sentir les inconvénients, décrète qu'il y sera procédé par une Assemblée de revision en la forme suivante ».

Les deux premières législatures ne peuvent proposer la réforme d'aucun article constitutionnel (art. 3). — Ce délai écoulé, il y aura lieu de reviser si trois législatures consécutives émettent un vœu uniforme de revision. (L'époque à laquelle ces législatures pourront s'occuper de la revision est constitutionnellement fixée). —

____

(1) *Moniteur*, V, 1028.
(2) *Id.*, 1029.

Ces vœux ne seront pas soumis à la sanction du roi
(art. 2 et 4). — La quatrième législature sera augmen-
tée de 249 membres, par le doublement du nombre
ordinaire des représentants attribué à chaque département pour sa population (art. 5). — Les membres de
la 3ᵉ législature ne pourront être élus à l'Assemblée de
revision (art. 6). — Les membres de cette Assemblée
prêteront le serment individuel « de se borner à statuer
sur les objets, qui leur auront été soumis par le vœu
uniforme des trois législatures précédentes ; à maintenir au surplus de tout leur pouvoir la Constitution du
royaume, décrétée par l'Assemblée constituante aux
années 1789, 1790 et 1791, et d'être en tout fidèles à la
Nation, à la loi et au Roi » (art. 7). — Aussitôt leur
œuvre terminée, les 249 membres supplémentaires se
retireront sans pouvoir prendre part à l'œuvre législative (art. 8).

Ce procédé de revision présentait de graves défauts.
Et d'abord, puisque la Constituante maintenait un gouvernement monarchique, pourquoi le roi ne participait-
il pas au droit de revision? Ce fut une des grandes erreurs
de cette Assemblée de croire que le roi n'avait pas le
pouvoir constituant, et cette erreur elle la consacra à
plusieurs reprises, notamment le 17 juin et le 5 octobre
1789. Elle oublia qu'elle avait été élue pour agir de con-
cert avec le roi, et que la puissance du monarque, qui
l'avait convoquée, existait avant elle. Le roi devant faire
observer la Constitution, il était nécessaire qu'il la signât
et la ratifiât. Cette faute s'explique toutefois par le caractère de la monarchie constitutionnelle bâtarde, dont une

Assemblée imbue de principes républicains, mais n'osant pas détruire le pouvoir royal, venait de doter le pays.

Deux autres critiques, d'ordre plus général, portent sur la composition de la législature, chargée de reviser. Augmenter le nombre de ses membres était une première faute. L'expérience a prouvé que les assemblées trop nombreuses sont peu favorables à la discussion et à l'expédition des affaires ; la fréquence des émotions et l'ébranlement des passions, qui déterminent des courants irrésistibles, sont en raison directe du nombre des représentants. Ajoutons que la direction des débats y est parfois impossible, et qu'il est difficile de trouver un grand nombre d'hommes capables, compétents, et qui consentent à solliciter les suffrages des électeurs. — Pourquoi en second lieu écarter de l'Assemblée de revision les membres de la législature qui ont voté sa réunion ? Pourquoi priver la réforme constitutionnelle du concours des grandes capacités et des talents connus, et faire appel pour un acte aussi important à des hommes nouveaux et par suite inexpérimentés ? Pourquoi ne pas laisser la nation absolument libre dans le choix de ses commettants ? Si la revision avait été immédiatement possible, une pareille précaution aurait pu se comprendre : la Constituante pouvait se défier de la partialité, que ses membres apporteraient dans l'appréciation de l'œuvre qu'ils avaient élaborée. Mais on avait décrété l'ajournement à dix ans. Nous ne pouvons voir dans cette disposition qu'une garantie de stabilité pour la Constitution, et qu'une nouvelle application de cet esprit de sacrifice et d'abnégation, qui apparaît si caractéristique dans la séance du

16 mai 1791. Les Constituants s'étaient effacés volontairement devant l'Assemblée législative, et avaient décrété qu'ils ne pourraient y être élus ; il leur semblait donc tout naturel d'imposer la même obligation à leurs successeurs, aux membres de la cinquième législature. On connaît les résultats d'un tel système, on sait ce que fut la Législative ; si par les fruits on peut juger de l'arbre, on voit quelle était la valeur pratique du principe.

Ces défauts dépréciaient la Constitution de 1791 ; ils ne la condamnaient pas. Mais il en est un dernier, qui atteignait le principe même de sa vitalité, et qui menaçait son avenir : c'était l'ajournement de la revision à dix ans au moins. Au point de vue doctrinal, le moindre inconvénient de cette règle était, comme le fit remarquer Lafayette, « que la même Assemblée, qui avait reconnu la souveraineté du peuple, qui avait reconnu le droit qu'il avait de se donner un gouvernement, ne pouvait méconnaître son droit de le modifier » (1). Quant aux conséquences pratiques elles étaient fort dangereuses. Il est indispensable, — nous l'avons démontré —, que les Constitutions soient constamment en rapport avec les besoins généraux des nations auxquelles elles s'appliquent. Si la Constitution ne peut être améliorée, elle se trouve dès lors menacée, elle est exposée à périr par la violence. C'est ce que prévoyait Robespierre : « je dis que n'indiquer aucune espèce de moyen, par lequel la Nation puisse exercer son droit de faire changer la Constitution, c'est évidemment ne lui laisser que le moyen de

(1) *Moniteur*, V, 1014.

l'insurrection » (1) et c'est ce que les événements ne jus-
tifièrent que trop.

Malgré ces erreurs la Constitution de 1791 ne doit pas
être trop sévèrement appréciée : dans une large mesure,
elle a droit à notre admiration. On ne peut la juger sai-
nement, si on fait abstraction des événements qui se
sont imposés lors de son élaboration ; des considérations d'ordre politique, dont on ne peut méconnaître
la gravité, justifient bien des doutes et bien des fluctuations. Il faut rendre hommage à la haute intelligence,
et à la merveilleuse capacité des Constituants, qui, nouveaux venus dans l'arène politique et sans précédents
historiques, ont su dès leur premier essai dégager les
véritables principes en matière de revision. Ils ont reconnu le droit imprescriptible, qu'a le souverain, qu'a
le peuple de reviser sa Constitution ; mais ils ont compris que ce droit ne pouvait être exercé directement, et
appliquant au pouvoir Constituant l'article 2, titre III
de la Constitution : « la Nation, de qui émanent tous
les pouvoirs, ne peut les exercer que par délégation »,
ils ont confié la revision à une assemblée mi-législative,
mi-constituante, dont les pouvoirs étaient strictement
limités par le vœu uniforme de 3 législatures. Et le meilleur éloge qu'on puisse faire de leur œuvre, n'est-il pas
de constater simplement, que depuis 1791 les principes proclamés par eux ont été successivement adoptés
avec des nuances de détail par toutes les Constitutions
républicaines de la France ?

(1) *Moniteur*, V, p. 1020.

§ 2. — *Constitution du 24 juin 1793.*

L'œuvre de la Constituante était viable malgré ses imperfections, et elle aurait pu subsister en des temps moins troublés ; mais elle devait être emportée par le courant des idées, des théories et des abstractions, qui allait faire place nette de toute institution et de toute organisation. Un an à peine après sa promulgation, le 21 septembre 1792, la Convention rendit à l'unanimité et sans discussion le décret suivant : « La Convention nationale déclare qu'il ne peut y avoir de Constitution que lorsqu'elle est adoptée par le peuple » ; c'était condamner et abroger la Constitution de 1791.

Deux idées générales résument le système de revision adopté par le législateur de 1793. Et d'abord, choqué de l'antinomie que consacrait la Constitution de 1791, entre le principe de la souveraineté nationale et les limites imposées à ses applications, il supprima d'une façon absolue toute formalité, toute entrave au droit de reviser ; c'était prendre le contre-pied du régime établi par les Constituants, et tomber dans un excès contraire, au moins aussi dangereux : il ne faut pas que la revision soit entourée de trop nombreux obstacles, mais il ne faut pas davantage qu'elle soit trop aisée, et que chacun puisse à tout instant mettre en cause la loi fondamentale de l'État.

Le second principe directeur, qui allait avoir une influence prépondérante sur le vote de la Convention, est une application des théories de J.-J. Rousseau. Les dé-

putés, avait dit l'auteur du *Contrat social*, sont les représentants du peuple pour les décrets ; ils n'en sont que les
mandataires pour les lois. S'inspirant de ces idées, la
Convention avait posé comme pierre angulaire de son
édifice l'intervention du peuple dans la confection des
lois, et surtout de la Constitution. Elle proclamait,
comme la Constituante, le droit imprescriptible qu'a le
peuple de reviser sa Constitution ; mais elle ajoutait que
ce droit était inaliénable, et que la souveraineté nationale devait s'exercer directement suivant des formes librement choisies.

Suivons le développement de ces idées dans la pratique, et voyons le résultat auquel elles ont abouti. La
Législative les avait déjà adoptées, et elles apparaissent
pour la première fois dans la séance si curieuse du
25 juillet 1792. Le Président de l'Assemblée, Laffon-
Ladebat, avait rappelé à l'ordre Chabot pour avoir prononcé ces mots : « le peuple français aura toujours le
droit de changer sa constitution » (1), qu'il considérait
comme inconstitutionnels et attentatoires à l'article 1er du
titre VII de la Constitution de 91. Mais l'Assemblée
législative voulut prouver qu'elle n'avait aucun respect
pour cette Constitution, et sur la motion de Choudieu
vota presque unanimement le rappel à l'ordre de son
Président. Dans la discussion Isnard s'exprimait ainsi :
« Il est donc vrai que, de tous les peuples de la terre,
jamais aucun n'a pu déléguer pour un instant l'exercice
de sa souveraineté, sans que ceux, à qui il l'a confiée,
aient cherché aussitôt à l'enchaîner. C'est ainsi que le

(1) *Moniteur universel*, tome VII, p. 876.

Corps constituant, après avoir reconnu ce principe fondamental dont il avait besoin pour consolider son ouvrage, a en même temps par une restriction inconstitutionnelle cherché à enchaîner le peuple » (2).

Deux projets de Constitution furent discutés en 1793 par la Convention ; le premier avait été élaboré par les Girondins, le second par les Montagnards. Ils étaient identiques quant à l'expression des principes en matière de revision, et les articles suivants, que nous empruntons à la Déclaration des droits de l'homme et du citoyen, figuraient dans les deux projets :

« Art. 25. — La souveraineté réside dans le peuple ; elle est une et indivisible, imprescriptible et inaliénable.

Art. 28. — Un peuple a toujours le droit de revoir, de réformer et de reviser sa Constitution. Une génération ne peut assujettir à ses lois les générations futures ».

Dans l'application les deux projets étaient quelque peu différents. Le comité de Constitution de 1793, composé presque entièrement de Girondins, confiait la revision à une Convention nationale, dont les attributions exclusives étaient le pouvoir constituant. Condorcet disait dans son rapport : « la fonction purement théorique d'examiner une Constitution, de la réformer pour la présenter à une acceptation, avant laquelle cette Constitution n'est qu'un ouvrage de philosophie, n'a rien de commun, rien qui puisse se confondre avec la fonction active de faire des lois de détail, provisoirement obligatoires, et de prendre des mesures générales, immédiatement exécu-

(2) *Moniteur universel*, tòme VII, p. 876.

tées » (1). — Chaque citoyen avait le droit de provoquer la réunion d'une Convention. Il suffisait pour cela d'une réquisition, revêtue de l'approbation et de la signature de 50 citoyens, résidant dans l'arrondissement d'une assemblée primaire ; cette réquisition, adressée au bureau de l'assemblée primaire, lui enjoignait de la convoquer au jour de dimanche le plus prochain pour délibérer sur la proposition. Si la majorité des votants est d'avis qu'il y a lieu de reviser, on convoque toutes les Assemblées primaires de l'arrondissement. Si elles sont en majorité favorables au projet, celui-ci est alors soumis à toutes les Assemblées primaires du département. Dès que la majorité des Assemblées d'un seul département réclame la revision, le Corps législatif doit consulter la nation ; et si la réponse de la nation est affirmative, il doit sans délai convoquer une Convention nationale. — Le Corps législatif désignera le lieu où se réunira la Convention ; mais ce sera toujours à la distance de plus de 50 lieues de la ville où il siège lui-même. — Sans attendre la demande de revision émanant du peuple, le Corps législatif, qui est plus à même de sentir les vices et de prévoir les abus de la Constitution, peut prendre l'initiative, et convoquer une Convention, lorsque la majorité du peuple l'aura approuvée ; dans ce cas les membres de la législature sont inéligibles à la Convention (2).

La discussion s'engagea le 17 avril, et malgré les efforts des Girondins se traîna sans plan, sans ordre et sans mé-

---

(1) *Moniteur*, t. VIII, p. 227.
(2) Voir le texte du projet, *Mon.*, t. VIII, p. 233.

thode au milieu de l'insouciance générale. Survint l'insurrection du 31 mai. Les Montagnards, maîtres de la Convention, préparent et déposent le projet, d'où est sorti le texte définitif de la Constitution du 24 juin. Condorcet avait redouté le despotisme d'une Assemblée unique, omnipotente, exerçant à la fois le pouvoir constituant, et le pouvoir législatif; Hérault-Séchelles soutint dans son rapport la thèse contraire, et Robespierre la fit triompher par des arguments plus apparents que solides : « Un peuple qui a deux espèces de représentants cesse d'être un peuple unique. Une double représentation est le germe du fédéralisme et de la guerre civile... N'avons-nous pas eu déjà deux Conventions nationales, qui ont réuni ces pouvoirs ? Et ce sont elles qui ont fait la Révolution, ce sont elles qui ont maintenu la liberté publique » (1) !

Quant à la procédure de revision, voici comment elle fut organisée :

« ART. 115. — Si dans la moitié des départements plus un, le dixième des assemblées primaires de chacun d'eux, régulièrement formées, demande la revision de l'acte constitutionnel, ou le changement de quelques-uns de ses articles, le Corps législatif est tenu de convoquer toutes les Assemblées primaires de la République, pour savoir s'il y a lieu à une Convention nationale.

ART. 116. — La Convention nationale est formée de la même manière que les législatures et en réunit les pouvoirs.

ART. 117. — Elle ne s'occupe relativement à la Cons-

(1) *Moniteur*, t. VIII, p. 742.

titution, que des objets qui ont motivé sa convocation. »

Ajoutons, quoique aucun texte ne le spécifie expressément, que, comme dans le projet Girondin, toute modification constitutionnelle devait être soumise à la ratification du peuple. C'est la théorie même de la Convention sur le pouvoir constituant, et cette solution résulte *a fortiori* de ce que les lois ordinaires proposées par le Corps législatif n'entraient en vigueur qu'après la sanction des Assemblées primaires.

Nous ne nous attarderons pas à commenter une Constitution qui n'était pas née viable ; nous n'insisterons pas sur les vices multiples, qui en rendaient la pratique impossible, et qui découlaient des raisonnements par trop abstraits de ses auteurs. L'organisation du pouvoir constituant y est encore plus démagogique que celle du pouvoir gouvernemental et du pouvoir législatif. La Constitution est toujours revisible par le peuple, et elle ne l'est que sur son initiative. En tout temps et pour toute cause, les Assemblées primaires peuvent demander la revision, et y procéder sans aucune difficulté, sans aucune entrave. C'était décréter l'instabilité constitutionnelle, multiplier les sujets de troubles, et livrer la Constitution aux passions d'un maître bien changeant et bien fantasque. La Convention elle-même sentit tous les dangers et les inconvénients d'une Constitution, qui du reste avait été votée sans discussion sérieuse. Deux mois après sa promulgation, la loi du 19 vendémiaire an II ajourna sa mise à exécution jusqu'au rétablissement de la paix ; ce jour ne

devait jamais luire pour elle : bien avant fut promulguée
la Constitution du 5 fructidor an III.

§ 3 — *Constitution du 5 fructidor an III*
(22 août 1795).

Le rapport sur la nouvelle Constitution fut déposé au
nom de la commission des Onze par Boissy-d'Anglas le
5 messidor an III. La nécessité d'une clause de revision
y est formulée avec la plus grande netteté : « Il faut qu'il
existe dans les lois d'un peuple des moyens faciles de
perfectionner la Constitution, d'en changer les diverses
parties, lorsque les circonstances changent elles-mêmes. Il ne faut pas que tout changement ne puisse s'o-
pérer que par une révolution. Il faut que la volonté du
peuple puisse se prononcer sans secousses, et se manifester sans obstacles » (1).

Le titre XIII du projet : Revision de la Constitution,
fut discuté le 25 thermidor an III (12 août 1795), et adopté
sans grandes modifications. Ph. Delleville fit une proposition des plus étranges, mais qui est bien caractéristique de l'époque ; elle dénote dans sa brutalité
ce besoin de paix et de tranquillité, qu'on ressentait
partout si vivement. « Je crois que le bonheur du
peuple, que le repos de l'humanité et la paix de l'Europe entière, exigent qu'on s'oppose à tout changement
à cette Constitution. Je demande en conséquence la question préalable sur le titre de la revision, je demanderais
même qu'on prononçât la peine de mort contre quicon-

(1) *Moniteur*, t. XIII, p. 1145.

que proposerait de faire des changements à la Constitution » (1). Accueillie par de violents murmures, cette motion fut rejetée. — Moins absolus et plus heureux, Guyomard et Réveillère-Lépaux firent adopter un amendement qui limitait les pouvoirs de l'Assemblée de revision : « je demande que la revision soit bornée aux seuls articles de la Constitution, auxquels le Corps législatif aura proposé de faire des changements..... Il est nécessaire d'être très circonspect à déranger une base, qui pourrait faire crouler une grande partie de l'édifice, et peut-être la totalité » (2).

Le titre XIII de la Constitution de l'an III comprend 15 articles (336-350), dont voici les principales dispositions. Comme la Constituante, la Convention crut à la perfection et à l'éternité de son œuvre : « Si l'expérience faisait sentir les inconvénients de quelques articles de la Constitution, le Conseil des Anciens en proposerait la revision » (art. 336). Cette proposition, ratifiée par le Conseil des Cinq-Cents, devait être renouvelée à trois époques éloignées l'une de l'autre de 3 années au moins. — L'Assemblée de revision est alors convoquée : elle se compose de 2 membres par département, élus de la même manière que les membres du Corps législatif, et réunissant les conditions d'éligililité exigées pour l'admission au Conseil des Anciens. — Elle se réunit à 20 myriamètres au moins du lieu où siège le Corps législatif. — Elle n'exerce aucune fonction législative ni de gouvernement, et « se borne à la revision des seuls articles consti-

----

(1) *Moniteur*, t. XIII, p. 1386.
(2) *Moniteur*, t. XIII, p. 1386.

tutionnels qui lui ont été désignés par le Corps législatif. » — Sa durée ne peut excéder trois mois. — Les
membres du Corps législatif ne peuvent être élus à l'Assemblée de revision. — Son travail est adressé aux
pouvoirs publics, qui sont tenus de le faire publier, de
le soumettre à l'acceptation des Assemblées primaires
et d'en assurer l'exécution.

Telles sont les règles édictées par cette Constitution
plus sage, mais moins logique que celle de 1793. Elle
repousse le système démagogique adopté par cette dernière, elle refuse au peuple le droit de provoquer lui-
même, à tout instant, et sans entrave la revision. Comme
le fit remarquer le rapporteur, ce n'est pas à la nation
que doit appartenir directement le droit de reviser ; ce
serait un sujet d'inquiétude, un prétexte à bouleversement. Le Corps législatif est suffisamment éclairé pour
être chargé seul de provoquer une réforme constitutionnelle. — Mais en reconnaissant ce droit, il ne fallait
pas en réglementer si sévèrement l'exercice, il ne fallait
pas retomber dans l'erreur du législateur de 1791, et
imposer à toute modification constitutionnelle un délai
de neuf années. La faute était d'autant moins excusa-
ble qu'elle était l'œuvre de la Convention, de l'Assemblée, qui avait la première proclamé l'inaliénabilité du
pouvoir constituant ; ces clauses d'ajournement étaient
la violation la plus directe du principe fondamental.

Sur certains points le législateur de l'an III s'est montré pourtant plus pratique que ses devanciers, et a su pro-
fiter des leçons de l'expérience. Effrayé des excès des assemblées omnipotentes, il n'a pas voulu réunir dans les

mêmes mains le législatif et le constituant : « Comme c'est une puissance tellement redoutable qu'une Assemblée qui réunit tous les pouvoirs, il nous a paru indispensablement nécessaire d'empêcher que celle qui revisera soit en même temps chargée d'une autre fonction » (1). — Il a en outre limité les pouvoirs de cette Assemblée, et, comprenant les inconvénients d'une représentation trop nombreuse, il la compose de 2 membres par département, c'est-à-dire de 174 députés.

Nous avons jusqu'ici évité de juger le grand principe, qui domine les deux Constitutions émanées de la Convention, je veux dire l'inaliénabilité du pouvoir constituant, *la ratification populaire*. Il est d'autant plus important d'étudier la valeur constitutionnelle de ce système, qu'il a encore à l'heure actuelle ses partisans convaincus et ses éloquents défenseurs. Faisant un instant abstraction du texte de l'an III, nous posons le problème dans ses termes généraux. Puisque toute Constitution sage doit pouvoir être revisée, quelle est la meilleure procédure à suivre ? ou, pour mieux préciser et limiter le débat, à quels pouvoirs appartiendra le droit de reviser ? à qui incombera une attribution aussi grave, aussi importante ? Le rouage constitutionnel de la revision, en raison de sa fragilité et des dangers qu'il recèle, nécessite la plus grande habileté et un tact extrême chez les personnes auxquelles le maniement en est confié. Voilà pourquoi la réponse à notre question peut être d'une influence décisive sur la valeur et sur la vitalité d'une Constitution.

(1) *Moniteur*, t. XIII, p. 1145.

Les systèmes proposés sont multiples, mais on peut les ramener à trois grands types nettement distincts. Pour les uns le droit de reviser appartient à la législature actuellement et légalement en fonction : le pouvoir constituant n'aurait pas d'existence spéciale et distincte, il se confondrait avec le pouvoir législatif. — Pour d'autres la revision ne peut être opérée que par une assemblée nouvelle, puisant ses droits dans une consultation spéciale du corps électoral, ayant reçu un mandat explicite et formel ; c'est reconnaître et consacrer l'existence d'un pouvoir constituant. — La troisième opinion n'est que le développement exagéré de la précédente. Puisqu'il existe, disent-ils, un pouvoir constituant, il a par ses attributions un rôle capital, prépondérant dans l'organisation du pays, il doit être quelque chose de supérieur, exempt des faiblesses et des servitudes, qui avilissent l'exercice des autres pouvoirs. Et pour atteindre le but rêvé, on proclame l'inaliénabilité du pouvoir constituant, on déclare que toute revision doit être soumise à la ratification directe du peuple, véritable souverain ; c'est le système de la Convention, plus connu aujourd'hui sous le nom de *referendum*.

Nous retrouverons ailleurs dans le cours de cette étude les deux premières solutions, et nous aurons à nous prononcer entre elles. Mais une discussion sur la valeur du *referendum* en matière de revision a ici sa place naturelle : la Convention est en effet la seule assemblée française qui ait admis cette procédure (1).

____

(1) Les Constitutions impériales et leurs principales modifications furent aussi soumises à la ratification plébiscitaire ; mais aucun texte ne réglant

Nous nous contentons de résumer les arguments invoqués pour ou contre le plébiscite, car nous ne pouvons sans sortir des limites de notre sujet nous livrer à un examen approfondi de cette vaste question, qui n'est autre que celle du pouvoir constituant.

En doctrine pure le plébiscite apparaît comme le procédé le plus logique pour consulter le peuple sur les réformes dont peut avoir besoin la Constitution. La nation est souveraine ; elle doit pouvoir rédiger ou modifier le pacte fondamental suivant ses désirs ; et le meilleur moyen de lui laisser toute sa liberté d'action n'est-il pas de la consulter directement, de l'appeler à se prononcer elle-même sur la nécessité et la portée de telle ou telle modification ? Mais en pratique la question ne se présente pas avec la même netteté, et c'est la solution opposée que nous adopterons. Non pas que nous condamnions d'une façon absolue le mode plébiscitaire : il peut être admis et donner d'excellents résultats dans un pays foncièrement démocratique, où l'institution républicaine n'est pas en butte à des attaques incessantes, où l'on se trouve en présence de deux grands partis également capables l'un et l'autre de maintenir l'ordre, et où enfin les classes populaires jouissent d'une certaine éducation politique. Nous aurons dans le cours de cette étude à parler du referendum en Suisse, aux États-Unis, et nous verrons qu'il y fonctionne dans des conditions satisfaisantes.

la procédure de revision, le droit du peuple apparaît à cette époque, en dehors de toute considération de fait, comme moins formel et moins absolu que sous la Convention.

Quelles sont les difficultés pratiques auxquelles se heurte l'application du *referendum* dans un pays comme le nôtre? par quelle série de conséquences à peu près fatales une institution si équitable en principe va-t-elle en fait se trouver faussée, et ne produire que des résultats trompeurs? Tout cela tient aux circonstances dans lesquelles intervient le plébiscite. En réalité la consultation populaire s'opère sur un fait accompli, par des questions mal posées ou mal comprises, qui ne laissent aux citoyens aucune faculté d'option, et constituent pour eux une sorte de carte forcée. Dans un pays qui, comme la France, a souffert des excès de la démagogie, et où les institutions républicaines sont de date toute récente, la réponse à un referendum ne peut être libre, l'adhésion ne peut être raisonnée. Lorsque le gouvernement qui vient de faire un coup d'État, une révolution, ou qui a simplement modifié la Constitution, soumet au peuple la loi consacrant le nouvel état de choses, c'est comme s'il lui disait : voter affirmativement, c'est légitimer les faits passés, c'est nous donner votre confiance ; voter négativement, c'est nous renverser, et nous remplacer par l'anarchie, par le désordre. Au fond dans tout plébiscite la question mise aux voix est celle de savoir si le gouvernement actuel sera maintenu ; il n'est pas dès lors douteux que la nation, qui désire avant tout l'ordre et la tranquillité ne préfère un mauvais gouvernement à l'absence de gouvernement. « Le plébiscite n'est pas un vote de confiance ou de méfiance, une affirmation de respect, ou une preuve de la résolution du mépris. C'est tout simplement la déclaration affolée d'un pays, qui refuse énergiquement de noyer, en pleine mer, un pilote, même mauvais, placé à la tête du pays (1) ». Le plébiscite est un précieux instrument de domination entre les mains d'un gouvernement, qui trouvera toujours dans les électeurs une surprenante docilité ; mais c'est un mode de consultation peu sincère, et la force qu'on lui demande est bien trompeuse. Il suffit pour s'en rendre compte de constater que tous les plébiscites tentés en France ont réussi, et ont réussi avec de formidables majorités ; ils ont successivement acclamé tous les gouvernements et accepté toutes les Constitutions, même celle de 1793, qui pourtant ne put jamais être appliquée. « Le scrutin de liste de la démocratie autoritaire, et les plébiscites de l'empire sont des escamotages légaux de la même espèce, tous les deux également fondés sur le respect apparent, et sur le mépris réel de la volonté publique (2) ».

Un autre inconvénient du *referendum* tient à sa nature même. Le plébiscite ne peut être qu'une réponse par oui ou par non, qu'une acceptation ou un rejet pur et simple de la revision proposée ; il faut en effet surtout en matière constitutionnelle que la question posée aux électeurs soit aussi simple que possible, et d'un sens indiscutable. Et alors à quoi se réduit ce pouvoir constituant du peuple, ce pouvoir inaliénable, qui est la base de la théorie plébiscitaire ? La nation ne prendra aucune part à l'élaboration, à la discussion préalable de la réforme constitutionnelle, elle ne pourra qu'adopter ou rejeter en

(1) St-Girons, *l. c.* p. 46.
(2) Taine, *Du suffrage universel*, p. 23.

bloc le projet présenté, et l'examen de tout point particulier lui est refusé. Que lui reste-t-il de son droit inaliénable ? Un simple droit de ratification ; elle a délégué tous ses autres pouvoirs. Soyez donc complètement logiques, et si vous voulez que le peuple exerce lui-même directement sa souveraineté, permettez-lui de l'exercer d'une façon efficace, ou ne pronez pas si haut un principe, que vous traitez en pratique comme une fiction !

Si nous ajoutons enfin que le plébiscite, fut-il l'image fidèle de l'opinion du pays, n'ajouterait aucune autorité à une Constitution populaire, à une revision réclamée par le pays entier, et que par exemple un vote n'aurait pas augmenté la popularité de la Charte de 1830, nous croirons avoir suffisamment démontré que le seul plébiscite efficace et clair est celui qui résulte des élections. C'est par elles qu'un pays fait nettement connaître ses aspirations et ses tendances ; il n'a pas à se prononcer sur des questions complexes, parfois délicates et ardues, mais il se choisit des représentants, dont il approuve le programme et dont il apprécie la valeur. A ses députés il donne tel mandat qu'il lui plaît, et la revision sera l'œuvre des pouvoirs constitués, qui y procéderont par les voies normales et sans l'agitation profonde qu'entraîne tout plébiscite.

§ 4. — *Constitution du 4 novembre* 1848.

L'Assemblée constituante élue le 19 avril 1848 est la seule assemblée, qui ait été nommée exclusivement pour faire la Constitution, et expressément pour cela. Tout en reconnaissant que tous les pouvoirs émanent du peuple, et que « la souveraineté réside dans l'universalité des citoyens français » (1), elle n'admit jamais l'exercice direct de cette souveraineté, et repoussa la doctrine de la ratification plébiscitaire. Nous en trouvons la preuve dans un petit incident de séance que nous empruntons au Moniteur (2).

« *Le citoyen de Kerdrel.* — A Dieu ne plaise que je me fasse ici l'écho de critiques exagérées, passionnées, au moment où la Constitution va être présentée au peuple. (réclamations).

Plusieurs voix. — Comment ! présentée !

Le citoyen de Kerdrel. — Ce n'est pas cela ; je veux dire : donnée au peuple. Eh, mon Dieu ! messieurs, il faut être bien sûr de soi à cette tribune ; vous ne permettez pas une erreur ».

Le projet de Constitution fut déposé le 30 août, et le rapporteur, Armand Marrast, dégageait avec la plus grande netteté ce principe, qu'une clause de revision est indispensable dans une Constitution prudente. « Les peuples, augmentant sans cesse leur industrie et leurs lumières, accroissent dans la même proportion leurs besoins matériels et leurs besoins moraux. Ces besoins s'étendent, pénètrent dans toutes les couches du sol, et lorsque les institutions les compriment ou les refoulent, il vient un jour, une heure, où le progrès débordant de toute part emporte les résistances et se fait jour par de terribles bouleversements. C'est ce qu'on nomme

(1) Art. 1, Const. 48.
(2) *Moniteur*, 1848, p. 2953.

les révolutions » (1). Mais on peut éviter ces secousses violentes, en organisant les institutions de manière que toute idée juste et utile puisse s'y encadrer sans effort par une revision légale et calme. Moins confiant ou moins prétentieux que les législateurs de la Révolution, le rapporteur continue : « Si parfaites que fussent les dispositions de la Constitution (et elles n'ont pas des prétentions aussi téméraires), elles ne sauraient enchaîner le temps et les esprits. Elles sont temporaires, faites pour une saison de la vie d'un peuple, et les générations qui se succèdent, et l'opinion qui se modifie, et la souveraineté du peuple, conservent toujours le droit de reviser la Constitution. Nous nous sommes bornés à conserver ce droit, qui est de toute évidence, et à l'entourer de ces formes solennelles, qu'une assemblée doit toujours apporter dans ses actes, quand il s'agit de toucher à la loi fondamentale d'une société » (2).

Voilà bien les véritables principes : la revision toujours possible, mais entourée d'une certaine solennité, de formes respectueuses. L'application sera-t-elle conforme à ce double but, et remplira-t-elle le programme tracé ? Hélas ! non ; comme dans la plupart des Constitutions précédentes le besoin de stabilité, le désir d'affermir son œuvre a fait dévier la logique du législateur. Voici le texte qui fut voté après une courte discussion le lundi 23 octobre, et qui forme l'article 111 de la Constitution de 1848.

« Lorsque, dans la dernière année d'une législature,

____

(1) *Moniteur*, 1848, p. 2237.
(2) *Moniteur*, 1848, p. 2239.

l'Assemblée nationale aura émis le vœu que la constitution soit modifiée en tout ou en partie, il sera procédé à cette revision de la manière suivante :

Le vœu exprimé par l'Assemblée ne sera converti en résolution définitive qu'après trois délibérations consécutives, prises chacune à un mois d'intervalle et aux trois quarts des suffrages exprimés. Le nombre des votants devra être de cinq cents au moins.

L'Assemblée de revision ne sera nommée que pour trois mois. — Elle ne devra s'occuper que de la revision pour laquelle elle aura été convoquée. — Néanmoins elle pourra en cas d'urgence pourvoir aux nécessités législatives ». Ces dispositions se complètent par l'article 22, qui fixe à neuf cents le nombre des membres des assemblées de revision.

Que de vices, que d'erreurs dans cette réglementation ! Nous les connaissons pour la plupart les ayant déjà rencontrés dans les Constitutions de 1791 et de l'an III, et il nous suffira de les rappeler. C'est d'abord une Assemblée de neuf cents députés, que le grand nombre de ses membres rendra tumultueuse, peut-être impuissante et même dangereuse. — Pourquoi limiter ensuite l'existence de cette assemblée à trois mois ? Elle peut faire son travail en moins de trois mois, mais elle se croira obligée de prolonger ses séances jusqu'à l'expiration du délai légal ; il peut se faire aussi que trois mois soient insuffisants pour lui permettre de mener à bien son mandat. Dans les deux cas cette date fixée d'avance paraît une clause mal venue, qui dans la pratique aurait certainement été la source de périls et de difficultés.

Quant aux obstacles apportés à la liberté de reviser,
ils sont de deux sortes : fixation d'un délai avant lequel
on ne peut proposer la revision, nécessité d'une majorité
spéciale. On nous accusera peut-être de répétition, mais
nous ne saurions trop insister sur cette tendance caractéristique, qui est de la plus haute importance : toutes les
Constitutions françaises avant 1875 ont voulu s'assurer
une base presque inébranlable, et par les difficultés,
dont elles se sont entourées, se sont condamnées à une
immobilité fatale. A quel mobile obéissait donc le législateur en violant les principes qu'il reconnaissait formellement ? Était-ce une confiance aveugle en son œuvre ?
ou n'était-ce pas plutôt la peur de l'avenir, et la vision
des dangers que courait un régime créé de toutes pièces,
sans traditions, et sans attaches dans le cœur du pays ?
Quoiqu'il en soit l'article 111 n'autorisait la revision que
la troisième année de la législature. « Il pouvait donc
arriver qu'on reconnut une revision nécessaire, indispensable, urgente, et que cependant on ne pût pas l'o-
pérer, et qu'on fût obligé d'attendre au grand détriment
du pays la dernière année de la législature (1) ».

Une majorité spéciale, la majorité des trois quarts
exigée pour le vote des projets de revision, n'était pas
une innovation heureuse. C'était exiger beaucoup trop :
un simple coup d'œil sur les résultats d'un certain nombre de scrutins montre combien rarement on atteint une
majorité aussi imposante, et combien c'était rendre
difficile, sinon impossible, toute tentative de réforme.

(1) *Moniteur*, p. 2953.

Il suffisait en effet d'une minorité très faible mais compacte pour faire échouer tous les projets par une opposition systématique. Lors de la discussion, un des Constituants, de Kerdrel, comprit que cette clause équivalait à une fin de non-recevoir, et il proposa un amendement, tendant à réduire la majorité exigée aux deux tiers. « Croyez-vous donc, Messieurs, qu'une majorité des trois quarts des voix soit quelque chose d'aussi commun. C'est la chose du monde la plus rare....... Vous mettez une immense majorité à la merci d'une minorité infime, turbulente, que sais-je ? (nous sommes peut-être destinés à des temps mauvais) à la merci d'une minorité factieuse, qui sera d'autant plus violente, d'autant plus active qu'elle sera plus faible..., et qui se dira : cette Constitution est un fondement ruineux, ne réparons pas les lézardes afin que la République tombe avec le fondement lui-même (1) ». Des conseils aussi sages ne trouvèrent malheureusement aucun écho dans l'Assemblée constituante, et ne modifièrent point sa façon de penser. Elle se rallia au contraire à l'opinion de Dupin (de la Nièvre), qui au nom de la Commission vint demander le rejet de l'amendement. Il faut, disait-il, se préoccuper surtout de rendre la revision difficile « car, la revision est toujours un moment de crise, de grande crise pour un État (2). »

Le 14 juillet 1851 s'ouvrait devant l'Assemblée législative une longue et diffuse discussion sur la nécessité de modifier la Constitution de 1848. Comme le fit remarquer

(1) *Moniteur*, 1848, p. 2953.
(2) *Moniteur*, 1848, p. 2953.

le Président, si on avait souvent voté des Constitutions
nouvelles, destinées à remplacer un gouvernement renversé, c'était la première fois qu'on tentait un essai de
revision normale, et que par des modes légaux on voulait
modifier une Constitution existante et respectée. Cette
tentative allait manifestement prouver que les vices signalés plus haut n'étaient pas imaginaires. Malgré l'élo-
quence persuasive du rapporteur, Alexis de Tocqueville,
qui disait « il faut avant tout conserver l'affection et la
confiance des masses. Lorsqu'elles sont troublées, souf-
frantes, qu'elles réclament un remède, leur refuser ce
remède, parce qu'on le juge moins efficace qu'elles ne l'i-
maginent, c'est les désespérer, les pousser à prendre une
autre conduite politique », le projet ne réunit que 446
voix contre 278. Cette majorité insuffisante, puisque l'article 111 exigeait les 3/4 des voix, s'explique par les
craintes qu'inspirait la réunion d'une Assemblée constituante souveraine, sans contrôle aucun, c'est-à-dire
d'une assemblée révolutionnaire ; et ainsi pour avoir
adopté un mode de revision trop difficile, la Constitution
de 1848 allait quelques mois plus tard être supprimée
par un fait brutal, par le coup d'État du 2 décembre.

GROUPE II

Constitutions qui n'ont pas prévu leur revision.

§ 1ᵉʳ. — *Constitutions impériales.*

Les Constitutions impériales (1) ne prévoient pas formellement leur revision, et ne règlent aucune procédure spéciale (2) : les deux Napoléon supprimant la souveraineté nationale devaient tout naturellement s'emparer du pouvoir constituant. Cette exagération démesurée des attributions de l'exécutif apparaît nettement dans la première Constitution, dite impériale, celle du 22 frimaire an VIII. Cette Constitution, préparée par deux commissions sous l'influence prépondérante de Napoléon, ne parle pas du pouvoir constituant, et si elle n'en parle pas, nous dit un juriste non suspect de sévérité envers le régime impérial, M. Faustin Hélie, c'est « parce que Napoléon, même après cette Constitution, voulut le conserver pour le perfectionner et l'a-

---

(1) Nous comprenons sous ce terme générique la Constitution pseudo-républicaine de l'an VIII, transformée par les sénatus-consultes de l'an X et de l'an XII, et la Constitution de 1852, modifiée par le sénatus-consulte de la même année.

(2) Sous cette forme notre assertion est trop absolue, et pourrait donner lieu à quelque équivoque : ainsi la Constitution de 1852 vise dans son article 31 des modifications possibles. Mais aucun texte ne règle une procédure de revision précise et complète, les principes sont à peine indiqués, les distinctions ne sont pas formelles, et c'est surtout à la pratique que nous devons la connaissance du système adopté.

chever, sous la réserve d'une nouvelle ratification de la nation » (1).

Cette conception du droit de reviser était trop absolue pour être définitive. Napoléon comprit qu'il ne pouvait escamoter le pouvoir constituant d'une manière si ostensible ; éclairé par les conseils de Sieyès il adopta un système de revision, qui sous des apparences libérales lui conservait la faculté de transformer la Constitution au gré de ses intérêts. Ce procédé, en raison peut-être de son peu de sincérité, n'est nulle part nettement et formellement développé ; il est simplement indiqué dans quelques textes et résulte surtout des applications qui en furent faites.

La doctrine juridique de l'empire en matière de revision aboutit à une double conclusion : la Constitution sera modifiée tantôt par voie de plébiscite, tantôt par voie de sénatus-consulte.

Il y aura lieu à plébiscite pour tout changement aux bases essentielles, fondamentales de la Constitution. C'est ce qui résulte *a contrario* des paragraphes 2 et 3 de l'article 54 du sénatus-consulte du 16 thermidor an X, rapprochés des plébiscites de 1800, 1802, 1804 et 1815. Le plébiscite fut l'arme favorite de l'empire, et il sut la manier avec une rare dextérité. Nous avons à propos des doctrines de la Convention signalé les inconvénients, les dangers et l'inutilité d'un appel au peuple, d'un *referendum* en matière de revision, et nous n'y reviendrons point. Les divers plébiscites impériaux, qui avec des majorités immenses n'obtinrent aucun résultat prati-

(1) Faustin-Hélie, *Les Constitutions de France*, p. 602.

que, sont la meilleure démonstration de notre thèse. Bien maladroit serait un gouvernement, s'il ne savait trouver une formule captieuse, qui fit habilement entrevoir le désordre, et qui ne rendit le vote affirmatif certain, obligatoire par la crainte de troubles et de dangers inconnus.

A côté des plébiscites fonctionnait un autre mode de revision, tout différent du premier, mais bien plus rationnel, et qui sans le despotisme impérial aurait peut-être donné d'excellents résultats : ce sont les sénatus-consultes. C'est d'une théorie chère à Sieyès que sortit cette nouvelle procédure, dont il est intéressant de suivre la genèse.

Frappé pendant la Révolution de l'instabilité des hommes et des institutions, Sieyès s'était proposé de remédier à ce vice principal de la démocratie. Lorsqu'on discuta la Constitution de l'an III, il proposa comme procédé de revision la création d'un jury constitutionnaire. Ce jury à l'abri de toute passion funeste se serait occupé des perfectionnements nécessaires à la Constitution, et les aurait préparés, évitant ainsi la réunion toujours dangereuse d'assemblées spéciales, de conventions. « Il faut à une Constitution comme à tout corps organisé l'art de s'assimiler la matière de son juste développement. Nous lui donnons en conséquence la faculté de puiser sans cesse autour d'elle dans les lumières et l'expérience des siècles, afin qu'elle se tienne toujours au niveau des besoins contemporains ; cette faculté de *perfectionnement indéfini* est son véritable caractère ; ce n'est point le principe d'une *reproduction périodique et totale* » (1). Le but poursuivi était fort louable ; il est bon que la revision soit possible par le jeu naturel des institutions existantes ; mais le moyen employé, le jury constitutionnaire, était des plus défectueux, et la Convention agit sagement en repoussant le projet.

Après le Directoire Sieyès reprit sa proposition et la soumit à Napoléon avec une très heureuse modification. Trouvant dans la Constitution de l'an VIII une Chambre haute, il renonçait à la création d'un jury, d'un corps spécial chargé de reviser, et attribuait ce rôle au Sénat. C'était donner le pouvoir constituant à l'une des assemblées chargées du pouvoir législatif. La nouvelle conception plut à Napoléon, qui savait pouvoir compter sur l'obéissance, la servilité des sénateurs, et ainsi fut introduit un nouveau mode de revision, réservé aux réformes de détail de l'acte constitutionnel. Comme le dit Mme de Staël, Sieyès avait sur ce point, — et sur beaucoup d'autres, — trouvé moyen d'anéantir « très artistement » les libertés publiques.

La consécration officielle de cette nouvelle théorie apparaît pour la première fois dans le sénatus-consulte du 15 nivôse an IX, relatif à des mesures de haute police. Nous lisons en effet dans les attendus : « Considérant, que la Constitution n'a point déterminé les mesures de sûreté nécessaires à prendre en un cas de cette nature ; que dans le silence de la Constitution et des lois...... le désir et la volonté du peuple ne peuvent être exprimés que par l'autorité, qu'il a spécialement chargée de con-

---

(1) Séance du 2 thermidor an III. — *Moniteur*, t. 13, p. 1312.

server le pacte social, et de maintenir ou d'annuler les actes favorables ou contraires à la Charte constitutionnelle ; que d'après ce principe le Sénat, interprète et gardien de cette Charte, est le juge naturel de la mesure proposée en cette circonstance par le gouvernement..... etc. ». — Le sénatus-consulte organique du 16 thermidor an X, qui établissait le consulat à vie et modifiait la Constitution de l'an VIII, définit encore plus nettement le rôle constituant du Sénat. L'article 54, § 2, s'exprime ainsi : « Le Sénat règle par un sénatus-consulte organique tout ce qui n'a pas été prévu par la Constitution, et qui est nécessaire à sa marche ». — Quant au sénatus-consulte du 28 floréal an XII (18 mai 1804), qui proclame l'empire, il ne modifie en rien les attributions constituantes du Sénat. Les différentes applications que le Sénat fit de son pouvoir constituant, parmi lesquelles nous citerons les sénatus-consultes du 28 frimaire an XII sur le Corps législatif, et du 14 août 1806 sur les titres héréditaires, se réfèrent toutes à l'article 54 de la Constitution de l'an X.

Ce mode de reviser subit quelques transformations en 1815. On sait qu'à son retour de l'île d'Elbe Napoléon convoqua par un décret du 13 mars 1815 une Assemblée extraordinaire du Champ de Mai pour reviser les trois actes constitutionnels de 1799, 1802 et 1804, mais que pressé par le temps il fit cette revision lui-même avec le concours du Conseil d'État : ce fut l'Acte additionnel. Le pouvoir de reviser les bases fondamentales de la Constitution est maintenu à la nation. Mais le Sénat est remplacé par la Chambre des pairs, qui ne conserve pas le pouvoir constituant. Le droit de modifier les détails de l'acte constitutionnel devient une attribution législative, et s'exerce d'après la procédure usitée pour la confection des lois ordinaires.

Le Second Empire s'appropria dès le début les principes de Napoléon Ier en matière de revision, et les formula d'une façon très nette dans la Constitution du 14 janvier 1852.

« ART. 27, p. II. — Le Sénat règle par un sénatus-consulte tout ce qui n'a pas été prévu par la Constitution, et est nécessaire à sa marche ».

« ART. 31. — Le Sénat peut également proposer des modifications à la Constitution. Si la proposition est adoptée par le pouvoir exécutif, il est statué par un sénatus-consulte ».

Si nous ajoutons l'article 32 : « Néanmoins sera soumise au suffrage universel toute modification aux bases fondamentales de la Constitution, telles qu'elles ont été posées dans la proclamation du 2 décembre 1851 et adoptées par le peuple français », nous retrouvons les deux procédés de revision indiqués : plébiscites et sénatus-consultes.

Le 18 juillet 1866 un sénatus-consulte précise encore les pouvoirs constituants du Sénat. L'empereur voulut soustraire l'acte fondamental aux attaques incessantes de l'opposition, aux fréquentes pétitions et discussions auxquelles il donnait lieu.

« ART. 1. — La Constitution ne peut être discutée par aucun pouvoir public autre que le Sénat procédant dans les formes qu'elle détermine....

» Art. 2. — Est interdite toute discussion ayant pour objet la critique ou la modification de la Constitution, et publiée ou reproduite soit par la presse périodique, soit par des affiches, soit par des écrits non périodiques....

» Toute infraction aux prescriptions du présent article constitue une contravention punie d'une amende de 500 à 10.000 francs ».

Les modifications libérales de la fin de l'empire devaient amener quelque changement dans cette conception du droit de reviser. Lors de la discussion qui précéda le sénatus-consulte du 8 septembre 1869, le président Bonjean proposa un amendement qui tendait à supprimer le pouvoir constituant du Sénat ; il fut repoussé à une forte majorité. Mais le sénatus-consulte du 21 mai 1870 s'exprime ainsi :

« Art. 44. — La Constitution ne peut être modifiée que par le peuple sur la proposition de l'empereur ». — On en revenait purement et simplement au plébiscite seul, mais d'une façon assez malheureuse ; car on ne réglait aucune formalité, on n'organisait aucune procédure, et l'absence de tout corps délibérant servant d'intermédiaire aurait fatalement amené, lorsqu'une réforme serait devenue nécessaire, un conflit entre l'empereur et la nation.

Quelle était la valeur juridique du système impérial et que pouvait-on attendre des sénatus-consultes organiques ? Certes en théorie ce n'était pas une mauvaise idée de confier le pouvoir constituant au Sénat, qui par ses attributions ordinaires était chargé du main-

tien et de la conservation de la Constitution. On évitait
ainsi la convocation d'une assemblée spéciale, et la revision pouvait s'opérer sans perturbations, par le fonctionnement normal d'un pouvoir constitué. Mais deux
inconvénients des plus graves devaient en pratique
rendre cette méthode illusoire.

Et d'abord puisqu'on voulait reviser sans agiter le
pays, sans nommer une Constituante, il fallait au moins
accorder aux lois fondamentales la même garantie
qu'aux lois ordinaires. Tandis que pour la loi la moins
importante était nécessaire l'accord des trois pouvoirs :
empereur, sénat et corps législatif, on se contente de
deux pouvoirs pour la revision. Et quel est celui que
l'on exclut ? C'est précisément la seule assemblée issue
du suffrage universel, la seule qui eut qualité pour re-
présenter la volonté nationale, le corps législatif. On
sait la prévenante docilité que les empereurs trouvèrent dans le Sénat, et le triste rôle de cette assemblée
qui laissa violer sans cesse le dépôt à elle confié. Le
Sénat n'eut et ne pouvait avoir aucune indépendance :
il suffit de rappeler que le sénatus-consulte du 25 décembre 1852 permettait à l'empereur de le présider et
de nommer 150 de ses membres. A l'influence indirecte
résultant du droit de nomination il faut ajouter l'autorité que les textes reconnaissaient à l'empereur en matière de revision. C'est l'article 57 de la Constitution de
l'an X, qui décide que le Sénat ne peut se servir de son
pouvoir constituant que sur « l'initiative du gouvernement ». Ce sont les articles 8 et 28 de la Constitution
de 1852 qui réservent à l'empereur l'initiative et la

sanction des sénatus-consultes organiques. En fait donc le Sénat n'intervenait que pour la forme, et c'était l'empereur lui-même qui modifiait la Constitution (1).

Enfin la revision n'était soumise à aucune de ces formalités spéciales et solennelles, qui en rendent plus rare l'exercice. Comme le fait remarquer M. Faustin Hélie « si le corps constituant peut être permanent, son pouvoir constituant ne doit pas l'être, parce que l'instabilité de la Constitution la fait mépriser ». Cette absence de toute réglementation ne devait pas tarder à produire ses fâcheuses conséquences. Si nous jetons un coup d'œil sur les lois organiques du Second Empire, nous ne trouvons pas moins de neuf changements apportés à la Constitution : ce sont les sénatus-consultes des 25 décembre 1852, 27 mai 1857, 17 février 1858, 2 février 1861, 31 décembre 1861, 18 juillet 1866, 14 mars 1867, 7 septembre 1869, et 21 mai 1870. De pareils résultats condamnent le système, et démontrent bien qu'en fait le pouvoir constituant n'avait cessé d'appartenir à l'empereur, qui l'exerçait uniquement d'après ses intérêts personnels.

(1) Nous citons quelques considérants de l'acte du 3 avril 1814 portant que Napoléon Bonaparte est déchu du trône. Il est intéressant de constater avec quel soin le Sénat y relève toutes les violations de la Constitution, n'ayant pas l'air de se douter que les accusations dirigées contre l'empereur pouvaient être retournées contre lui-même.

« Considérant que dans une monarchie constitutionnelle le monarque n'existe qu'en vertu de la *Constitution*.....

Que Napoléon Bonaparte a entrepris une suite de guerres en violation de l'article 50 de *l'acte des Constitutions* du 22 frimaire an VIII.....

Qu'il a *inconstitutionnellement* rendu plusieurs décrets portant peine de mort.....

Qu'il a *violé les lois constitutionnelles* par ses décrets sur les prisons de l'Etat..... etc. ».

§ 2. — *Les Chartes.*

On ne trouve dans le texte des deux Chartes aucune allusion à l'éventualité d'une revision. Ce silence a été la cause de nombreuses difficultés, et a autorisé toutes les hypothèses, chaque fois qu'il a fallu modifier ou compléter l'acte constitutionnel. La Charte était-elle immuable ? Si elle ne l'était pas, qui avait autorité pour la reviser ? Était-ce le roi seul, ou bien les trois pouvoirs réunis : roi, chambre des députés, chambre des pairs, ou bien encore fallait-il faire appel à une assemblée élue avec un mandat spécial ? Tout autant de solutions furent proposées et soutenues. Nous examinerons comment en pratique fut tournée la difficulté ; puis, par l'analyse et la discussion des diverses thèses, que fit naître la controverse, nous essaierons de déterminer quel fut en cette matière le véritable esprit des Chartes.

Si l'on parcourt la liste des modifications qu'a subies le texte primitif des Chartes, on s'aperçoit qu'elles furent parfois l'œuvre du monarque seul, mais que le plus souvent elles nécessitèrent l'accord des trois pouvoirs ; la pratique fut donc, au moins au début, hésitante et disparate.

Pendant les premières années de la Restauration le roi paraît vouloir s'attribuer le pouvoir constituant, et de sa propre autorité il modifie et viole à plusieurs reprises le texte de la Charte. C'est ainsi que dans le règlement en forme de loi, sur les communications des

Chambres avec le roi, du 13 août 1814, il ajoute à la Charte les mots : assistés de commissaires. Art. 13 : « Les messages du roi seront portés aux Chambres par ses ministres, assistés de commissaires, envoyés par le roi ». Petite dérogation, il est vrai ; mais qui n'en indique pas moins de quelle façon le roi comprenait la Constitution, et comment il entendait pouvoir la modifier : *inclusio unius exclusio alterius.*

Mais des doutes sur la légitimité de son pouvoir constituant naquirent bientôt dans l'esprit de Louis XVIII, et de 1815 à 1820 s'opéra une évolution analogue à celle que nous avons signalée pour l'empire. L'ordonnance du 13 juillet 1815 portait dissolution de la Chambre des députés, et violant la Charte établissait le règlement provisoire des élections. Toutefois son article 14 annonçait comme devant être soumis à la revision les article 16, 28, 35 à 46 de la Charte, et à ce sujet l'ordonnance s'exprimait ainsi : « Nous voulons qu'aucune modification à la Charte ne puisse devenir définitive que d'après les lois constitutionnelles... Le pouvoir législatif statuera sur les changements à faire à la Charte dans cette partie, changements dont nous ne prenons ici l'initiative que sur les points les plus urgents ».

Cet exposé de principes n'était qu'une concession à l'opinion publique, et ne reçut aucune application immédiate : l'ordonnance du 5 septembre 1816 renonça à toute revision. Il en fut autrement en 1820 : les Chambres en discutant le 29 juin la loi *du double vote* se déclaraient investies du pouvoir constituant ; quelques efforts qu'aient faits les orateurs royalistes pour enlever à cette loi tout caractère organique, elle n'en était pas moins une modification de la Charte.

Du reste la question allait se poser avec la plus grande netteté au sujet de la loi sur *le septennat*. Le doute n'était plus permis : c'était bien une revision de la Charte. Certains orateurs essayèrent, il est vrai, d'établir une distinction subtile entre les droits, les intérêts consacrés par la Charte, et les règlements destinés à assurer l'exercice de ces droits, le développement de ces intérêts. Ces règlements seuls, disaient-ils, pouvaient être changés par une loi ordinaire, car il est de l'essence de tout ce qui est réglementaire de se modifier suivant les temps et les lieux. Mais on leur répondit avec raison que les articles de la Charte n'étaient susceptibles d'aucune distinction, d'aucune classification ; c'eût été introduire dans l'acte constitutionnel le désordre et la confusion, car avec cette théorie tout pouvait devenir réglementaire et par suite sujet à changement selon les pouvoirs du jour. Par l'adoption de la loi du 8 juin 1824 les Chambres reconnaissaient aux trois pouvoirs le droit de modifier la Charte.

La transformation que subit la Charte en 1830 fut révolutionnaire. La Chambre des députés s'investit elle-même d'une sorte de dictature, et outrepassa ses pouvoirs en faisant la nouvelle Constitution. Comme le fait remarquer spirituellement M. Valette : « Messieurs les députés n'ayant reçu aucun mandat à cet égard, ils auraient pu, sans encourir le moindre reproche de paresse, s'abstenir totalement de mettre la main à l'œuvre ». — Mais la législature de 1831 procéda à une revision régulière : elle avait reçu de l'article 68 de la Charte un mandat spécial et limité pour régler la grave question de l'*hérédité de la pairie*, question que la Chambre de 1830 se méfiant d'elle-même avait par une sage précaution réservée pour un avenir plus calme.

Enfin, en août 1842, la *loi de régence* fut l'occasion d'un débat célèbre et d'une discussion des plus complètes. Nous aurons à y revenir, mais au point de vue des faits, des résultats pratiques, il faut reconnaître que cette fois encore on évita de s'engager à fond et de se prononcer sur la question de revision. Le rapporteur Dupin tourna fort habilement la difficulté : il ne s'agissait pas, disait-il le 16 août, d'une modification à la Charte, mais bien d'une lacune à combler ; la loi proposée se présentait avec tous les caractères d'une loi ordinaire, et rentrait par suite dans les attributions des trois pouvoirs.

En résumé il n'y a jamais eu à proprement parler pas plus en 1824 qu'en 1842 une revision constitutionnelle des Chartes ; jamais une loi n'a été votée, qui eût franchement la prétention de modifier le pacte constitutionnel, et de remplacer tels articles de la Charte par tels autres. Mais si le mot de revision n'a jamais été hautement prononcé, les faits n'en subsistent pas moins, et il est incontestable qu'à diverses reprises les Chambres ont par leurs délibérations et par leurs votes reconnu aux trois pouvoirs le droit de réformer la Charte.

Telle est la conclusion qui résulte de la simple analyse des actes constitutionnels de la Restauration et de la Monarchie de juillet ; nous allons la voir se confirmer.

par l'exposé doctrinal de la question, et s'imposer de la façon la plus évidente par les diverses discussions auxquelles ont donné lieu les quelques lois déjà signalées.

De l'ensemble des débats il résulte que deux opinions principales partageaient les assemblées de la Restauration. La première soutenait que *la Charte était immuable*, et qu'on devait lui garder une fidélité religieuse. Fait étrange au premier abord, cette thèse n'est pas soutenue par les ultra-royalistes, mais bien par les chefs du parti libéral : c'était, pour eux, une théorie de circonstance, qu'expliquait la crainte de faits attentatoires aux libertés accordées. Le 3 juin 1824 Royer-Collard disait devant la Chambre : « Par la hauteur de son origine, la Charte est au-dessus de l'atteinte des pouvoirs qui sont son ouvrage. S'il est permis de recommencer la Charte pour mieux faire, il n'y a point de Charte. La prudence ne veut pas seulement que les droits soient religieusement préservés de toute atteinte ; elle veut qu'ils ne soient pas inquiétés » (1). Le 4 juin c'est le général Foy : « La fixité est le motif, le but de la Charte ; disons mieux, c'est la Charte tout entière. Et cette Charte, majestueusement descendue du trône de St Louis, accueillie naguère par la bénédiction du peuple, si souvent proclamée le palladium de nos libertés, voilà qu'aujourd'hui on la traite comme un simple expédient de finances. Croyez-vous que dans ce siècle désenchanté il soit bon qu'on veuille faire, défaire, refaire et défaire encore une fois ce qui

____

(1) *Moniteur*, 1824, p. 739.

donné à toujours paraissait appeler à traverser les siècles » (1). La Charte est donc un pacte de famille consacrant la sécurité de tous les intérêts : ce pacte est indivisible et inviolable. Modifier la Charte, disait Devaux, « c'est lui faire perdre son caractère religieux ; l'infini n'est-il pas la véritable source des sentiments religieux » ?

Un grand nombre d'auteurs, contemporains de la Charte, ont dans leurs écrits développé la même doctrine. « La Charte, dit le cardinal de la Luzerne, est notre loi actuelle. Il n'est permis à aucun de ceux qui y sont soumis d'y rien changer, d'en retrancher ou d'y ajouter quoi que ce soit, de substituer à ses expressions des expressions différentes, d'en donner des interprétations différentes » (2). — Et de Tocqueville n'écrivait-il pas encore en 1833 : « De qui le roi tient-il ses pouvoirs ? de la Constitution. De qui les pairs ? de la Constitution. De qui les députés ? de la Constitution... De deux choses l'une : ou leurs efforts sont impuissants contre la Charte, qui continue d'exister en dépit d'eux, et alors ils continuent à régner en son nom ; ou ils parviennent à changer la Charte, et alors la loi par laquelle ils existaient n'existant plus, ils ne sont plus rien eux-mêmes » (3).

La thèse contraire triompha aisément, et il fut décidé que la Charte pouvait être revisée. Au fond les partisans du système de l'inviolabilité n'en faisaient pas une question de principe ; lorsqu'après 1830 ils furent rassurés sur les conséquences d'une revision possible, et ne re-

---

(1) *Moniteur*, 1824, p. 745.
(2) *Conservateur*, t. I, p. 201.
(3) *De la Démocratie en Amérique*, t. I, note M.

doutèrent plus la suppression des libertés accordées, ils abandonnèrent une doctrine, qui était la négation de tout progrès, et l'arrêt de toute réforme. En 1842 nous ne trouvons plus qu'un seul orateur pour défendre de telles conclusions, c'est Dupin, le rapporteur de la loi de régence.

La Charte peut donc être revisée ; mais quels sont les pouvoirs compétents pour procéder à cette revision. Sur ce point nouvelles difficultés et nouvelle scission ; trois théories sont en présence. Pour l'une c'est un droit réservé au monarque ; pour l'autre il faut l'accord des trois pouvoirs ; la troisième enfin exige l'intervention d'un pouvoir constituant distinct.

Le parti ultra-royaliste soutenait avec acharnement la doctrine, qui donnait *au roi le droit de modifier la Charte à son gré*, et le pouvoir d'augmenter ou de restreindre les libertés reconnues. « Notre gouvernement, disait le 3 juin 1824 Josse de Beauvoir, se compose de trois pouvoirs, mais le prince y domine les autres d'une hauteur incommensurable. Le roi est le principe et la vie de la Charte. Et parce qu'il l'aurait donnée à son peuple pour en jouir avec lui, il l'aurait aliénée ? La revision de la Charte est un droit inhérent à l'autorité souveraine, et la France, heureuse sous le sceptre de ses rois, a toujours placé en eux la souveraineté » (1). C'est la théorie que professait l'un des *introuvables*, qui en 1815 suppliait le Roi de retirer la Charte, « et alors, Sire, nous tomberons à vos pieds de reconnaissance et d'allégresse ».

A ce raisonnement il était aisé de répondre que la mo-

(1) *Moniteur*, 1824, p. 737.

narchie de 1814 n'était plus de droit divin, et que la Charte était une libre concession du roi. Dans la pleine jouissance de l'autorité exercée par ses ancêtres, il pouvait ne pas la donner ; mais une fois octroyée il ne pouvait ni la retirer, ni la modifier. Il s'était lui-même irrévocablement dépouillé des pouvoirs constituant et législatif, ne se réservant que les droits d'initiative et de sanction. Les événements dans leur inéluctable logique démontrèrent toute la fausseté de la théorie royaliste : la chute de Charles X fut la juste conséquence des ordonnances de 1830 et de la violation de la Charte. Il est inutile de faire remarquer que sous la Monarchie de juillet, avec le régime d'une Charte acceptée, on ne devait pas voir se reproduire une pareille argumentation.

La seconde thèse plus logique et plus séduisante consiste à soutenir que la revision doit être l'œuvre d'une assemblée spéciale, et *que le pouvoir constituant ne peut appartenir aux assemblées législatives*. On ne nous parle plus de *referendum*, d'appel direct à la souveraineté nationale, mais on exige pour reviser la convocation d'une Constituante, revêtue d'un mandat exprès et spécial. Cette doctrine a encore à l'heure actuelle de nombreux défenseurs ; nous allons néanmoins l'étudier à cette place, parce que la Constitution de 1875 a quelque peu modifié les termes du problème ; les Chartes, au contraire, nous offrent par leur silence un terrain de discussion, absolument dégagé de toute préoccupation de textes et d'espèces.

- Personne en 1824 ne fit allusion à la souveraineté du peuple, et à son pouvoir constituant. Il en fut tout autrement sous la Monarchie de juillet : on traita la question dans les journaux, dans les ouvrages juridiques ou prétendus tels ; et enfin la doctrine fut exposée avec éclat à la tribune de la Chambre des députés par Hello et Ledru-Rollin lors de la loi sur la Régence.

Nous savons déjà que la Constitution diffère des lois ordinaires, qu'elle commande au juge, au législateur, au chef de l'exécutif et qu'elle règle le gouvernement ; c'est la garantie prise par le peuple contre ceux qui font ses affaires, afin qu'ils n'abusent pas du mandat à eux confié. Le pouvoir constituant est le pouvoir de faire ou de réformer une Constitution. A qui doit appartenir une attribution aussi importante ? au souverain sans aucun doute, c'est-à-dire à la nation. Comme le dit la Constitution de 1791, « le principe de toute souveraineté réside essentiellement dans la nation » ; et en fait comme en droit il n'y a pas dans un pays libre de pouvoir humain supérieur à celui des citoyens. Mais il en est d'un peuple comme d'un grand propriétaire ; ne pouvant cultiver par ses propres mains, il répartit le travail entre un certain nombre d'ouvriers, sans abdiquer pour cela son droit de propriété. C'est la conclusion à laquelle nous a amenés l'étude du *referendum*. — Alors apparaît la scission entre les deux doctrines, quand il s'agit de déterminer dans le silence de la Constitution à quels mandataires la nation doit déléguer son pouvoir constituant, son droit de revision. Pour les uns la Constitution émane directement de la souveraineté du peuple, et on ne peut la modifier sans une consultation spéciale du corps électoral sans provoquer *la réunion d'une Consti-*

tuante ; pour les autres *les trois pouvoirs* sont les représentants qualifiés de la nation et ont plénitude d'attributions tant comme pouvoir constituant que comme pouvoir législatif.

La reconnaissance du pouvoir constituant comme pouvoir distinct, ayant son existence propre, remonte en 1789. Louis XVI à qui avait été présentée la Déclaration des droits de l'homme, avait annoncé qu'il ne lui donnerait son approbation que sous réserve ; aussitôt l'Assemblée déclare le 5 octobre que ses actes constitutionnels ne sont pas soumis à la sanction de l'exécutif, et que le Roi doit les promulguer purement et simplement. C'était consacrer le principe d'individualité du pouvoir constituant, et cet acte enthousiasmait Sieyès, qui s'attribuait modestement la paternité de cette distinction : « La division du pouvoir constituant et des pouvoirs constitués comptera parmi les découvertes qui ont fait faire un pas à la science ; elle est due aux Français » (1). C'est sur cette « découverte » que repose toute l'argumentation des partisans de la revision par une Constituante, et nous la trouvons invoquée à chaque instant. « C'est une distinction tutélaire, fondamentale, disait Hello en 1842 ; c'est l'idée-mère de notre révolution ; elle en est l'avantage le plus précieux, et c'est à elle que nous devons ce que nous sommes » (2). Conclure de ce principe à la nécessité d'un rouage constituant distinct, ce n'était qu'un pas à franchir : l'existence d'une

(1) *Moniteur,* 7 thermidor an III. — Dans une note sur Sieyès, Lafayette (*Mémoires,* t. IV, p. 36) remarque que la notion du pouvoir constituant existait déjà aux États-Unis.
(2) *Moniteur,* 1842, p. 1807.

fonction spéciale pouvait faire croire à l'existence d'un
organisme spécial, à la nécessité d'une Constituante,
et c'est ce qui arriva fatalement. Le pouvoir constituant
apparut comme étranger et supérieur aux pouvoirs
constitués ; le fait d'établir ou de réformer une Constitution fut regardé comme une œuvre magique, qu'on
ne pouvait confier qu'à une assemblée unique, convoquée extraordinairement, et maîtresse de transformer à
son gré les bases de la société. Confondre dans les
mêmes mains l'exercice du pouvoir constituant et du
pouvoir législatif apparut à cette école comme la plus
grande hérésie constitutionnelle, et le simple énoncé
d'un pareil système valait à ses auteurs cette violente
diatribe de Ledru-Rollin : « Eh quoi, Messieurs, depuis
quarante ans tant de sang aurait été versé, nous aurions
amassé tant de gloire, et éprouvé de si immenses revers
pour un mot, pour une abstraction, pour une frivolité.
Non, non, que le peuple se rassure, ses droits sont im-
prescriptibles : parler ainsi, c'est blasphémer » (1).

Une différence si tranchée et une telle incompatibilité
existent-elles entre le pouvoir constituant et le pouvoir législatif ? nous ne le croyons pas. Certes la fonction constituante n'est pas niable, et nous exposerons
plus loin que pour notre part sans en refuser l'exercice
aux pouvoirs constitués nous la voudrions toujours
entourée de formes solennelles et spéciales. « Mais la réalité d'une fonction politique n'entraîne pas nécessairement la création d'un organe distinct chargé de la remplir. Il est parfaitement possible d'admettre en théorie

(1) *Moniteur*, 1842, p. 1807.

et en pratique, que la fonction constituante soit confiée
au chef de l'État, au Parlement, à un comité de jurisconsultes, ou même à un seul individu, comme il était
d'usage au temps de Lycurgue et de Solon » (1). La nécessité d'une Constituante, d'une assemblée spéciale se
fait sentir après une révolution, lorsque l'édifice est entièrement à reconstruire. Mais, quand les pouvoirs constitués sont debout et respectés, quand la tranquillité et
l'ordre sont assurés, pourquoi à propos d'une modification quelconque du pacte fondamental procéder à des
élections, susciter les passions et réunir une Constituante ? n'est-il pas plus simple, plus rationnel de confier
ce droit aux pouvoirs publics, qui sont les représentants
réguliers de la nation, et qui par leur origine, par leurs attributions sont tout naturellement désignés pour ce rôle ?

Ledru-Rollin et après lui tous les partisans d'une
Constituante se sont effrayés d'un danger imaginaire,
et ont commis l'erreur de confondre la souveraineté
nationale avec le pouvoir constituant. Pour eux la revision est une attribution du peuple lui-même ; la Constitution est « l'émanation de la souveraineté ». Permettre de reviser aux pouvoirs constitués devait dans
ces conditions leur apparaître comme une atteinte aux
droits du peuple, à sa souveraineté, et un système qui
aurait eu de telles conséquences ne pouvait être trop
combattu. Mais il ne peut être question d'empiéter sur
la souveraineté nationale : les Chambres auxquelles nous
reconnaissons le droit de reviser n'émanent-elles pas
du peuple, ne sont-elles pas élues par lui ? Le pays n'a
pas besoin d'élections spéciales pour indiquer son désir

____

(1) St-Girons, *Dr. constitutionnel*, p. 35.

de modifier la Constitution ; en choisissant aux élections générales entre les divers candidats, il vote sans cesse sur les lois fondamentales, et manifeste indirectement son opinion sur les réformes qu'il désire. Le véritable pouvoir constituant est dans les idées, les croyances et les intérêts du peuple ; dans les situations normales les pouvoirs réguliers sont les organes autorisés de l'opinion publique : ils représentent les tendances générales de la nation, et par eux des revisions bien mûries, acceptées par tous, peuvent s'accomplir au moment opportun avec la plus grande facilité.

A cette *confusion du constituant et du législatif* on objecte que la dualité des Chambres est un obstacle à une prompte revision ; on redoute que les pouvoirs constitués sous le prétexte d'améliorer la Constitution ne la détruisent et ne restreignent les libertés accordées. Avec Serrigny (1) je répondrai à cette dernière observation « que la raison a été donnée aux hommes mis à la tête des sociétés politiques aussi bien qu'aux individus, afin de modérer l'usage qu'ils peuvent faire de leur liberté ». Quant à prétendre qu'une assemblée unique est nécessaire pour modifier la Constitution parce qu'il faut aller vite, cela est vrai lorsqu'il s'agit après une révolution de rédiger une loi nouvelle, mais non pour des réformes partielles et légales. Tout au contraire il nous paraît préférable de voir le pouvoir constituant exercé par deux Chambres, afin d'éviter en une matière aussi importante les dangers d'une assemblée unique et afin de ne pas compromettre les résultats par l'absence d'esprit

(1) *Droit public des Français,* t. I, p. 68.

de suite, et par le peu de maturité des décisions. —
Reste une dernière critique, qui frappe plus juste. La
Constitution pouvant être modifiée par le pouvoir législatif se trouve exposée aux périls d'une initiative
journalière, et le pacte fondamental est placé dans le
mouvement des lois ordinaires, perdant ainsi le caractère de durée, de stabilité qui lui est indispensable. C'é-
tait là, il faut le reconnaître, une lacune dans le système
des Chartes, mais il eût été bien facile de la supprimer
en assujettissant le vote de la revision à quelques conditions, à quelques formalités spéciales.

Combien léger paraît cet inconvénient à côté de ceux
de la théorie adverse. Si les pouvoirs constitués n'a-
vaient pu reviser la Charte, il se serait établi une lutte in-
cessante entre ces pouvoirs, et des volontés éparses, individuelles, qui se seraient données pour l'expression de
la volonté nationale, et qui en dehors de la Constitution
n'auraient pu se produire sous une forme régulière. Puis
parallèlement aux Chambres, appeler un pouvoir spécial,
c'était créer entre ces assemblées une méfiance réciproque, c'était le germe de conflits certains, qui auraient
dénaturé et faussé les réformes voulues. — Le grand
danger est que cette assemblée constituante unique, à
cause de son origine populaire, sera omnipotente, et se
dira souveraine malgré les pouvoirs constitués. Les
Constituants ne seront pas les mandataires, ils seront
les maîtres du pays. Cette assemblée sans mandat limité
n'aura rien à se refuser à elle-même ? elle pourra se
déclarer viagère, héréditaire ; elle pourra prendre en
main l'exécutif, gouverner par des comités, s'emparer du

pouvoir judiciaire ; et tout cela sera légal, elle est souveraine. Réunir une Constituante, c'est vouloir recommencer ce jeu énervant et dangereux, qui consiste à
dire : il n'y a plus rien ; nous allons tout refaire. C'est
ce qu'avaient compris les membres de la Constituante
de 1789, et, au nom des comités de Constitution et
de Revision, Chapelier s'exprimait ainsi : « Quant à la
première proposition, qui est celle d'appeler une assemblée générale constituante, investie de toute la puissance nationale, l'année qui la précéderait, le crédit
public serait anéanti, le numéraire se resserrerait, les
grands propriétaires prendraient la fuite, en un mot une
alarme générale fatiguerait les citoyens ; c'est donc un
malheur qu'il faut éviter ». Certes le tableau est noir, et
ne témoigne pas de la moindre confiance en la sagesse
et la modération des élus. Mais quoiqu'il puisse arriver
en fait, la crainte de cette assemblée omnipotente ferait
repousser tout projet de revision partielle, et les pouvoirs constitués ne se décideraient à la convoquer qu'à
la dernière extrémité, peut-être même trop tard.

Si l'on consulte l'histoire sur les résultats qu'a donnés dans l'application la théorie du pouvoir constituant, on est frappé, comme le fit remarquer Schutzen-
berger en 1842, de « l'opposition constante entre les
principes proclamés dans les constitutions, et les faits
qui s'accomplissent sous leur empire » (1). De 1789 à
l'an VIII le pouvoir constituant se trouve dans les mêmes
mains que le législatif ; avec l'Empire il dépend en fait
du chef de l'État ; sous les Chartes nouvelle confusion

(1) *Moniteur*, 1842, p. 1809.

avec le législatif. Ce dernier système concilie la réalité effective de la clause de revision avec la garantie de décisions réfléchies et étudiées. Le choix des électeurs suppose que les membres des deux chambres sont les hommes les plus capables du pays. Qui donc chargerait-on des fonctions si importantes de la revision? La Constituante serait fatalement composée d'hommes moins capables que les députés, et cependant revêtus d'une autorité supérieure. N'y a-t-il pas du reste dans le concours des trois pouvoirs toutes les garanties que l'on peut raisonnablement désirer? Quoi de plus logique que ce droit de revision attribué aux Chambres, qui peuvent faire les actes les plus graves, tels que déclarer la guerre, ou porter atteinte à la liberté individuelle?

Cette solution si rationnelle triompha en 1842 devant les Chambres, et il n'est pas sans intérêt de citer ici l'opinion des personnages les plus marquants de l'époque. « Qu'est-ce à dire? disait le duc de Broglie ; est-ce qu'il existe en France deux gouvernements, l'un manifeste, et l'autre occulte? » — Et Portalis : « On parle du pouvoir constituant, comme s'il était toujours présent. Quand la constitution d'un peuple est établie, le pouvoir constituant disparaît ; c'est la parole du Créateur qui commande une fois pour gouverner toujours ; c'est sa main toute puissante, qui se repose pour laisser agir les causes secondes, après avoir donné le mouvement et la vie à tout ce qui existe ». Enfin les deux grands hommes d'État de la Monarchie de juillet, les deux ministres rivaux se trouvent cette fois d'accord sur le terrain des principes. Dans la séance du

18 avril 1842 Guizot s'exprimait de la façon suivante :
« Si on prétend qu'il existe ou qu'il doit exister au sein
de la société deux pouvoirs, l'un ordinaire, l'autre extraordinaire ; l'un constitutionnel, l'autre constituant ;
l'un pour les jours ouvrables (permettez-moi cette expression), l'autre pour les jours fériés, en vérité, Messieurs, on dit une chose insensée, pleine de dangers
et fatale. Le gouvernement constitutionnel, c'est la souveraineté nationale organisée. Hors de là, il n'y a plus
que la société flottant au hasard, aux prises avec les
chances d'une révolution... Soyez tranquilles, Messieurs, nous les trois pouvoirs constitutionnels, nous
sommes les seuls organes légitimes et réguliers de la
souveraineté nationale. Hors de nous, il n'y a qu'usurpation et révolution » (1).-Le 20 août Thiers soutenait
la même thèse : « J'ai parlé dans mon bureau avec peu de
respect du pouvoir constituant, et je m'en excuse ; mais
savez-vous pourquoi j'ai montré pour ce pouvoir si peu
de respect, c'est qu'en effet je n'en ai pas du tout. J'ad-
mets la différence qu'il y a entre un article de la Charte,
et un article de loi, mais cela ne fait pas que je croie
au pouvoir constituant. Le pouvoir constituant a existé,
je le sais... mais s'il était au-dessus des pouvoirs constitués, il aurait cependant joué par lui-même un triste
rôle » (2).

Nous concluons donc que soit pour une Charte acceptée, soit pour une Charte octroyée, le roi s'est dépouillé
de ses prérogatives dans une mesure qu'on ne peut

(1) *Moniteur*, p. 1839.
(2) id, p. 1829.

certes imputer qu'à sa bonne volonté, mais qu'en particulier il a aliéné son droit de revision ; car, s'il pouvait revenir sur ses concessions, c'est comme si la Charte n'existait pas. Le pacte fondamental ne peut être modifié que par les parties contractantes. La Charte, disait la Chambre de 1814, renferme en elle-même les moyens d'accorder les améliorations nécessaires. Ce qui revient à dire que les Chambres et le roi ne doivent point être mis en dehors du droit commun, et qu'il faut admettre en cette matière comme dans les affaires les plus ordinaires, que les parties, qui ont fait une convention par leur consentement mutuel, peuvent par le même accord modifier et la convention elle-même, et ses conditions d'exécution.

Nous avons ainsi terminé l'étude des précédents en France, et nous nous résumons par l'énoncé du principe suivant. Une revision rationnelle se fera sans *referendum*, sans l'élection d'une Constituante, par les pouvoirs constitués ; mais pour maintenir à la Constitution un caractère solennel ces modifications seront assujetties à certaines formalités, qui ne devront pourtant pas dégénérer en obstacles. Le législateur de 1875 a-t-il tenté d'appliquer ces principes ? éclairé par l'expérience a-t-il su éviter ces dispositions dangereuses, qui ont été la perte des Constitutions précédentes ? Avons-nous un système normal de revision, et pouvons-nous obtenir des modifications au pacte fondamental autrement que par voie révolutionnaire ? Telles sont les diverses questions que nous allons successivement examiner.

DEUXIÈME PARTIE

LA CONSTITUTION DU 25 FÉVRIER 1875

Abandonnant les législations mortes nous arrivons à la Constitution qui nous régit actuellement, et ici un changement de méthode s'impose. Nous ne sommes plus guidés par un intérêt purement historique, et ce n'est pas un enseignement, une leçon expérimentale que nous demandons à la loi de 1875. Le texte constitutionnel actuellement en vigueur est l'article 8 de la loi fondamentale du 25 février 1875 ; nous allons examiner quelle est la valeur pratique des dispositions contenues dans cet article, comment en fait fonctionne ce nouveau système de revision, et quels résultats il a déjà produits ; en un mot sans négliger la question de principes nous devons rechercher ce qu'est et ce que contient l'article 8 plutôt que ce qu'il devrait être et que ce qu'il devrait contenir. L'historique et les applications de l'article 8, la réunion et le fonctionnement de l'Assemblée nationale, enfin une critique raisonnée de l'article 8, constitueront les trois grandes divisions de la seconde partie de notre étude.

CHAPITRE PREMIER

Historique de l'article 8 de la constitution
du 25 février 1875 ; ses origines ; ses applications.

§ 1. — *Origines.* — *Travaux préparatoires.*

Le premier projet de lois constitutionnelles déposé sur
le bureau de l'Assemblée nationale date du 19 mai
1873 ; il était dû à M. Dufaure. On n'y trouve aucune
allusion faite au droit de revision.

Le 15 juin 1874, M. Casimir Périer dépose un projet
de Constitution en son nom et au nom de huit de ses
collègues, et demande l'urgence. Cette proposition, qui
avait pour but principal de stimuler le zèle de la commission des Trente, s'exprime ainsi :

« La commission des lois constitutionnelles est invitée à prendre pour base de ses travaux :

. . . .

. . . .

3° La consécration du droit de revision partielle ou
totale de la Constitution dans des formes et des époques
que déterminera la loi constitutionnelle ».

Dans l'exposé des motifs, qui accompagnait la demande d'urgence, on trouve une conception très exacte
du droit de revision. « En demandant que le droit de
revision ne soit soumis à d'autres restrictions que celles
des formes et des délais, qui sans en diminuer l'étendue

empêchent qu'il ne se transforme en un moyen d'agitation perpétuelle, nous croyons avoir concilié tout ce que veulent la sincérité et le respect d'autrui avec tout ce qu'exige la souveraineté nationale » (1).

Le même jour une proposition du même genre était faite par M. Lambert de Ste-Croix ; voici la partie qui nous intéresse :

Par. 4. « A l'expiration des pouvoirs du Président de la République, les deux Chambres réunies en Congrès national désigneront le successeur du Maréchal de Mac-Mahon, ou statueront sur la revision totale ou partielle des lois constitutionnelles dans les formes déterminées par lesdites lois ».

L'urgence sur le projet Casimir Périer ayant été votée par 4 voix de majorité, le rapport de la Commission fut déposé le 15 juillet, et la discussion eut lieu le 23. La Commission des Trente concluait par l'organe de son rapporteur, M. de Ventavon, au rejet de la proposition Casimir Périer ; elle y voyait la suppression du provisoire, l'établissement définitif de la forme républicaine, et se refusait à cette solution. C'est l'opinion qui triompha devant l'assemblée par 374 voix contre 333, après des débats fort intéressants au point de vue politique, mais dans lesquels on chercherait en vain les traces d'une controverse juridique, ou la discussion de principes constitutionnels. Citons seulement quelques paroles de M. le duc de Broglie qui démontrent la nécessité de la clause de revision dans une Constitution républicaine.

« Dans la République la souveraineté nationale n'est en-

(1) *Journal officiel*, 1874, p. 4051.

gagée que vis-à-vis d'elle-même ; par conséquent à tout
moment elle peut revenir sur ce qu'elle a décidé ; à
tout moment on peut lui demander d'y revenir... Le
droit de revision c'est le principe de la République elle-
même (1) ».

Entre temps l'assemblée avait repoussé un amendement de M. Wallon, qui remplaçait le paragraphe 3 de
la proposition Casimir Périer, par un paragraphe 5,
ainsi conçu :

« La revision des lois constitutionnelles sur la demande soit du Président de la République, soit de l'une
des deux Chambres ; avec cette réserve que pendant la
durée des pouvoirs conférés à M. le Maréchal de Mac-
Mahon par la loi du 20 novembre cette revision ne pourra
avoir lieu que sur la proposition du Président de la République ».

Il est difficile de se rendre compte de la véritable portée de ces différents textes sur le droit de revision, quand
on les isole de l'ensemble des projets. Nous nous contentons de les énumérer à titre purement documentaire,
et ne les discuterons pas plus qu'ils ne furent discutés en 1874. Si les uns et les autres ont été repoussés,
ce n'est point pour leur rédaction vicieuse, mais c'est
qu'ils se rattachaient à des projets de Constitution, dont
la tendance politique était désagréable à la majorité des
membres de l'Assemblée nationale.

La commission des Trente, que nous avons vu jusqu'ici
jouer un rôle purement négatif, parvint non sans peine
à s'entendre sur un plan de Constitution, et déposa le

(1) *Journal officiel*, 1874, p. 5178.

15 juillet 1874 un projet, qui fut aussitôt baptisé du nom de son rapporteur le *ventavonat*. L'article 5 était ainsi rédigé :

« A l'expiration du terme fixé par la loi du 20 novembre 1873, comme en cas de vacance du pouvoir présidentiel, le conseil des ministres convoque immédiatement les deux Assemblées, qui réunies en Congrès statuent sur les résolutions à prendre. — Pendant la durée des pouvoirs confiés au maréchal de Mac-Mahon, la revision des lois constitutionnelles ne peut être faite que sur sa proposition ».

Le rapport de M. de Ventavon ne se préoccupe en réalité que du côté politique ; on y lit pourtant que là commission a repoussé le système de la revision par une Constituante, parce que « le Sénat et la Chambre des députés, obligés de se disperser prochainement devant une Assemblée constituante, seraient sans crédit, et la paix publique pourrait être compromise » (1). Au contraire le Congrès formé par les deux Chambres est un pouvoir régulier organisé, qui exercera tout naturellement les fonctions constituantes. Mais ce n'est pas là pour le rapporteur la question importante. Il s'agit avant tout d'établir un pouvoir temporaire, provisoire ; il faut que dans un certain délai (en 1880) le Congrès ait un droit de revision illimitée, qu'il puisse réélire le maréchal ou lui donner un successeur, qu'il continue ou modifie à son gré le gouvernement actuel. « Si nous donnons au pays la possibilité à l'expiration du terme de garder ou de changer le régime actuel sans révolution et sans se=

____

(1) *Journal officiel*, 1874, p. 4255.

cousse, nous aurons fait tout ce que la prudence permet, tout ce que le patriotisme commande ».

Dans l'esprit de la commission le but à poursuivre n'était donc pas un système logique et rationnel de revision, mais une clause simple et radicale, qui autorisât une réforme complète des lois constitutionnelles. C'est ce qui résulte très nettement du discours prononcé par M. de Ventavon lors de la première délibération sur le projet de loi relatif à l'organisation des pouvoirs publics. Constatant le 21 janvier 1875 que seul un gouvernement provisoire était possible, il disait à ses collègues : « Que l'avenir soit pleinement réservé ; que chacun garde ses espérances et sa foi, mais que chacun descende en ce moment sur le terrain neutre des pouvoirs du Maréchal » (1). Ces pouvoirs étaient temporaires, à terme, et ainsi apparaissait la nécessité d'une clause de revision : « la prudence la plus vulgaire exige qu'on prenne des mesures propres à empêcher le pays, l'échéance venue, de tomber dans l'anarchie » (1).

La discussion sur une deuxième délibération s'ouvrit le 28 janvier. Pour la première fois on paraît ne pas négliger entièrement les principes de droit constitutionnel, et quoiqu'encore la question politique prime toutes les autres, on s'occupe de trouver et de régler un mode de revision à la fois pratique et entouré de garanties sérieuses.

Le 28 l'Assemblée nationale repousse un amendement de M. Naquet ainsi rédigé :

« ART. 3. — Les modifications à la présente loi cons-

(1) *Officiel*, 1875, p. 566.

titutionnelle ne peuvent être faites que par une Assemblée de revision convoquée spécialement à cet effet. Elles devront avant d'être promulguées être soumises par oui ou par non à la ratification directe du suffrage universel ».

C'est le cumul de deux théories pourtant distinctes sur le pouvoir constituant : convocation d'une Constituante et *referendum* ; une seule consultation du peuple ne suffisait pas à M. Naquet. Voici comment il défendait sa proposition. Il demandait une Assemblée spéciale, « parce qu'une Constitution est la garantie des gouvernés contre le gouvernement, et que si une Assemblée, même élue pour un temps très court, avait le droit de faire une loi sur laquelle il serait ensuite impossible au suffrage universel de revenir, la sécurité des gouvernés ne serait pas garantie » (1). Il faut en outre la ratification du peuple, car le mandant est toujours supérieur au mandataire, et une Assemblée peut être tentée d'usurper des droits qu'elle n'a pas, on peut mal comprendre ceux que lui ont transmis ses électeurs.

Le 3 février 1875, M. Paris, au nom de la commission, présentait une nouvelle rédaction de l'article 4, qui dans la discussion était successivement devenu l'article 5, puis l'article 6. Cette nouvelle rédaction était une combinaison de deux amendements de MM. Wallon et Dufaure, et c'est elle qui forme le texte actuel. M. Dufaure proposait que le droit de revision ne pût être exercé avant 1880, mais sur ce point il ne triompha pas devant la commission, qui, éclairée par l'exemple des Constitu-

____

(1) *Officiel*, 1875, p. 768.

tions de 1791, de l'an III et de 1848, voulut avec juste raison, que tout en étant soumise à un contrôle sérieux la revision pût être invoquée à tout instant pour ne pas tenir en échec l'opinion publique. « Le besoin d'une revision résulte le plus souvent de faits importants, se produisant d'une manière imprévue, et démontrant que tel article, sagement édicté par le législateur, créait tout à coup un danger social, ou du moins n'était plus en rapport avec une situation nouvelle (1). » — En revanche, tandis que l'amendement Wallon se contentait pour qu'il y eut lieu à revision de la demande d'une des deux Chambres, M. Dufaure accordait l'initiative au Président de la République et à l'une ou l'autre des Chambres ; mais il exigeait et fit adopter la nécessité d'une délibération séparée et d'un vote affirmatif des deux Chambres. — Nous avons dit que le côté politique de la question était toujours prépondérant ; il nous suffira de rappeler ce que M. Paris répondait à une interrogation de M. Cottin : « Nous entendons formellement que toutes les lois constitutionnelles dans leur ensemble pourront être modifiées, que la forme même du gouvernement pourra être l'objet d'une revision ; il ne peut, il ne doit y avoir à cet égard aucune équivoque (2). »

Le 24 février eut lieu la troisième délibération ; divers amendements furent proposés. M. Raudot demandait que « le nombre des membres de la Chambre fût égal à celui du Sénat ». Sans cette parité, disait-il, la loi électorale pourra à sa volonté détruire l'influence du

(1) *Officiel*, 1875, p. 933.
(2) *Officiel*, 1875, p. 934.

Sénat, et en augmentant le nombre des députés absorber le Sénat dans le Congrès ; par là on annulerait dans une partie capitale la Constitution, et l'on détruirait toute l'économie du système adopté, qui est un système de pondération et de contre-poids.

Cet amendement ayant été repoussé, M. Raudot en proposa un second. « Les ministres auront le droit et le devoir de prendre part aux délibérations du Congrès. — Après le vote définitif le Président de la République aura le droit pendant un mois de présenter à l'Assemblée des demandes de modifications de tout ou partie de la Constitution revisée. — L'Assemblée devra délibérer de nouveau. Quelles que soient ensuite les décisions, la Constitution nouvelle sera promulguée dans le mois » (1). C'était une disposition fort sage : une assemblée si nombreuse est impressionnable, difficile à diriger, et dans le tumulte de la discussion on peut laisser des lacunes, ou mentionner des dispositions dangereuses, qu'on n'a pas aperçues tout d'abord. Il eût été bon que le Président de la République pût avec l'aide du gouvernement signaler ces imperfections. L'amendement fut néanmoins rejeté, parce qu'on n'avait pas encore réglé les attributions du Président, et que le droit d'exiger des Chambres une seconde délibération ne devait lui être reconnu que par la troisième loi constitutionnelle, celle du 16 juillet 1875.

Signalons enfin un amendement de M. le vicomte d'Aboville : « La revision des lois constitutionnelles pourra également avoir lieu sur l'initiative de M. le Maréchal

____
(1) *Officiel*, 1875, p. 1444.

avant que l'Assemblée nationale ait prononcé sa dissolution. » C'est l'expression des espérances déçues du parti monarchique, qui aurait désiré renverser le plus tôt possible la Constitution républicaine de 1875. L'amendement fut rejeté.

Voici le texte de l'article 6 du projet, devenu l'article 8 de la première loi constitutionnelle, tel qu'il fut voté le 25 février 1875.

« ART. 8. — Les Chambres auront le droit, par délibérations séparées, prises dans chacune à la majorité absolue des voix, soit spontanément, soit sur la demande du Président de la République, de déclarer qu'il y a lieu de reviser les lois constitutionnelles.

« Après que chacune des deux Chambres aura pris cette résolution, elles se réuniront en Assemblée nationale pour procéder à la revision.

» Les délibérations portant revision des lois constitutionnelles, en tout ou en partie, devront être prises à la majorité absolue des membres composant l'Assemblée nationale.

« Toutefois pendant la durée des pouvoirs conférés par la loi du 20 novembre 1873 à M. le Maréchal de Mac-Mahon, cette revision ne peut avoir lieu que sur la proposition du Président de la République ».

Sauf ce dernier paragraphe, qui dès la retraite du Maréchal de Mac-Mahon n'eut plus aucune portée, et avec une légère adjonction due à la revision de 1884, l'article 8 est encore actuellement en vigueur.

Ce rapide exposé des travaux préparatoires nous montre sous quel jour fut envisagée la clause de revision. La

Constitution votée par la majorité de l'Assemblée mé-
contentait les partis extrêmes ; monarchistes et radicaux virent dans l'article 8 le moyen d'arriver à leurs
fins, les uns pour opérer un retour vers la monarchie,
les autres pour constituer « une république plus républicaine ». Comme on put le dire alors « on a introduit
l'ennemi dans la place ; nous voulons que cet article
serve à un moment donné à renverser la Constitution du
25 février et à lui en substituer une autre ». Jamais
Constitution ne s'était vue à ce point obligée d'envisa-
ger sa revision prochaine, et de se déclarer presque amo-
vible « pour rassurer les consciences » ; elle ne fut votée
qu'à la condition qu'on pourrait bientôt et facilement la
refaire. Ce côté exclusivement politique fit, comme nous
l'avons vu, le fond de toutes les discussions ; il n'y eut
pas de débats approfondis sur la question de principes ;
nulle part on ne développa le sens et la portée des dispositions de l'article 8. C'est donc une source de renseignements habituellement féconde qui va nous faire entièrement défaut. Nous ne la regretterons qu'à moitié,
d'abord, parce que, comme on l'a souvent dit, on trouve
dans les travaux préparatoires la justification de toutes
les théories et de toutes les interprétations, mais surtout
parce que nous possédons des documents d'une autre
valeur et d'une autre importance, j'ai nommé les diverses applications qui ont été faites de l'article 8.

§ 2. — *Diverses applications de l'article 8.*

En matière de revision les faits ont trop fréquemment et trop brutalement démenti les théories, pour qu'on puisse lire et apprécier l'article 8 à l'aide du raisonnement pur. Il est une méthode juridique bien connue, qui explique les textes de lois par leurs applications, et qui demande à la jurisprudence d'éclairer un article quelque peu obscur, de combler une lacune et de réglementer une hypothèse non prévue. Nous adoptons ici un procédé semblable, demandant aux nombreuses discussions qu'a engendrées la clause de revision de compléter et de préciser les dispositions parfois concises, parfois obscures de l'article 8. La revision de la Constitution joue un rôle capital dans nos annales parlementaires depuis 1875: à de multiples reprises elle a été proposée ; par deux fois elle a été adoptée et s'est opérée régulièrement. Où pourrait-on trouver une source de documents plus abondante, un ensemble de règles plus nettement et plus légalement formulées, que dans ces différentes applications, qui émanent du pouvoir législatif, qui sont l'œuvre de l'Assemblée nationale, seule autorité compétente pour expliquer et interpréter la Constitution? Nous allons donner une complète énumération des projets de revision, accompagnée d'un résumé succinct, nous réservant de revenir sur les débats dans notre commentaire de l'article 8.

Au mois de mai 1876 se place un incident qu'il importe de rappeler, parce qu'il mit tout particulièrement en lumière la véritable portée de la clause de revision. Certains membres de l'Assemblée nationale n'avaient voulu voir dans l'aricle 8 que le moyen de rendre la Constitution provisoire et de renverser le gouvernement établi ; les élections de 1876 ne modifièrent point leurs idées, et à propos d'une circulaire adressée aux préfets par le Ministre de l'Intérieur, M. le marquis de Franclieu soutint devant le Sénat le 10 mai 1876 que les lois constitutionnelles étant revisables pouvaient être discutées et attaquées par tous. « J'ai le droit légal et indiscutable de conserver toutes mes espérances et de les exprimer comme par le passé, à la seule condition d'attendre le moment où il deviendra possible de les réaliser, ce qui ne tardera peut-être pas ». A une conception si absolue et si intéressée de l'article 8, le Ministre de l'Intérieur, M. de Marcère, répondit : « Le pays tout entier, à une grande majorité tout au moins, a approuvé la Constitution, l'a ratifiée dans le sens que je lui prête, dans le sens d'une Constitution définitive ». Et sur interpellation de M. Paris, le Président du conseil, M. Dufaure, disait le 24 mai : « La revision est possible, elle n'est pas *nécessaire*... Ce n'est pas dans la clause de revision que l'on peut trouver une raison pour contester le titre de *définitives* de nos institutions ». On ne pouvait plus nettement condamner la théorie d'une revision politique et subversive : l'article 8 est le moyen de modifier, non de détruire la Constitution.

I. — Revision de 1879.

Le 29 mars 1878 était déposé sur le bureau de la Chambre une proposition de résolution, signée par M. Spuller et 24 de ses collègues ; elle avait pour objet la réunion facultative de la Chambre des députés en séance générale et publique au Palais Bourbon à Paris, à partir de l'ouverture de l'Exposition universelle de 1878. — Le 27 février 1879 M. Laroche-Joubert dépose un projet de résolution tendant à décider que les réunions des bureaux et les séances publiques de la Chambre pourront avoir lieu facultativement à Paris. L'urgence demandée pour ce dernier projet est prononcée, et la commission, chargée d'examiner les deux propositions présentées sous forme de motions d'ordre intérieur, dépose son rapport le 22 mars. Le rapporteur, M. Méline, concluait au rejet, parce qu'il ne s'agissait pas d'une réforme pouvant être faite par voie de simple résolution législative, mais d'une véritable revision de la Constitution ; il proposait la rédaction suivante, qui fut adoptée sans discussion par 315 voix contre 128 : « La Chambre des députés décide qu'il y a lieu de reviser l'article 9 de la loi constitutionnelle du 25 février 1875, pour être procédé conformément à l'article 8 de la même loi, et charge son Président de soumettre la présente résolution à M. le Président du Sénat. »

M. Peyrat présentait au Sénat le 24 mars un projet de résolution, dont les termes étaient la copie du texte voté par la Chambre. L'urgence ayant été déclarée le 25, une commission de 9 membres est aussitôt nommée,

Sept commissaires étaient hostiles à la réforme, et le rapport déposé le 29 par M. Laboulaye concluait au rejet de la proposition. La discussion s'ouvrit le 1er avril ; mais devant l'attitude de la commission, M. Léon Say ministre des finances, vint poser au nom du gouvernement une question préjudicielle ; il demanda et obtint l'ajournement : la question, dit-il, n'était pas suffisamment mûre au point de vue matériel, le gouvernement n'avait pas encore prévu et réglé les dispositions que nécessitaient l'installation des locaux et la sûreté des Assemblées. — Le 14 juin l'ordre du jour appela la reprise de la délibération, et après d'intéressants débats auxquels prirent part d'un côté MM. Waddington, Président du conseil, Léon Say, Jules Simon, de l'autre MM. Audren du Kerdrel, Laboulaye, Wallon, le projet fut voté par 149 voix contre 130.

L'Assemblée nationale se réunit à Versailles le 19 juin 1879, sous la présidence de M. Martel. M. Le Royer, garde des sceaux, déposa le projet de loi suivant :

« ARTICLE UNIQUE. — L'article 9 de la loi constitutionnelle du 25 février 1875 est abrogé ».

Après le tirage au sort des bureaux, une commission de 15 membres fut nommée ; M. Jules Simon déposa un rapport favorable et en donna lecture ; par 526 voix contre 249 l'article 9 fut abrogé presque sans discussion, en quelques heures.

II. — Discussions de 1879 à Mai 1884.

La législature élue en 1878 vit dans la dernière année de son existence éclore de nombreuses propositions de revision. D'un côté MM. Lenglé et Robert Mitchell, de l'autre M. Laroche-Joubert (15 mars 1881) demandèrent la modification de la Constitution par un retour à la doctrine plébiscitaire, et par l'application du *referendum*. A la même date, le 15 mars, une proposition de revision générale était déposée par MM. Barodet, Louis Blanc, Clémenceau et 72 députés. Voici les bases de ce projet : subordination du Sénat, suppression du droit de dissolution, permanence des assemblées, nouveau mode de scrutin pour l'élection des députés, et surtout élection d'une Constituante. — Le rapport de la commission d'initiative concluait à la prise en considération, et la discussion eut lieu le 30 et le 31 mai. Malgré les efforts de MM. Clémenceau, Naquet, Madier de Montjau, l'avis du gouvernement triompha, et la majorité se ralliant à l'opinion de M. Jules Ferry, Président du conseil, et de M. Cazot, garde des sceaux, repoussa la prise en considération par 245 voix contre 184.

Les élections générales pour la Chambre des députés eurent lieu au mois d'août 1881. Pendant la campagne électorale Gambetta qui jusqu'alors avait été hostile à tout projet de revision, et qui le 28 mai déclarait encore à Cahors qu'on ne pouvait sans imprudence toucher à la Constitution, soutint subitement la thèse adverse. Le Sénat avait en effet le 9 juin décidé qu'il ne passerait pas à la discussion des articles d'une proposition de loi, votée à la Chambre, établissant le scrutin de liste par département. Gambetta, qui attachait la plus grande importance à l'adoption du scrutin de liste, se montra fort irrité de ce vote, et dans son discours de Tours (4 août)

il demandait une revision limitée. L'impulsion était donnée, et le recueil des cahiers électoraux (1) nous apprend
que 331 députés faisaient figurer la revision dans leur
programme. La réforme constitutionnelle allait par suite
tenir une place prépondérante dans les délibérations de
la nouvelle législature.

Dès le 8 novembre, M. Laroche-Joubert dépose une
proposition de loi tendant d'une façon générale à réunir
le Sénat et la Chambre des députés en Congrès. Le 26 novembre, M. Rémoiville, au nom de la 1re commission
d'initiative parlementaire, concluait dans un rapport
sommaire au rejet de la prise en considération de la proposition Laroche-Joubert : le projet était inconstitution-
nel, car il modifiait la procédure de revision.

Le 15 novembre, M. Barodet dépose une proposition
de résolution ainsi concue : « La Chambre des députés,
conformément à l'article 8 de la loi du 25 février 1875,
déclare qu'il y a lieu de reviser les lois constitutionnelles,
et propose à cet effet la réunion des deux Chambres en
Assemblée nationale, à Versailles, le 25 janvier 1882 ».
L'urgence demandée par l'auteur du projet est combattue par le Président du conseil, M. Gambetta, et repoussée par 345 voix contre 120.

La déclaration du gouvernement lue le même jour à
la Chambre par le Président du conseil promettait une
revision partielle : « La France a marqué, en vue d'assurer les réformes, sa volonté de mettre, par une revision

_____

(1) Ce recueil dû à l'initiative de M. Barodet est une statistique dressée
après chaque élection générale, il renferme les vœux et les promesses des
candidats d'après leurs professions de foi.

sagement limitée des lois constitutionnelles, l'un des pouvoirs essentiels du pays en harmonie plus complète avec la nature démocratique de notre société (1) ».

Fidèle à ses engagements, M. Gambetta déposait le 14 janvier 1882 son projet de revision. Il modifiait : 1º l'article 1 § 2 de la loi du 25 février 1875 (introduction du scrutin de liste dans la Constitution) ; 2º les articles 4, 7 et 8 de la loi du 24 février (élection des inamovibles par les deux Chambres, augmentation du nombre des délégués des communes, des électeurs sénatoriaux) ; 3º art. 1, § 3. L. 16 juillet 1875 (suppression des prières publiques). — Dans la même séance, M. Lockroy déposait un projet de revision générale.

La Commission chargée d'examiner ces deux propositions ainsi que celle de M. Barodet du 15 novembre désigna M. Andrieux pour rédiger son rapport, qui fut déposé le 23 janvier. Ce rapport présente un étrange ensemble de subtilités et de contradictions. La commission dit successivement qu'elle repousse le principe de la revision illimitée, demandée par MM. Lockroy et Barodet, et qu'elle ne le repousse pas, puis, toujours sous les formes les plus alambiquées, une foule d'autres choses encore, sans pouvoir s'arrêter à un oui ou à un non définitif et clair. Après ces longues tergiversations, elle clôture le débat par l'adoption de la formule suivante, sorte de compromis entre les deux opinions adverses, qui au lieu de trancher la difficulté, préfère adopter à la fois les deux solutions : « Conformément à l'article 8 de la loi constitutionnelle du 25 février 1875, la Chambre

(1) *Officiel*, 1881, t. III, p. 215.

des députés *reconnaît la nécessité de reviser* : 1° les articles 4, 7 et 8 de la loi du 24 février 1875, relatifs à l'organisation du Sénat ; 2° le paragraphe 3 de l'article 1er de la loi du 16 juillet 1875 sur les rapports des pouvoirs publics, et déclare qu'*il y a lieu de reviser les lois constitutionnelles* ». C'est une jolie malice politique, mais ce n'est pas une solution juridique. Nous aurons dans la suite à revenir sur ce rapport ; il nous suffit ici de constater que la véritable pensée de la commission, dégagée de cette obscurité voulue du texte, était un sentiment d'animosité contre le ministère. Ce que désirait la commission, et ce que voulut la majorité de la Chambre, c'était refuser d'introduire le scrutin de liste dans la Constitution, et par là même faire échec au cabinet. La réforme constitutionnelle était compliquée d'une grosse question politique, qui joua dans la discussion le rôle capital, et relégua au second plan la revision proprement dite. Gambetta se montrait toujours très enthousiaste du scrutin de liste, et son projet était la consécration de ce nouveau mode de consultation électorale ; mais la Chambre ne voulait pas introduire ce scrutin dans la Constitution : au lendemain des élections elle refusait d'infirmer et par là de critiquer le scrutin uninominal, dont elle était issue. Le Président du conseil sentit qu'une majorité se formait contre lui, et désespérant de faire triompher le scrutin de liste, il préféra être renversé sur une toute autre question. Dans la séance du 26 janvier, il demanda la priorité pour la partie finale de la rédaction de la commission : « il y a lieu à reviser les lois constitutionnelles. » Le dépouillement du scrutin ayant donné les chiffres suivants : pour l'adoption : 268 ; — contre : 218, le ministère Gambetta donna sa démission.

Ce vote semble sanctionner la thèse de la revision illimitée ; mais en réalité ce n'était que la solution d'une crise gouvernementale, qu'un refus de confiance au ministère. Ce qui prouve bien qu'on n'est pas en présence d'une résolution libre, et dégagée de toute préoccupation étrangère à la revision, c'est que le même jour (26 janvier), dans la même séance, les mêmes députés avaient repoussé par 290 voix contre 172 les propositions de revision intégrale déposées par MM. Lockroy et Barodet. En face de ces deux votes contradictoires, il est bien difficile d'admettre que la Chambre se soit à quelques heures d'intervalle radicalement déjugée.

La moralité de l'incident allait être officiellement proclamée quelques jours plus tard. A une interpellation de M. Granet, qui demandait l'exécution du vote du 26 janvier, le nouveau Président du conseil, M. de Freycinet, répondait : « J'ai relu avec une extrême attention, avec toute l'attention que commandent les délibérations de cette Chambre, toute la discussion qui est intervenue ici (le 26 janvier), et je déclare qu'il n'est pas possible de dire que l'opinion professée par la majorité a eu l'occasion de se manifester avec une clarté suffisante (1). » Ces explications furent sanctionnées par l'ordre du jour suivant, voté par 271 voix contre 61 : « la Chambre, confiante dans les déclarations du gouvernement, et dans sa volonté d'accomplir les réformes attendues, dont fait partie la revision des lois constitu-

_____
(1) *Officiel*, 1882, tom. I, p. 91.

tionnelles, passe à l'ordre du jour. » C'était revenir sur le vote du 26 janvier, et reconnaître qu'il ne devait recevoir aucune application.

Le ministère Duclerc (août 1882) ne mentionne pas la revision dans sa déclaration.

Le 16 novembre 1882 M. Andrieux dépose une proposition de loi tendant d'une façon générale à la revision de la Constitution. — Le 22 novembre dépôt d'une proposition analogue, signée de MM. Barodet, Laisant et 86 autres députés. — Le 22 février 1883 projet de revision de M. Prax-Paris.

Au nom de la 9e commission d'initiative parlementaire, le rapporteur, M. Henri Giraud, conclut le 22 février à la prise en considération des propositions Andrieux et Barodet ; la discussion eut lieu le 5 et le 6 mars. Malgré les efforts du rapporteur, et de MM. Madier de Montjau, Granet, Clémenceau, le gouvernement resta victorieux. Le Président du conseil, M. Jules Ferry, fit remarquer que le moment était inopportun pour reviser : le pays traversait une crise d'étonnante instabilité ministérielle (6 cabinets en 16 mois) ; pour que la revision fut possible, il fallait un plein accord, une parfaite harmonie entre les deux Chambres, et en outre une majorité solide constituant un gouvernement durable, et engendrant la confiance. Par 302 voix contre 166 la Chambre votait cet ordre du jour : « la Chambre, confiante dans les déclarations du gouvernement, relatives à la revision des lois constitutionnelles, déclare qu'il n'y a pas lieu de prendre en considération les propositions de MM. Barodet et Andrieux. » C'est un fait très

rare que la Chambre ne prenne pas un projet en considération ; ce premier vote est le droit commun, une
sorte de convenance respectueuse pour l'initiative individuelle ; rejeter la prise en considération est la fin de
non-recevoir la moins usitée, la plus dédaigneuse. Le
vote du 6 mars vient donc lui aussi confirmer nos appréciations sur la portée du scrutin du 26 janvier 1882.

Le 27 mars 1884 M. Barodet, que cette série d'échecs
n'a point découragé, dépose en son nom et au nom de
131 députés, une proposition de résolution, tendant à
une revision générale : « la Chambre déclare qu'il y a
lieu de reviser les lois constitutionnelles. » L'urgence
demandée par M. Barodet, combattue par M. Jules Ferry,
est repoussée par 292 voix contre 203.

III. — Revision de août 1884.

Ces propositions multiples, ces discussions incessantes sur la revision indiquaient un mouvement d'opinion,
qu'il ne fallait pas méconnaître. Le gouvernement comprit la tâche qui lui incombait ; il s'était engagé à diverses reprises (4 mars 1883, 27 déc. 1883 et 27 mars
1884) à prendre l'initiative de la réforme, et à la diriger ;
c'est ce qu'il fit, dès qu'il se sentit assuré d'une fidèle
majorité. Le 24 mai, M. Jules Ferry, Président du conseil dépose un projet de résolution, qui comprenait la
revision : 1° de l'article 8 de la loi du 25 février 1875
(la forme du gouvernement ne pourra faire l'objet d'une
proposition de revision) ; 2° des articles 1-7 de la loi du
24 février 1875 (modifications au mode de recrutement
des sénateurs) ; 3° de l'article 8 de la même loi (attribu-

tions financières du Sénat) ; 4° du paragraphe 3 de l'article 1 de la loi du 16 juillet 1875 (suppression des prières publiques). — Le 29 mai une commission de 22 membres est nommée pour examiner le projet du gouvernement. — Le 31 mai le rapport de M. Corentin-Guyho fait au nom de la commission d'initiative sur la proposition Barodet est renvoyé à la commission des 22.

Le rapport fut déposé et lu le 9 juin par M. Ferdinand Dreyfus ; il concluait au rejet de la proposition Barodet, qui ne limitait pas les points à reviser, et adoptait le texte du gouvernement, auquel était ajouté une cinquième modification : le paragraphe 2 de l'article 5 de la loi du 25 février 1875 (délai des élections générales après dissolution de la Chambre des députés).

La discussion s'ouvrit devant la Chambre le 23 juin après le vote de l'urgence ; elle dura huit jours et fut des plus mouvementées. Les thèses les plus diverses et les plus contradictoires y furent tour à tour développées avec un pareil insuccès. Malgré les attaques violentes et les efforts acharnés d'orateurs tels que MM. Madier de Montjau, Lockroy, Barodet et Floquet, tous les amendements qui proposaient la revision par une Assemblée constituante, ou qui demandaient la réunion d'un Congrès dont les pouvoirs seraient illimités, furent repoussés par la Chambre avec une remarquable énergie. Citons au hasard l'amendement Barodet, qui ne réunit, le 29 juin, que 210 voix contre 302, l'amendement Anatole de la Forge, repoussé le 30 par 323 voix contre 158, l'amendement présenté par MM. Floquet et Goblet, qui obtint 229 voix contre 283 ; d'autres encore de MM. Lavergne, Labussière, Lanjuinais, Andrieux, Rivet n'eurent pas un meilleur sort (ces derniers ne tendaient qu'à élargir le texte du projet ministériel). L'ensemble du projet fut adopté le 1ᵉʳ juillet par 403 voix contre 106.

Le Sénat saisi le 4 juillet par le Gouvernement du projet voté à la Chambre nomma aussitôt une commission de 18 membres. Le rapport déposé le 21 par M. Dauphin concluait au rejet de la modification de l'article 8 de la loi du 24 février, au maintien de la résolution de la Chambre pour le paragraphe 3, article 1ᵉʳ de la loi du 16 juillet, et pour le paragraphe 2, article 5 de la loi du 25 février. Quant au paragraphe 3, article 8 de la loi du 25 février, il ajoute qu'on le revisera *seulement* « en ce qui touche la question de savoir si la revision peut s'appliquer à la forme du Gouvernement ». Pour les articles 1-7 de la loi du 24 février la commission désirait restreindre les pouvoirs de l'Assemblée nationale, qui pourra seulement examiner « le point de savoir si ces articles conserveront ou non le caractère constitutionnel ». Le projet de la commission innovait en ce qu'il limitait davantage et spécialisait les pouvoirs du Congrès ; il introduisait pour chaque réforme les mots « en ce qui touche », et, au lieu de ne désigner que des articles, indiquait le point à reviser, le seul que l'on put reviser. Le Gouvernement accepta cette nouvelle rédaction : M. Jules Ferry, qui avait soutenu devant la Chambre que le Congrès pourrait remplacer les articles 1-7 et rédiger la loi électorale du Sénat, consentit à faire simplement disparaître le caractère constitutionnel de ces articles. Ce léger changement dans la manière de voir du

Gouvernement devait lui attirer à la Chambre et au Congrès bien des épigrammes et bien des critiques; c'est ce qu'on a appelé les trop fameuses *opinions successives*. La discussion commencée le 24 se termina le 29 juillet par l'adoption du texte de la commission, qui réunit 161 voix contre 111.

Cette nouvelle rédaction fut portée à la Chambre par le gouvernement, et le 31 M. Dreyfus, rapporteur, concluait à son adoption. En vain MM. Lockroy et Floquet soutinrent que la Chambre n'avait pas à discuter la résolution du Sénat, puisqu'elle avait déjà la sienne. L'ensemble du projet fut voté par 285 voix contre 185.

L'Assemblée nationale se réunit à Versailles, le 4 août 1884, sous la présidence de M. Le Royer. Après l'adoption d'un règlement, et le tirage au sort des bureaux, M. Jules Ferry déposa et lut le projet de revision ainsi conçu :

« Le Président de la République française :

Décrète :

Le projet de loi dont la teneur suit sera soumis à l'Assemblée nationale par le Président du conseil, ministre des affaires étrangères, et par le garde des sceaux, ministre de la justice et des cultes, qui sont chargés d'en exposer les motifs et d'en soutenir la discussion.

Art. 1er. — Le paragraphe 2 de l'article 5 de la loi constitutionnelle du 25 février 1875, relative à l'organisation des pouvoirs publics, est modifié ainsi qu'il suit :

« En ce cas les collèges électoraux sont réunis pour de nouvelles élections dans le délai de deux mois ».

Art. 2. — Le paragraphe 3 de l'article 8 de la même loi du 25 février est modifié ainsi qu'il suit :

« La forme républicaine du gouvernement ne peut faire l'objet d'une proposition de revision ».

Art. 3. — Les articles 1 à 7 de la loi constitutionnelle du 24 février 1875, relative à l'organisation du Sénat, n'auront plus le caractère de dispositions constitutionnelles.

Art. 4. — Le paragraphe 3 de l'article 1er de la loi constitutionnelle du 16 juillet 1875 sur les rapports des pouvoirs publics est abrogé. »

Le 5 août, sur la proposition de M. Testelin une commission de 30 membres est élue au scrutin de liste à la tribune. Le rapport déposé le lendemain par M. Gerville-Réache demandait que la discussion ne pût porter que sur les points compris dans le projet accepté par les deux Chambres, et que toute proposition en dehors des termes de ce projet fût repoussée par la question préalable. Il acceptait la rédaction du gouvernement, mais ajoutait au paragraphe 3, article 8, de la loi du 25 février une disposition sur l'inéligibilité des princes à la présidence de la République.

La discussion générale, qui eut lieu le 7 et le 8 août, permit à MM. Andrieux, Laisant, Camille Pelletan de développer une fois encore leur thèse favorite sur les pouvoirs illimités de l'Assemblée nationale ; le rapporteur et le président de la commission, MM. Gerville-Réache et Dauphin, leur répondirent victorieusement. — On passe alors à la discussion des articles, et successivement sans exception tous les amendements proposés sont écartés par la question préalable. C'est d'abord une série d'amendements d'ordre général tendant à modifier le caractère de la revision. Citons l'amendement de M. Barodet, réclamant la convocation d'une Constituante, repoussé le 8 août par 471 voix contre 266, celui de M. Schœlcher, reconnaissant au Congrès des pouvoirs illimités, repoussé le 9 août par 429 voix contre 304, celui de M. Cunéo d'Ornano, qui demandait le rétablissement du plébiscite, et qui ne réunit le 11 août que 209 voix contre 490.

Des nombreux amendements qui furent déposés pour modifier ou étendre le texte de la Commission, nous n'indiquerons que les principaux. Le 11 août le Congrès, après avoir rejeté un amendement de M. Rivet, qui supprimait l'article 5 de la loi du 25 février 1875, vote les deux premiers paragraphes du projet. Le 12 la question préalable est votée par 475 voix contre 232 sur l'amendement de M. Desmons (suppression de la présidence de la République), par 495 voix contre 179 sur celui de M. Cunéo d'Ornano (élection du Président par le suffrage universel), par 479 contre 197 sur celui de M. Laurent-Pichat (suppression du Sénat). Le 13 les exécutions se multiplient : sont rejetés par 418 voix contre 327 l'amendement de M. Bernard-Lavergne (élection des sénateurs par le suffrage universel), et par 428 contre 289 celui de M. Marcou (élection des sénateurs par le suffrage universel au deuxième degré). Les deux derniers articles du projet sont adoptés à une forte majorité ; puis le Congrès repousse par la question préalable une disposition additionnelle de M. Floquet (réglementation des pouvoirs financiers du Sénat), refuse de prendre en considération deux autres dispositions additionnelles, l'une de M. Baudry-d'Asson (modification de l'article 9, loi 16 juillet 1875), l'autre de M. le comte de Terves (gratuité des fonctions de député et de sénateur), et enfin vote l'ensemble du projet par 509 voix contre 172.

IV. — Discussions depuis 1884.

La revision d'août 1884 fut suivie d'une courte accalmie ; l'engagement avait été des plus vifs et on sentait le besoin d'éviter un terrain aussi brûlant. Du reste, si certaines personnalités politiques déclaraient la réforme illusoire et insuffisante, la grande majorité du Parlement et le pays avec elle se montraient pleinement satisfaits des résultats atteints. Dès 1886 néanmoins quelques voix timides s'élevèrent pour demander la revision, et une nouvelle campagne s'organisa pour créer dans le pays un mouvement d'opinion revisionniste.

Le 7 décembre 1886, MM. Michelin et Planteau déposent la proposition de résolution suivante : « la Chambre déclare qu'il y a lieu de reviser les lois constitutionnelles ». Ils demandent l'urgence, mais elle est combattue par MM. Barodet et Andrieux, et ne réunit que 39 voix contre 414. Leur but était la suppression du régime parlementaire.

Le 21 novembre 1887, M. Jolibois propose la revision générale, concluant au *referendum* et à la réunion d'une Constituante, et demande l'urgence, qui est repoussée par 382 voix contre 166. — Le même jour le rapport de la commission d'initiative sur la proposi-

tion Michelin est déposé par M. de la Batut ; la discussion en est renvoyée à la suite de l'ordre du jour.

Le 30 mars 1888, M. Laguerre demande à la Chambre
de vouloir bien ordonner la mise en tête de son ordre
du jour de la proposition Michelin, qui figurait au feuil-
leton depuis plusieurs mois. La demande appuyée par
MM. Jolibois, Baudry-d'Asson, Camille Pelletan, Clémenceau, est combattue par MM. Henri Brisson, Rou-
vier, et par M. Tirard, Président du Conseil, qui s'oppose à la prise en considération. M. Camille Pelletan,
ayant déposé un projet de revision générale et ayant
demandé l'urgence, obtient la priorité. La Chambre vote
sur cette proposition et l'adopte par 268 contre 237. Ce
vote entraîne la démission du Cabinet. — Cette fois encore la revision n'avait été que le prétexte, l'arme dont
on se servait pour renverser le ministère. Dans une
séance de nuit qui fut tenue le soir même, la Chambre
se déjugeant entièrement repoussa par 233 voix contre
189 la proposition de M. Cunéo d'Ornano, tendant à inscrire à l'ordre du jour des bureaux du lendemain la
nomination de la commission chargée d'examiner le projet Pelletan. — Le 18 avril, sur la demande de M. Wickersheimer, la Chambre décide que cette commission
sera nommée le 21 ; elle ne devait déposer son rapport,
qu'au mois de février 1889.

Le 4 juin 1888, M. le général Boulanger demandait
l'urgence sur cette proposition de résolution : « Conformément à la loi constitutionnelle du 25 février 1875, la
Chambre déclare qu'il y a lieu de reviser les lois constitutionnelles. » L'urgence soutenue par MM. Jolibois,

Audrieux est combattue par MM. Basly, Clémenceau et Floquet, Président du conseil ; elle ne réunit que 186 voix contre 377.

M. Bourgeois (Jura) dépose le 16 juillet une nouvelle proposition de revision ; il demandait que le Sénat, sous le nom de Conseil de législation, ne fut plus qu'une assemblée consultative. Ce projet est renvoyé à la Commission déjà saisie des différentes propositions de lois relatives à la revision des lois constitutionnelles.

Le 16 octobre projet de revision de M. Dugué de la Fauconnerie ; il réclamait le *referendum*, l'appel au peuple.

Citons encore, parmi les propositions de résolution déposées en 1888, celle de MM. Gaudin de Villaine et Liais (revision de l'article 6, loi 25 février 1875 ; les ministres de la guerre et de la marine seraient soustraits à la responsabilité solidaire des Cabinets) ; celle de M. Wickersheimer (revision de droit à des époques fixes) ; celle de M. Sourigues (réglementation du travail législatif et des conflits entre les Chambres) ; celle de M. Anatole de la Forge (revision par une Constituante) ; celle de M. Colfavru (suprématie du pouvoir législatif).

La revision étant devenue le mot d'ordre de tous les partis hostiles au gouvernement, le ministère se décida à leur emprunter cette arme ; mal lui en prit, car cette tactique allait être la cause de sa chute.

Le 15 octobre 1888 M. Floquet, qui avait pris des engagements dans sa déclaration aux Chambres et dans la séance du 4 juin, déposait un projet éclectique, com-

posite, où se rencontraient des systèmes constitutionnels
fort différents et parfois contradictoires. Pour lui le
Congrès de 1884 n'était qu'un prélude : il n'avait pas
suffisamment opéré la réforme constitutionnelle, et les
questions non résolues « sont, selon la belle expression
de Cavour, sans pitié pour le repos des peuples ». Dans
l'exposé des motifs M. Floquet déclare que le Congrès
pourra modifier tout ce qui lui plaira, mais il indique
et conseille toute une série de points, qui lui paraissent
plus particulièrement importants. Nous citons textuellement :

« 1° Une Chambre des représentants élue par le
suffrage universel direct, se renouvelant par tiers tous
les deux ans, ce qui permet de supprimer le droit de dissolution et d'ajournement.

2° Un Sénat choisi par le suffrage universel à deux
degrés, avec des conditions spéciales d'âge et d'éligibilité, ayant une autorité de contrôle sur l'ensemble des
lois, et se renouvelant par tiers tous les deux ans, aux
mêmes périodes que la Chambre des représentants.

3° Des ministres nommés par le Président de la République pour la durée de la période du renouvellement
législatif, et pouvant toujours être maintenus par lui dans
leurs fonctions, — ces ministres étant responsables devant la Chambre des représentants, qui peut les mettre
en accusation devant le Sénat, et qui peut aussi réclamer
leur renvoi par une déclaration formelle, qu'ils ont perdu
la confiance de la nation.

4° Un conseil d'État désigné par le Sénat et la Chambre des représentants, ayant un rôle consultatif dans la

préparation, la discussion et la rédaction des lois au point de vue juridique, et renfermant des sections plus spécialement chargées d'éclairer les assemblées par des avis officiels sur les grandes questions d'affaires » (1).

Ce programme indicatif et non limitatif était suivi d'un dispositif d'ordre général : « la Chambre des députés déclare qu'il y a lieu de reviser les lois constitutionnelles ». Le projet fut renvoyé à la commission de revision. Une proposition de M. Andrieux demandant que le rapport fut déposé dans un délai de 15 jours ne fut pas adoptée.

La commission chargée d'examiner les douze projets de revision, que nous avons énumérés, déposa son rapport le 9 février 1889. M. Tony Révillon, rapporteur, exposa que par 6 voix contre 4 la Commission s'était prononcée en faveur de la revision par une Constituante, et désirait en outre la ratification par le peuple des délibérations de l'Assemblée constituante.

La discussion s'ouvrit devant la Chambre le 15 février. M. le comte de Douville-Maillefeu posa dès le début une question préjudicielle ; constatant que dans la commission il n'y avait pas deux membres partisans du même système de revision, et que, la Chambre arrivant à l'expiration de son mandat, il était préférable d'attendre les nouvelles élections et de consulter ainsi le pays, il proposa l'ajournement indéfini. Cette proposition, contre laquelle M. Floquet s'était prononcé, fut adoptée par 307 voix contre 218, et le cabinet donna sa démission.

Le cahier des vœux électoraux rédigé par M. Barodet

(1) *Officiel*, 1888, p. 2170.

constate que la Chambre élue en septembre-octobre 1889 comprend 346 députés, qui ont fait fignrer la revision sur leur programme. Dès l'ouverture de la session extraordinaire, le 19 novembre 1889, M. Maujan dépose un projet de revision générale et demande l'urgence qui, combattue par MM. Millerand et Tirard, Président du conseil, est finalement repoussée par 345 voix contre 123. — Le 31 mai 1890 dépôt du rapport par M. Maxime Lecomte : « La majorité de la première commission d'initiative a pensé que la revision de nos lois constitutionnelles devait se faire par l'accord des deux Chambres et par leur réunion en Congrès, et qu'il y avait lieu de proposer à la Chambre de prendre en considération la proposition de M. Maujan ». Le Président de la Chambre déclare que le rapport sera imprimé et distribué. — Tel est l'état actuel de la question.

Cet exposé par sa nature monotone et aride nous permet d'embrasser d'un coup d'œil toute l'importance pratique du problème de la revision, problème soumis sans relâche aux méditations de nos représentants, et dont la discussion a entraîné en moins de huit années la chute de trois ministères. Les solutions auxquelles on a abouti peuvent au premier abord paraître diverses et contradictoires ; isolées des causes politiques, elles sont le développement et les applications d'une théorie unique, que nous tâcherons de dégager nettement. Il nous suffit pour le moment de constater que la Constitution de 1875 est la seule Constitution française, qui ait été revisée régulièrement. Par deux fois une assemblée s'est réunie pour effectuer une revision constitutionnelle, et par deux

fois le but poursuivi a été légalement atteint. L'article 8,
qui avait été lors de son adoption l'objet de mille critiques, et qu'on avait déclaré d'une application impossible, a démontré toute sa vitalité ; la réunion de l'Assemblée nationale n'a pas été « le premier acte d'une
révolution parlementaire », et le nouveau mécanisme a
fonctionné d'une façon fort satisfaisante. C'est ce fonctionnement, qui a pour lui la sanction de la pratique,
que nous allons maintenant étudier.

CHAPITRE II

Des différentes phases par lesquelles doit successivement passer une proposition de revision, depuis l'instant où elle s'est produite devant les Chambres jusqu'au jour où elle reçoit une sanction définitive par la modification du texte constitutionnel, les unes ne font l'objet d'aucunes difficultés, sont reconnues indispensables, et dépendent de règles fermes, unanimement admises, — les autres soulèvent encore les controverses les plus vives et les plus disputées. Nous maintiendrons cette distinction, passant de l'exposé des solutions acquises à l'examen et à la discussion des points controversés.

§ 1. — *Solutions acquises.*

1°. — *Paragraphe 1er, article 8, loi constitutionnelle 25 février 1875. — Déclaration par les deux Chambres qu'il y a lieu de reviser les lois constitutionnelles.*

D'après les termes mêmes de ce paragraphe l'initiative d'une proposition de revision appartient concurremment au Président de la République et aux membres des deux Chambres. — Le Président de la République saisit le Parlement, comme s'il s'agissait d'une loi ordinaire, par l'intermédiaire des ministres. Doit-il, lorsqu'il use de cette prérogative, présenter sa demande aux Chambres simultanément ou successivement ? Dans leur *Traité de droit parlementaire* (tome II, p. 4), MM. Poudra et Pierre entrevoyant une question de priorité, capable d'éveiller les susceptibilités, s'étaient prononcés contre la seconde méthode. Les événements leur ont donné tort, et en fait la Chambre des députés a été saisie la première par trois fois (projets Gambetta 1881, Ferry 1884 et Floquet 1888), sans qu'aucune réclamation se soit élevée contre cette procédure. Il en résulte que, si le Président de la République peut s'adresser simultanément aux deux Chambres, il n'est pas tenu de le faire. Prenant le cas le plus ordinaire, et supposant qu'une demande de revision a été déposée par le gouvernement à la Chambre des députés, diverses solutions vont se présenter. Ou le projet ministériel est adopté tel quel, sans modifications, et il y a lieu de saisir le Sénat ; ou il est rejeté et par là même n'existe plus. Mais on peut se trouver dans un cas intermédiaire : le projet est voté à la Chambre, plus ou moins modifié dans son texte ou dans son esprit par la discussion et par des amendements. Le gouvernement pourra adopter la nouvelle rédaction, la faire sienne et la porter devant le Sénat, où il retirera son projet, et il ne restera pour donner suite à ce vote que l'initiative des Chambres.

Tout représentant peut demander à l'Assemblée, dont il fait partie, de se prononcer sur la nécessité d'une revision : il reprendra en son nom personnel le projet du gouvernement tel qu'il a été modifié par les délibérations de la Chambre, ou il déposera un projet nouveau. Dans tous les cas l'Assemblée ainsi saisie aura à examiner, non pas une proposition de loi, mais une proposition de résolution, — et cela d'après la procédure législative ordinaire. La prise en considération, la nomination et le rapport d'une commission, la nécessité de deux délibérations sauf le cas de déclaration d'urgence, sont les étapes fatales du projet de revision.

Après le vote, le projet adopté par l'une des deux Chambres est communiqué à l'autre, mais, contrairement à ce qui est de droit pour les lois ordinaires, la seconde Chambre n'est pas saisie par cette communication, et n'a pas à renvoyer cette résolution à l'examen des bureaux. L'article 8 exige en effet des *délibérations séparées, prises spontanément.* Par application de ces principes, le 22 mars 1879, M. Gambetta, Président de la Chambre, transmettait au Président du Sénat le projet de revision voté ce jour-là par une lettre n'impliquant pas saisissement.

Monsieur le Président,

« Dans la séance de ce jour, la Chambre des députés a adopté, après déclaration d'urgence, la résolution suivante : (suivait le texte de la résolution). — J'ai l'honneur de porter cette résolution à votre connaissance afin de vous mettre à même de prendre telles mesures que vous jugerez convenables... »

Le 24 mars M. Martel, Président du Sénat, après avoir lu cette lettre, ajoutait : « j'ai donné connaissance de cette lettre au Sénat pour me conformer à l'article 31 de notre règlement, qui est conçu en ces termes : « Avant de passer à l'ordre du jour, le Président donne connaissance au Sénat des communications qui le concernent. Je passe à l'ordre du jour. » — M. le duc d'Audiffret-Pasquier lui demandant s'il entendait saisir le Sénat par cette lecture, il répondit : « Non, monsieur le duc, c'est une simple communication » (1). — Il faut donc qu'un membre de la seconde Chambre s'approprie la résolution déjà votée et la dépose sur le bureau de l'Assemblée dont il fait partie, pour que celle-ci puisse en délibérer.

Le premier alinéa de l'article 8 exige que la décision des Chambres soit prise à la *majorité absolue*. Quel est le sens de ces deux mots ? Il ne s'agit pas, comme on pourrait le croire, d'une question de majorité proprement dite : le vote de tout projet de loi exige en effet fatalement une majorité absolue, c'est-à-dire la moitié plus un des suffrages exprimés. L'article 8 ne s'occupe que du *quorum* ; les mots « majorité absolue » sont pris dans leur acception parlementaire, et ont ici la même portée que dans l'article 51 du règlement du Sénat, où nous lisons: « la présence de 151 membres du Sénat, majorité absolue du nombre légal, est nécessaire pour la validité des votes ». Le but visé par le législateur de 1875 est que les Chambres ne puissent délibérer sur la revision, si le *quorum* n'est pas atteint, si la majorité absolue des membres n'est pas présente. La solution d'un aussi grave problème nécessite l'adhésion d'un grand nombre de représentants ; il ne faut pas que par l'effet de circonstances fortuites une faible minorité puisse décider de l'opportunité d'une revision, et réunir l'As-

(1) *Officiel*, 1879, p. 2437.

semblée nationale. Mais, nous dira-t-on, c'est une disposition de droit commun, applicable à tout projet de loi ; l'article 58 du règlement du Sénat, que vous avez cité plus haut, porte sur toute matière législative, et dès lors il était inutile d'insérer dans l'article 8 les mots majorité absolue. Non, ce n'était pas inutile, et de ces mots résulte une différence entre la Constitution et les lois ordinaires. Si nous continuons la lecture de l'article 58, nous y trouvons le paragraphe suivant : « Au cas d'impossibilité d'un vote par le défaut de présence de la majorité absolue du nombre légal des Sénateurs, un second tour de scrutin sur le même objet est porté à l'ordre du jour de la séance suivante, et à ce second tour le vote est valable, quel que soit le nombre des votants. » Donc pour une loi ordinaire, comme il faut arriver à un résultat, le second scrutin sera valable à la majorité relative, et le *quorum* n'est plus nécessaire. L'article 8 s'oppose à l'application de cette règle pour le vote de la revision : la majorité absolue est exigée même au second tour de scrutin. Nous verrons que la plupart des Constitutions étrangères règlent aussi un *quorum* spécial, le plus souvent assez élevé : on s'assure par là que toute réforme constitutionnelle devra pour réussir rencontrer, dans le Parlement l'adhésion du plus grand nombre, et ne sera jamais l'effet d'une surprise.

2° — *Paragraphes 2 et 3 de l'article 8. — Réunion et tenue de l'Assemblée nationale.*

Réunion. — Lorsque le projet de revision a été voté par les deux Chambres, la réunion de l'Assemblée nationale est de droit, et il appartient de la convoquer à son

Président, désigné d'avance par la Constitution. L'article 11, § 2 de la loi constitutionnelle du 16 juillet 1875 dit en effet : « Lorsque les deux Chambres se réunissent en Assemblée nationale, leur bureau se compose des président, vice-président et secrétaires du Sénat. » Dans une réunion officieuse des bureaux des deux Chambres, qui eut lieu en 1879 la veille du Congrès, cet article 11 souleva une question d'interprétation. D'après le Président de la Chambre, M. Gambetta, seuls les pouvoirs du Président de l'Assemblée nationale prenaient naissance dès le vote de la proposition de résolution ; quant au bureau il n'existait qu'à partir du jour où l'Assemblée se réunissait. Dans cette difficulté, qui n'est qu'une question de formule, nous préférons l'opinion contraire, défendue par MM. Martel et Clément : on ne peut séparer le Président de son bureau ; l'un et l'autre tiennent leurs pouvoirs d'un même article, qui n'établit entre eux aucune distinction. C'est la solution qui fut adoptée et en 1879 et en 1884 : dès le 1ᵉʳ août 1884 le bureau du Sénat se préoccupait de la procédure et des mesures d'ordre. — Il est à remarquer que le bureau composé en vertu de l'article 11 n'est pas complet. Outre ses fonctions délibératives un bureau a des fonctions administratives, qui sont remplies par les questeurs, chargés d'assurer la sécurité intérieure et extérieure de l'Assemblée. Cet oubli a été réparé par voie d'interprétation, et les questeurs du Sénat ont toujours fait partie du Bureau de l'Assemblée nationale. — La désignation préalable du Président est une mesure fort sage ; elle supprime une cause de conflit entre les deux Chambres, et une source de compétitions entre les divers candidats ; en outre elle évite une perte de temps, une séance inutile consacrée à l'élection du Bureau, et elle permet au Président de prendre toutes les mesures nécessaires à la tenue de l'Assemblée, tant au point de vue matériel que pour sa liberté et sa sécurité.

Le Président ne convoque pas directement les membres de l'Assemblée nationale ; comme Président du Sénat, il prévient les sénateurs. Quant aux députés, il sont avertis par leur Président sur une lettre du Président du Congrès fixant le jour et l'heure de la réunion. Cette déclaration en séance est suivie d'une convocation personnelle, spéciale, à domicile (Conf. *Officiel*, 3 août 1884.) — Il importe de signaler ici une lacune regrettable de notre Constitution : elle n'a prescrit aucun délai pour la convocation du Congrès après le vote des deux Chambres, et si le Président tardait à réunir l'Assemblée, on n'aperçoit pas bien par quel moyen légal il serait possible de triompher de son mauvais vouloir.

En 1879 le *lieu* où devait se réunir le Congrès fut choisi par le Président, c'était la salle des séances de la Chambre des députés à Versailles. La loi du 22 juillet 1879, article 3, conserve à cette salle son affectation et la désigne pour toute réunion de l'Assemblée nationale.

C'est encore le Président qui fixe le *jour* et l'*heure* de la réunion. En réalité par convenance il consulte le gouvernement et le Président de la Chambre sur la date à choisir.

Cette convocation officielle est suivie de conférences officieuses destinées à régler tous les points de détail

qu'entraîne la réunion du Congrès. C'est ainsi que le
18 juin 1879 une première conférence d'ordre politique
avait lieu à la Chancellerie entre les ministres et les pré-
sidents des groupes républicains, une deuxième d'ordre
administratif à Versailles dans le palais du Sénat entre
les bureaux des deux Chambres. Ces entretiens ont pour
but de préparer les mille services d'ordre intérieur :
comptes-rendus sténographiques et analytiques, procès-
verbaux, expédition des lois, correction des épreu-
ves, etc. ; on y règle aussi le rôle des secrétaires généraux des deux présidences, et le commandement des
forces militaires. Tous ces services sont les accessoires
indispensables du fonctionnement régulier d'une assemblée délibérante et l'importance du Congrès exige qu'on
apporte une attention spéciale aux moindres détails ; le
Président doit veiller à ce qu'il ne puisse exister aucune
omission, et s'assurer qu'aucune difficulté d'ordre matériel ne vienne entraver les travaux de l'Assemblée.

Les deux Chambres perdent leur individualité au sein
du Congrès, pour ne plus former qu'une seule assemblée;
aucune distinction n'existe plus entre députés et sénateurs. En 1879, il avait été décidé que les six premiers
rangs de l'amphithéâtre seraient réservés aux sénateurs,
les autres étant à la disposition des députés ; on conservait ainsi à chaque Chambre sa personnalité et sa con-
figuration de gauche et de droite. En 1884, sénateurs et
députés se placèrent sans ordre, les garçons des deux
Chambres sous les ordres des questeurs du Sénat étant
de service pour reconnaître les membres de leur assemblée respective.

Certains auteurs ont pensé que la réunion du Congrès absorbait et supprimait le pouvoir législatif ; c'est une critique qu'on a souvent adressée au système de la Constitution de 1875. Mais c'est là une opinion erronée : la session législative n'est nullement interrompue en droit ; les Chambres suspendent en fait leurs travaux ordinaires, mais rien ne s'oppose, si la nécessité s'en fait sentir, à ce que chaque Chambre se réunisse, en dehors des heures consacrées au Congrès, en vue de reprendre ses attributions législatives.

Tenue de l'Assemblée nationale. — Au jour fixé le Président après avoir donné lecture de l'article 8, loi 25 février 1875, et de l'article 17, § 2, loi 16 juillet, après avoir rappelé les résolutions du Sénat et de la Chambre, déclare que l'Assemblée nationale est constituée.

La première question à résoudre par toute Assemblée, qui se constitue, est l'adoption d'un règlement. En 1879 le Président avait d'abord songé au règlement du Sénat, puis sur les observations de Gambetta il proposa celui de l'Assemblée nationale de 1871, qui fut accepté par le Congrès sans discussion (1). Lors de la seconde revision la séance du 4 août 1884 fut presque entièrement consacrée à choisir un règlement. On parvint cependant à s'entendre ; après avoir rejeté la proposition de M. Gavardie (adoption du règlement du Sénat), et celle de M. Vernhes (confection d'un règlement nouveau), on adopta comme en 1879 le règlement de l'Assemblée nationale de 1871. Quelques légères modifications y furent apportées par voie d'amendement :

(1) Ce règlement se trouve en entier dans le *Traité de Droit parlementaire* de MM. Poudra et Pierre, t. II, p. 19.

M. Forcioli obtint sur l'article 14 que la nomination des membres de la commission eut lieu à la majorité absolue ; M. Rivière fit voter la suppression des articles 55-57 sur le scrutin secret. — Suit une autre opération préparatoire : le tirage au sort des bureaux.

Dès lors l'Assemblée nationale peut délibérer. Elle est saisie du projet de révision par un de ses membres ou par le gouvernement.

Ce dernier point fut cependant contesté au Congrès de 1884 par M. Andrieux. Il prétendait qu'aucun article de la Constitution ne reconnaissait au ministère le droit de prendre place au Congrès : le pouvoir exécutif ne doit avoir aucun rapport avec le pouvoir constituant ; il ne peut en son nom déposer officiellement un projet de loi ; en intervenant le ministère pourrait fausser le mécanisme constitutionnel, surtout s'il posait la question de confiance. A cette thèse fort subtile M. Gerville-Réache, rapporteur, répondit victorieusement. Si aucun texte ne donne au gouvernement ce droit d'intervention, il ne lui est du moins nulle part dénié, et ce n'est là qu'une de ses fonctions normales. Par la réunion du Congrès les deux assemblées desquelles il est issu disparaissent provisoirement, ne laissant que leur résolution. Qui donc saisira l'Assemblée nationale ? C'est une des attributions de l'exécutif, qui, lorsque le législateur est dans une période d'interrègne, se trouve constitué seul dépositaire des votes du pouvoir législatif. Cette solution a toujours été adoptée dans la pratique : M. Le Royer en 1879, M. Jules Ferry en 1884 déposent au nom du gouvernement le projet de revision, donnent lecture de l'exposé des motifs et demandent l'urgence.

Le projet est renvoyé à une commission chargée de l'examiner et de rédiger un rapport. Le nombre des membres de la commission et leur mode d'élection, sont différents détails à régler par l'Assemblée, et sur lesquels en général l'entente s'est déjà faite dans des conférences préparatoires, tenues par les principaux groupes politiques de la majorité. En 1879 une commission de 15 membres fut nommée au scrutin de liste dans les Bureaux. Elle comprenait 8 députés et 7 sénateurs. En 1884, sur la proposition de M. Testelin la commission se composait de 30 membres, élus au scrutin de liste à la tribune.

Le dépôt du rapport est suivi d'une discussion générale, puis de la discussion des articles d'après les règles législatives ordinaires.

On passe enfin au vote du projet de revision, et sur ce point le paragraphe 3 de l'article 8, dont nous rappelons les termes, soulève une question de majorité toute spéciale : « Les délibérations portant revision des lois constitutionnelles, en tout ou en partie devront être prises à *la majorité absolue des membres* composant l'Assemblée nationale. » Contrairement à ce que nous avons vu dans le premier alinéa, les mots : majorité absolue ont ici leur sens grammatical ; l'article 8 ne contient pas une disposition sur le *quorum*, mais bien sur la majorité. Le *quorum* est « le nombre de membres dont le concours actif ou passif est nécessaire pour la validité des votes d'une Assemblée. » La majorité s'entend du nombre de membres, qui en opinant dans le même sens, font adopter un projet de loi. C'est ce dernier calcul que vise le paragraphe 3 de l'article 8. Nous verrons que le chiffre de cette majorité étant invariable, le *quorum* se trouve indirectement fixé par là même : il ne pourra jamais être inférieur à ce chiffre.

Comment détermine-t-on le nombre de voix qui suffiront à constituer la majorité? Trois systèmes ont été soutenus. Pour les uns la majorité absolue est essentiellement variable, elle se compose de la moitié plus un des membres présents ; il leur semble illogique d'admettre que les absents, les décédés non remplacés puissent rendre impossible une revision votée par la majorité des membres présents. Cette théorie fut soutenue le 3 février 1875 par M. Baragnon. — M. Lefebvre dans son étude sur la constitution de 1875 et M. Léon Renault (2 août 1884) préconisent une solution intermédiaire entre le premier et le troisième système, qu'ils essaient de concilier : la majorité absolue sera calculée sur le nombre de sièges occupés, et on négligera les sièges vacants. Donc le membre de l'Assemblée nationale décédé ou démissionnaire et non remplacé ne sera pas compté, mais bien celui qui s'abstient ou qui est absent. — Une dernière manière de calculer fixe cette majorité à un chiffre invariable : la majorité absolue est la moitié plus un du nombre de députés et de sénateurs, qui devraient figurer au Congrès, si les deux Chambres étaient au complet. Par suite, dans l'état actuel de nos lois électorales aucun projet de revision ne serait adopté, s'il ne réunissait au Congrès la moitié de 300 (sénateurs), plus 576 (députés), c'est-à-dire 438 voix, plus une. Ce dernier système, le plus conforme au texte de l'article 8 et aux précédents, est le plus rationnel surtout en matière de revision et a triomphé en 1879 et 1884.

Le paragraphe 3 de l'article 8, lorsqu'il parle de la « *majorité absolue des membres composant l'Assemblée nationale* », paraît bien indiquer qu'il ne s'agit plus de la simple majorité des votants, comme pour les délibérations ordinaires, mais d'une majorité nouvelle. C'est ainsi que l'interprétait le 3 février 1875 M. Baragnon, lorsqu'il demandait à la commission de justifier cette dérogation au droit commun. La question ne fut malheureusement pas tranchée; le rapporteur M. Paris désirant consulter la commission promit des explications pour la 3ᵉ délibération du projet, et on n'y pensa plus. — Comme précédent il nous suffit de rappeler la modification qu'apporta en 1871 à son règlement l'Assemblée qui devait élaborer la Constitution de 1875. Quoique la discussion ait porté sur le *quorum* et non sur la majorité, — nous avons du reste vu que sauf certains détails les deux questions étaient connexes, — la difficulté à trancher était exactement la même que celle soulevée par les termes de l'article 8. Le règlement de l'Assemblée nationale de 1871, qui était la copie du règlement de 1849, exigeait dans son article 59 la présence de 376 membres pour la validité des votes. Le 22 juin 1871 un scrutin, qui eut lieu pour la nomination de la commission des grâces, ne réunit que 332 votants. Une discussion, qui s'éleva sur la validité de ce vote, n'eut pas de solution, les deux commissaires élus ayant refusé d'accepter leur mandat dans de pareilles conditions. Mais elle eut pour

conséquence une proposition de M. de La Rochejaque-
lein, tendant à ce que le *quorum* ne fut calculé que sur
le nombre des membres présents. Le rapporteur de la
commission, M. Corne, repoussa ce projet, et fit adopter
le 19 décembre 1871 cette définition du *quorum* « la
moitié plus un du *nombre légal* des députés ». Cette manière de voir ne s'est pas modifiée depuis lors, et nous
pouvons citer dans le même sens et le paragraphe 1er de
l'article 95 du règlement actuel de la Chambre des députés et l'article 58, § 1er du règlement du Sénat, que
nous avons reproduit plus haut, et qui exige la présence
de 151 membres.

La jurisprudence constitutionnelle s'est prononcée
pour une majorité, chiffre absolu et invariable. En 1879
le Président de l'Assemblée nationale proclamant le résultat du scrutin s'exprimait ainsi : « nombre de votants :
777 ; — majorité absolue des membres composant l'Assemblée nationale : 417 ». — Le traité de MM. Poudra
et Pierre, qui a un caractère en quelque sorte officiel,
déclare, page 28, que la majorité exigée par l'article 8
s'élevait à 417 voix, et cette affirmation n'a fait l'objet
d'aucune remarque. — Au Congrès de 1884 se produisit
un incident caractéristique. Le 9 août la question préalable demandée sur l'amendement de M. Schœlcher (les
droits du Congrès sont illimités) ne fut votée que par
429 voix, chiffre mathématiquement exact à la moitié
plus un des membres de l'Assemblée (300 plus 557).
M. Naquet soutint que le vote était douteux, puisque la
majorité absolue exigée par l'article 8 était tout juste
atteinte, et il réclama un pointage. M. Léon Renault fit

remarquer avec raison qu'il s'agissait d'un vote sur la
question préalable, que ce vote ne pouvait en rien modifier la Constitution, et par suite ne rentrait pas dans
les termes de l'article 8 : « résolution portant revision ».
La moralité de l'incident fut ainsi résumée par le Président : « L'ordre du jour a été retiré ; il a reçu une sanction : c'est la déclaration que la majorité reste fixée à
429 ». Et le 13 août M. Le Royer proclamant le résultat du scrutin sur l'ensemble du projet de loi établissait
encore une fois le chiffre de cette majorité absolue :
« nombre des votants : 681 ; — majorité constitutionnelle : 429 ».

La question n'est donc plus douteuse : le chiffre de la
majorité reste invariable. « Nous ne sommes ici que les
représentants par voie directe ou par voie indirecte du
suffrage universel, et ce qui est présent, ce qui vote
dans cette grande Assemblée, ce n'est pas nous : ce sont
les circonscriptions électorales de la France entière. Or
qu'a voulu la Constitution dans cette disposition que je
persiste à traiter de tutélaire? C'est que si la Constitution
est transformée, changée, modifiée, elle ne puisse l'être
qu'avec l'appoint, avec l'adhésion de la majorité absolue
de toutes les circonscriptions électorales de la France » (1).

Les avantages de ce système sont de deux sortes.
Tout d'abord il donne une base certaine, absolue à
des décisions de la plus haute gravité. A tout instant
des démissions sont données, la mort fait des vides
dans les rangs, et à la suite de missions politiques,
d'éloignement considérable il peut arriver que le décès

(1) Naquet, *Officiel*. Congrès 1884, p. 79.

né soit pas immédiatement connu par le bureau. De là
résulte pour tout vote ne réunissant qu'une majorité de
quelques voix un doute sur sa validité, doute qu'explique l'ignorance du nombre véritable des membres de
l'Assemblée. Si on entre dans les distinctions, quelle
est la limite nette ? ne doit-on tenir compte que des décès, que des démissions, ou de toutes les causes, qui font
que le député ne remplit pas ou ne peut pas véritablement remplir son mandat ? vous défalquez les morts, et
vous compteriez les personnes gravement malades, qui
sont dans l'impossibilité absolue de se rendre au Congrès ! Il est inutile d'insister : on voit toutes les difficultés d'espèces auxquelles se heurterait le bureau pour
régler une majorité variant à chaque séance. — Le second
et selon nous le plus grand mérite de la solution adoptée
est de fixer un chiffre plus élevé que pour les délibérations ordinaires et d'augmenter par là l'autorité morale
de la revision. Le législateur de 1875 n'a pas emprunté
aux Constitutions précédentes la clause qui exigeait les
2/3 ou les 3/4 des voix, il en connaissait tout le danger ;
mais il s'est approprié le principe, et, en décrétant une
majorité absolue, il a différencié l'acte constitutionnel
de la loi ordinaire, il a reconnu et sanctionné l'importance de la revision par cette condition spéciale et extraordinaire (1).

Après le vote de la revision l'Assemblée nationale a
terminé ses travaux, mais avant de se séparer elle entend la lecture du procès-verbal. Dans les Chambres le

____

(1) Nous verrons que la plupart des législations étrangères exigent une
majorité spéciale.

procès-verbal est lu et adopté avec ou sans rectifications à la séance suivante. Le Congrès n'ayant pas de lendemain, il ne pouvait en être de même. En 1879 M. Robert Mitchell proposa d'autoriser les sénateurs et députés à faire à l'ouverture de la prochaine séance du Sénat et de la Chambre telles rectifications au vote et au procès-verbal du Congrès qu'ils jugeraient utiles. Le Président répondit : « le Sénat et la Chambre des députés sont des assemblées absolument distinctes de l'Assemblée nationale ; il n'est donc pas possible de porter devant l'une ou l'autre de ces Chambres les réclamations qui pourraient provenir des débats qui ont eu lieu ici. » Il n'y a dès lors qu'une solution possible, et c'est celle qui est admise : on procède comme à la dernière séance de la session des Chambres ; le procès-verbal est lu et adopté à la fin de la séance du Congrès. Puis l'Assemblée ayant épuisé son mandat est dissoute de plein droit.

3°. — *Paragraphe 4 de l'article 8.* — « *La forme républicaine du gouvernement ne peut faire l'objet d'une proposition de revision.* »

Nous avons vu qu'à diverses reprises l'Assemblée de 1871 s'était avec insistance reconnu le droit de changer la forme du gouvernement, et qu'elle comprenait ce droit dans les termes de l'article 8. Mais la revision de 1884 a inséré dans ce même article 8 un paragraphe additionnel, qui a pour but de soustraire la forme du gouvernement aux pouvoirs revisionnistes du Congrès. Cette disposition est-elle conforme aux principes et peut-elle avoir une valeur pratique ?

Si on isole ce paragraphe des circonstances au milieu

desquelles il a pris naissance, on est tenté d'en donner
une fausse interprétation, et de conclure à la violation
des principes. L'étude littérale du texte ferait penser
qu'on a voulu établir une République de droit divin, imposer obligatoirement une forme politique à la souveraineté nationale, limiter le droit du pays légalement
représenté de modifier et d'organiser à son gré le gouvernement. Il suffit de se reporter aux discussions, qui
eurent lieu à ce sujet en 1884, pour voir que telle n'a
pas été la pensée du législateur : ce paragraphe 4 n'est
qu'une réponse à la manière de comprendre l'article 8
hautement proclamée dans l'Assemblée de 1871. Certains députés avaient voulu par cet article donner à la
Constitution un caractère de fragilité, ils l'avaient considéré comme une marque d'infériorité, comme un prétexte légal aux agitations des partis. L'Assemblée nationale de 1884 crut nécessaire de rectifier cette formule,
et de proclamer la stabilité de la Constitution : « Elle ne
remplirait pas sans cela cet office fondamental, qui est
la raison d'être de toute Constitution, le but poursuivi
par tous les régimes, dans tous les pays et dans tous les
temps : faire cesser l'état révolutionnaire, donner aux
citoyens, autant que le permet la fragilité des choses
humaines, la plus grande source de sécurité morale et
la foi dans l'avenir » (1) . C'est là l'idée générale qui reparaît à tout instant ; la majorité ne prétendait pas et ne
se faisait pas l'illusion de croire qu'un texte inséré dans
la Constitution pût lui assurer l'éternité. Il s'agissait
seulement de déclarer « que la République n'accepte pas

______

(1) Jules Ferry, *Officiel*, 1884.

dans ce pays, dont elle a la direction légitime, des conditions d'existence légale inférieures à celles des régimes qui l'ont précédée, et que comme eux elle a le droit de se défendre » (1). M. le Président du Conseil aurait pu ajouter que les Constitutions monarchiques étrangères, implicitement ou explicitement, n'admettent toutes que des revisions partielles, qui n'affectent point la forme du gouvernement.

Ainsi comprise la disposition additionnelle de l'article 8 est plutôt une déclaration de principe que la poursuite de résultats pratiques. Tout ce qu'on peut en conclure, c'est que, si une proposition de revision tendant à modifier la forme du gouvernement se produisait devant les Chambres, le Président ne devrait pas l'accepter ; il arrêterait l'orateur, il réprimerait les manifestations. Si le Congrès se réunissait pour une revision totale, et s'il était saisi d'une proposition de cette nature, il devrait en droit strict la repousser par la question préalable. Mais il est évident que c'est là une garantie toute relative. Une majorité hostile au gouvernement ne se laisserait pas arrêter par cet alinéa, et passerait outre, malgré le caractère anti-constitutionnel de son vote (2). Une fois encore, suivant la trop fameuse formule, on sortirait de la légalité pour rentrer dans le droit. Il serait du reste

(1) *Officiel, Congrès*, 1884, p. 97.

(2) Est-il bien sûr, du reste, que ce vote serait anti-constitutionnel ? On peut en douter, quand on analyse complètement l'opération. Puisque les Chambres se sont prononcées pour la revision totale, on ne saisit pas en vertu de quel privilège ce paragraphe subsisterait seul à la destruction radicale de la Constitution et serait à l'abri de toute atteinte : il doit disparaître avec la Loi qu'il est chargé de protéger. Il faut donc l'interpréter comme une clause de rigueur, et non comme une atteinte aux droits de la nation.

loisible à la majorité d'adopter le système pratiqué par Bonaparte, et de maintenir la forme républicaine tout en votant une Constitution à principes absolument contraires.

Si on prétend voir dans cet alinéa 4 autre chose qu'une thèse de circonstance, nous n'hésitons pas à le condamner. Déclarer que le gouvernement actuel ne peut être renversé que par une révolution a pu être considéré comme un salutaire enseignement, mais non comme une garantie de stabilité. On a dit avec raison que décréter la pérennité de la République, c'était « signer un billet à la Châtre ». Il est certain qu'un article constitutionnel ne s'opposera pas à un changement de gouvernement désiré par le pays. Enfin, sans entrer dans le côté politique de la question, il nous est permis de constater qu'une pareille clause, interprétée dans un sens absolu, serait contraire aux principes. La République se donne pour fondement la raison, non la foi ; s'appuyant sur la justice et l'utilité générale, elle ne redoute pas l'examen. Pour être logique, tout républicain doit pouvoir répéter avec Michel de Bourges en 1851 : « si nous ne sommes pas discutables, nous ne sommes pas vrais ».

§ 2. — *Points controversés.*

1°. — *Paragraphe 1, article 8. — Les résolutions votées par les deux Chambres sur la revision doivent-elles être identiques ?*

On peut être à bon droit surpris de voir figurer cette

question parmi les points controversés, puisqu'elle est tranchée par l'article 8 lui-même. L'alinéa 1er exige des délibérations distinctes des deux Chambres sans rien spécifier sur la forme, sur le texte des résolutions de revision. Mais l'alinéa 2, qui s'occupe de la réunion du Congrès, tranche d'un mot la question laissée douteuse par le paragraphe 1er, et dit formellement que le Congrès se réunira après le vote de « *cette résolution* » par les Chambres. *Cette* résolution, — c'est donc exiger un texte unique, une formule identique à laquelle se sera ralliée la majorité de la Chambre et celle du Sénat. L'emploi du singulier est des plus significatifs : *les* délibérations des deux Chambres doivent aboutir à la rédaction et au vote d'*une* même et seule résolution.

Un texte aussi précis fut appliqué sans discussion en 1879 : la résolution soumise et votée au Sénat était la reproduction littérale de celle de la Chambre des députés. — Il en fut autrement en 1884. Le projet du gouvernement adopté à la Chambre subit quelques légères modifications devant le Sénat. Le ministère accepta ces changements, et le 30 juillet il proposait à la Chambre de les ratifier. C'est alors que divers orateurs, MM. Jolibois, Lockroy, Floquet vinrent soutenir à la tribune que les résolutions des deux Chambres ne devaient pas obligatoirement être identiques, et que par suite la Chambre des députés n'avait pas à discuter le projet de revision une seconde fois. Il ne faut pas, disaient-ils, confondre dans les délibérations les motifs avec le dispositif ; pour que le Congrès se réunisse, la Constitution ne demande et n'exige qu'un simple dispositif, dont elle donne elle-

même la formule nette et précise : « il y a lieu de reviser les lois constitutionnelles. » Lorsque les deux Chambres ont délibéré séparément, lorsqu'elles ont décidé qu'il
y avait lieu à reviser, cela suffit, la réunion du Congrès
est de plein droit : la Constitution n'exige que des délibérations séparées, et non pas les résolutions communes
qui sont de règle pour les lois ordinaires. Comme sanction de leur thèse, ils proposaient l'ordre du jour suivant : « La Chambre, jugeant que les conditions requises
pour la réunion de la Chambre des députés et du Sénat
en Assemblée nationale se trouvent remplies, déclare
qu'il n'y a pas lieu à délibérer sur le projet de résolution
qui vient de lui être présenté par le gouvernement et
passe à l'ordre du jour » (1). La Chambre en repoussant
cet ordre du jour par 273 voix fit une juste application
de l'article 8 et proclama la nécessité d'une résolution
identique, d'un contexte indivisible. C'était aussi la thèse
admise par le Sénat et par le gouvernement. Au Sénat,
le rapporteur M. Dauphin avait exigé « la certitude que
le Congrès ne serait ouvert qu'au cas de résolutions
identiques et indivisibles, prises dans les deux Chambres » (2). Et M. Jules Ferry : « Si les formules de revision votées par les deux Chambres diffèrent sur un
point, si les deux formules ne sont point absolument
d'accord sur les articles à reviser, il n'y a pas contrat,
il n'y a pas échange de volontés, il ne peut pas y avoir
Congrès » (3). Cette entente des trois pouvoirs sur la

(1) *Officiel*, 1884, p. 1919.
(2) *Id.* p. 1813.
(3) *Officiel*. Sénat. 1884, p. 1348.

solution à adopter démontre amplement que la thèse défendue par MM. Lockroy et Floquet n'était qu'une théorie de circonstance, qu'une conséquence de leurs idées sur la grave question des pouvoirs illimités du Congrès, à laquelle nous arrivons maintenant.

2°. — *Paragraphes 2 et 3, article 8. — Les pouvoirs du Congrès sont-ils limités par la résolution des deux Chambres ?*

C'est le problème le plus délicat et le plus important qu'ait soulevé l'application de l'article 8. Les nombreux débats dans lesquels a été agitée depuis 1881 la revision de la Constitution sont remplis par la discussion de cette difficulté, qui divise profondément le monde parlementaire et les jurisconsultes. Sans relâche, avec une singulière insistance, députés, sénateurs et ministres ont exposé à la tribune avec les plus grands développements leur façon d'interpréter le paragraphe 3 de l'article 8 : les uns concluant à une limitation prudente et rigoureuse des pouvoirs du Congrès par la consultation préalable des Chambres ; les autres déclarant au nom des principes qu'une Assemblée constituante ne peut être que souveraine et ne se reconnaît pas de bornes légales. La divergence des solutions est extrême ; la réunion du Congrès se présente sous un jour bien distinct, avec des conséquences tout autres, suivant que triomphe tel ou tel système. Ce n'est pas là une simple querelle d'école, un problème purement doctrinal ; c'est une question vitale pour la Constitution de 1875. Il s'agit de savoir si le peuple français désire encore se laisser guider par l'amour des abstractions, s'il veut obéir à ces doctrinaires, qui concevant un idéal de Constitution songent à détruire tout ce qui existe au profit de leur chimère. Ne sommes-nous pas au contraire devenus plus pratiques, et nos législateurs en 1875, 1879 et 1884 n'ont-ils pas renoncé à la théorie pure? ne se sont-ils pas enfin décidés à tenir compte des résultats? L'étude détaillée que nous allons faire sur l'étendue des pouvoirs du Congrès répondra affirmativement à ces questions. Comme l'a dit M. Brisson « il semble que pourvus enfin d'une maison habitable nous ne songions plus qu'à nous y aménager de notre mieux, sans trop nous demander, si les lignes générales du nouveau monument où nous sommes ont été dessinées d'une façon tout à fait conforme soit à la logique du régime républicain, soit aux principes de la science ».

Nous allons pour cette discussion faire de fréquents emprunts aux débats parlementaires. Par malheur les partisans d'un Congrès à pouvoirs limités ont mêlé à des arguments décisifs des raisons moins bonnes. Leurs adversaires en ont profité pour prolonger, pour irriter le débat ; ils ont tenté de persuader aux personnes peu attentives que la thèse qu'ils combattaient avait des côtés défectueux. Nous écarterons tous les arguments inutiles, toutes les raisons d'ordre politique. S'il est impossible de dire plus que nos représentants, il est facile de dire moins, et cela sera peut-être préférable.

THÉORIE DES POUVOIRS ILLIMITÉS DE L'ASSEMBLÉE NATIONALE.

Cette thèse n'est pas nouvelle, et nous en trouvons

les origines dans la Constituante de 1789, non pas sous
sa forme présente, puisque la création du Congrès ne
remonte qu'en 1875, mais avec identité d'arguments et
poursuite du même but. Il n'y a en effet qu'une différence
purement extérieure entre la théorie actuelle et la doctrine qui prétend que le pouvoir constituant ne peut être
exercé que par une Constituante élue spécialement ou
que par voie de *referendum*. Nous verrons à quelle série
successive d'événements est due cette transformation ;
mais il nous faut auparavant dire quelques mots du système primitif.

L'exercice du pouvoir constituant exige-t-il un rouage
distinct et une consultation spéciale de la souveraineté
nationale ? Dans notre étude des Chartes, qui étaient
muettes sur la revision, nous avons répondu négativement. Aujourd'hui nous avons un texte, et la Constitution de 1875 règle formellement sa revision par le jeu
normal des pouvoirs législatifs, sans recourir ni à une
Constituante ni au referendum ; à tous les arguments
de fait et de raison qui nous ont déjà fait rejeter la doctrine plébiscitaire s'en ajoute donc un dernier, qui paraît
devoir être décisif, c'est le dispositif formel de l'article 8.
Chose étrange, un texte si précis, si nettement hostile
au principe d'un pouvoir constituant distinct a bien pu
diminuer le nombre des partisans de la théorie condamnée, mais il a laissé un noyau d'irréductibles, qui ont
refusé de désarmer. Cette opiniâtre résistance mérite
d'être discutée, et sans revenir sur la question de fond,
— aucun argument nouveau ne s'étant produit et notre
précédente réfutation gardant toute sa force, — nous

examinerons par quels moyens on a tourné le texte embarrassant de l'article 8 pour réveiller une controverse qui semblait définitivement jugée.

J'ai dit qu'on avait tourné l'article 8, c'est là une expression inexacte ; on ne l'a pas tourné, il était trop absolu ; on n'a pas équivoqué sur son interprétation, il était trop clair ; l'obstacle étant infranchissable, on l'a purement et simplement nié. A ceux qui objectaient la loi constitutionnelle du 25 février 1875 on a répondu que l'article 8 était illogique, contraire à tout principe, et que du reste on ne lui reconnaissait aucune autorité, son origine étant entachée d'usurpation.

Il est illogique, soutient-on, car le pouvoir constituant n'appartient qu'à la souveraineté nationale, et si l'on peut prétendre à la rigueur que la Chambre des députés représente la nation, on ne peut soutenir une pareille thèse pour le Sénat. Comment attribuer le pouvoir constituant aux sénateurs inamovibles, qui ne relèvent à aucun degré de l'élection populaire ? Peut-on dire que la nation a été consultée, lorsque la revision dépend pour partie des sénateurs, qui ne sont pas les élus du suffrage universel, et qui n'ont par leur origine, par leur responsabilité que des rapports éloignés et vagues avec la masse des électeurs ? Et l'on conclut que le seul droit des Chambres est de réclamer la revision par les voies légales, mais qu'elles ne doivent pas y procéder elles-mêmes, et que ce rôle appartient à une Constituante convoquée spécialement dans ce but. C'est, comme on le voit, la réédition de la fameuse formule, que nous avons réfutée : l'exercice du pouvoir constituant exige

un organe distinct. Sous cette nouvelle forme, elle ne
présente pas une solidité plus grande, et nous nous con-
tenterons de signaler à ses partisans la singulière contradiction qui existe entre les prémisses et leur conclusion. Comment les Chambres pourraient-elles réclamer
la revision par les voies légales, et comment le Congrès
aurait-il le droit de provoquer la réunion d'une Constituante, puisque le Sénat devrait prendre part à ces délibérations, et qu'on lui refuse toute compétence, toute
autorité en ces matières ? De deux chose l'une : ou le
Sénat représente la nation, et peut dans les termes réglés
par l'article 8 exercer le pouvoir constituant ; ou il ne la
représente pas, et n'a aucune influence sur la revision.
Mais il faut adopter entre ces deux systèmes, et vous ne
pouvez pour les besoins de la cause glaner dans l'un et
dans l'autre tout ce qui vous est favorable.

Sentant la faiblesse de leur argumentation les partisans
d'une Constituante ont alors adopté une solution énergique ; l'article 8 les gênait, ils l'ont supprimé. La Constitution de 1875 est l'œuvre de l'Assemblée nationale de
1871. Cette Assemblée n'avait pas de mandat constituant, « elle n'avait été convoquée et nommée que pour
trancher la question de paix ou de guerre ; le peuple ac-
cablé de malheurs n'avait alors ni le temps ni le calme
nécessaires pour discuter les questions constitutionnelles ; il eut été antipatriotique de donner de confiance,
aveuglément, le pouvoir constituant à une assemblée
nommée sous l'injonction d'un vainqueur impitoya-
ble (1) ». L'Assemblée de 1871 a donc usurpé le pouvoir

(1) Barodet, *Congrès* 1884, p. 67.

constituant. Le Congrès ne peut tenir d'elle un droit
qu'elle n'avait pas, et en revisant il commet lui-même
une nouvelle usurpation : il n'a qu'un seul droit, celui
de reconnaître son incompétence.

A l'appui de cette nouvelle thèse, on cite des fragments de discours de MM. Louis Blanc et Naquet, le
30 août 1871, de M. Gambetta, le 28 février 1873, enfin
et surtout une déclaration faite le 19 mai 1873 par le
groupe de l'Union républicaine. Ce dernier texte est la
pierre angulaire du système, et nous le reproduisons
pour ne rien enlever à la force du raisonnement. « Les
représentants du peuple soussignés, considérant qu'aucune assemblée élue n'a le droit d'exercer le pouvoir
constituant qu'en vertu d'un mandat spécial, nettement défini, indiscutable ; — considérant qu'aucun
mandat de ce genre n'a été donné à l'Assemblée... —
déclarent protester contre la présentation de projets
constitutionnels, laquelle attribue à l'Assemblée un pouvoir constituant que les représentants soussignés per-
sistent à ne pas lui reconnaître ».

Nous voyons bien par ces citations qu'un certain nombre de députés déniait à l'Assemblée nationale le pouvoir
constituant, mais ce ne sont là que des opinions personnelles, qui n'ont pu modifier la réalité des faits. Nous
pourrions nous aussi faire des citations non moins nombreuses en sens contraire, nous pourrions surtout faire
remarquer que la plupart des autorités invoquées ont su
régler leur opinion sur les circonstances, et que, si en
1873 ces députés craignant une restauration monarchique refusaient à l'Assemblée le pouvoir constituant, ils

n'ont plus hésité en 1875 à discuter et à voter les lois constitutionnelles (1). Bien plus probante sera l'énumération des textes officiels. Le 8 septembre 1870 un décret du gouvernement de la Défense nationale convoquait les électeurs pour nommer une « Assemblée nationale constituante ». Le décret du 29 janvier 1871 ne reproduit pas cette appellation ; mais dès ses premiers actes l'Assemblée se reconnut le pouvoir constituant. On lit dans la résolution du 17 février 1871 ayant pour objet de nommer M. Thiers chef du Pouvoir exécutif de la République française : « L'Assemblée nationale, *dépositaire de l'autorité souveraine*, considérant qu'il importe en attendant qu'il soit statué sur les institutions de la France de pourvoir immédiatement aux nécessités du gouvernement, décrète... ». C'est dans le même sens la loi du 31 août portant que le chef du Pouvoir exécutif prendra le titre de Président de la République française : « L'Assemblée nationale, considérant qu'elle *a le droit d'user du pouvoir constituant*, attribut essentiel de la souveraineté dont elle est investie, et que les devoirs impérieux, que tout d'abord elle a dû s'imposer et qui sont encore loin d'être accomplis, l'ont seuls empêchée jusqu'ici d'user de ce pouvoir, décrète... ». C'est enfin la loi du 19 mars 1873 : « L'Assemblée nationale, réservant dans son intégrité *le pouvoir constituant qui lui appartient*, mais voulant apporter des améliorations aux attributions des pouvoirs publics, décrète... ».

(1) Discours de M. Naquet, 28 janvier 1875 : « je me soumets aux décisions que vous avez votées, et dès l'instant où l'Assemblée s'est déclarée constituante, je n'ai qu'à travailler avec vous ».

Nous croyons même que, si l'Assemblée de 1871 n'avait pas été élue comme Constituante, elle aurait eu le droit et le devoir de faire une Constitution. Est-ce que les États généraux de 1789 avaient reçu le mandat de rédiger les lois constitutionnelles? et pourtant les événements les ont amenés à se déclarer pouvoir constituant. N'en fut-il pas de même pour la Convention? ni la nation, ni l'Assemblée législative n'avaient cependant le droit d'abolir la Constitution de 1791. L'Assemblée nationale de 1871 n'était limitée dans son mandat ni comme pouvoir ni comme durée; par la force des circonstances elle devait être omnipotente, et de fait elle légiféra, administra, et finalement élabora une Constitution. — N'oublions pas que depuis 1875 la loi fondamentale a reçu à diverses reprises la plus éclatante ratification et que les Constitutions tirent moins leur autorité des Parlements qui les ont faites que de l'accueil qu'elles rencontrent au sein de la nation. Comme le disait déjà en 1842 M. Dupin « une ratification vaut mieux qu'un mandat, qui quelquefois est sollicité avec de belles promesses et accordé sous certaines conditions, trop souvent oubliées ou méconnues; mais la ratification venant après, elle est donnée en connaissance de cause » (1).

Quel était le sort réservé dans la pratique à la thèse d'une assemblée unique sans règle, sans contrepoids? Malgré le talent de quelques-uns de ses défenseurs, malgré leurs appels retentissants, malgré leurs manifestations oratoires et ambulatoires, elle n'a trompé personne. On a eu beau tenter de renverser les rôles, et déclarer

(1) *Moniteur*, 1842, p. 1832.

audacieusement que si le Congrès se permettait de reviser lui-même il ne serait plus « qu'un gouvernement d'insurgés » (1), et commettrait « un attentat contre le suffrage universel, tout comme ses prédécesseurs du 2 décembre et du 16 mai » (1), ces grands mots n'ont pu faire triompher une théorie révolutionnaire. Car il est bien révolutionnaire de nier les droits du Congrès tels qu'ils sont établis par la Constitution de 1875, et de refuser obéissance à un texte tant qu'il subsiste. Aussi toutes les propositions, tous les amendements, qui réclamaient la réunion d'une Constituante, ont-ils été rejetés soit par la Chambre, soit par le Congrès. Nous citerons à la Chambre, le 24 et le 30 juin 1884, les amendements Barodet, Camille Pelletan, Anatole de la Forge ; au Congrès, le 7, le 8 et le 11 août de la même année, les amendements Barodet, Marius Poulet et Cunéo d'Ornano. La jurisprudence constitutionnelle s'est donc prononcée dans le sens que nous avions déjà indiqué ; elle se refuse à admettre un système, qui est la méconnaissance la plus formelle de tout notre droit constitutionnel.

Sous cette forme absolue : négation de l'article 8, la doctrine du pouvoir constituant distinct n'a pu recruter qu'un petit nombre d'adhérents. Les jurisconsultes, et la plupart des hommes politiques, enclins à adopter cette théorie, ne se sont pas crus autorisés à nier l'autorité de la Constitution de 1875, et à contre-cœur ils ont accepté les dispositions de l'article 8, tout en y cherchant l'occasion d'une revanche, les germes d'une nouvelle scission. Leurs efforts longtemps inutiles n'abou-

(1) Laisant, *Congrès*, 1884, p. 54.

tirent qu'en 1881 ; dans la séance du 15 novembre de
cette année un nouveau système fit son entrée dans le
monde parlementaire sous les auspices de MM. Barodet
et Clémenceau, système qui reproduisait les conclusions
de la théorie primitive par un raisonnement transformé
et adapté aux règles actuelles de la revision. L'article 8
leur refusait le droit de convoquer une Constituante, ils
décidèrent que le Congrès aurait tous les droits et les
pouvoirs d'une Constituante, qu'il serait omnipotent,
sans limites, souverain. Cette opinion se relie donc étroi-
tement à la précédente, ou plutôt elle n'est que sa transformation : il faut absolument que cette école trouve
quelque part un pouvoir constituant distinct, une Assemblée souveraine, maîtresse absolue de ses destinées et de celles du pays. Cette doctrine a été passion-
nément discutée depuis son apparition, et elle est fort
controversable, car l'article 8 ne permet par ses formules
vagues ni de l'admettre ni de l'infirmer d'une façon formelle. Nous allons successivement passer en revue les
arguments qui militent en sa faveur et les raisons qui ne
nous permettent pas de nous y rallier.

L'entente la plus parfaite ne règne pas parmi nos adversaires sur la solution du problème ; deux opinions
principales ont été simultanément soutenues. La première, la plus modérée, celle qui fait le plus de concessions à la revision limitée, et celle aussi qui groupe le
moins de partisans, soutient avec M. Bernard-Lavergne,
le 23 juin 1884, et avec M. Lefebvre dans son *Étude sur
la Constitution de* 1875, que les Chambres peuvent ra-
tionnellement limiter par leur résolution les articles à

reviser, mais que le Congrès pourra ou non tenir compte de cette limitation, qu'il ne connaît aucune barrière légale et que son bon sens est la seule garantie possible. D'après l'opinion la plus générale les deux Chambres ont seulement le droit de déclarer d'après les termes mêmes de l'article 8 « qu'il y a lieu de reviser les lois constitutionnelles » ; elles doivent dire si oui ou non il y a lieu de s'occuper de la revision, si oui ou non le Congrès doit se réunir, mais rien de plus. Aller au delà, limiter à l'avance au moyen de concessions réciproques les points à reviser, ce serait la violation de l'article 8, ce serait usurper au profit des Chambres le pouvoir constituant qui n'appartient qu'au Congrès. Quant à cette dernière assemblée elle a toujours le droit de discuter tout ou partie de la Constitution, de s'arrêter où elle veut, de s'étendre jusqu'où il lui plaît ; elle représente au plus haut degré la souveraineté nationale, et ne peut être limitée par des pouvoirs relativement inférieurs. En un mot le Congrès est pouvoir constituant, et en cette qualité il jouit d'une souveraineté absolue, complète, sans bornes. Nous confondrons ici les deux systèmes, dont la différence est purement théorique, puisque le premier n'est qu'une atténuation relative du second, et qu'ils aboutissent en fait à une conclusion identique : omnipotence de l'Assemblée nationale.

Les partisans de la revision illimitée invoquent d'abord un *argument de texte*. Le 3e paragraphe de l'article 8, emploie une formule très générale : les Chambres déclarent «. qu'il y a lieu de reviser les lois constitutionnelles ». On en conclut que ce texte interdit implicitement toute pensée de limitation. Le législateur en introduisant dans la Constitution cette formule et pas une autre, a voulu reconnaître la souveraineté, l'omnipotence du Congrès. Si telle n'avait pas été sa pensée, il aurait adopté une clause restrictive comme dans nos Constitutions précédentes. Mais cette clause n'existe pas, et c'est l'application d'un principe de droit qu'on ne puisse pas limiter par bon plaisir, là où le législateur, n'a rien spécifié. — On sent aussitôt toute la faiblesse du raisonnement, et il faut reconnaître que nos adversaires le produisent sans conviction. On n'invoque pas un texte précis, on n'apporte pas une règle indéniable, mais on donne l'interprétation d'un article. Que vaut cette interprétation et qui nous prouve qu'elle est fondée, voilà ce qu'il faudrait établir. Du texte de l'article 8, vous concluez à la revision illimitée ! Nous, du même texte nous allons plus loin tirer un argument en faveur de la revision limitée, et notre interprétation sera autant, sinon plus logique que la vôtre. Qu'est-ce à dire ? sinon que l'article 8 n'ayant pas réglé la difficulté on peut lui faire répondre tout ce qu'on voudra, soit dans un sens soit dans l'autre, et que si on ne doit pas négliger dans la poursuite d'une solution l'esprit de cet article, on doit faire abstraction complète des termes employés et ne pas y chercher la clef d'un problème que n'avait pas prévu le législateur de 1875. Le paragraphe 1er ne dit nulle part si la déclaration des Chambres doit être nécessairement générale, ou nécessairement limitée, ou si elle aura au gré du Parlement l'un ou l'autre caractère. Dans le silence du texte il paraît logique de conclure que la Constitution a voulu s'en rap-

porter aux Chambres du soin de fixer la portée de leur
résolution. Ne trouvant aucune règle spéciale, nous ap-
pliquons le droit commun : quand les Chambres ne sont
point liées par un texte formel, elles restent maîtresses
de leurs décisions.

Le Congrès, dit-on alors, *exerce le pouvoir constituant
et ne peut par suite être limité, surtout par les Chambres
législatives.*

L'Assemblée nationale est la délégation la plus imposante de la souveraineté du peuple. La Constitution de
1875 refusant à la nation l'exercice direct du pouvoir
constituant, c'est le Congrès qui en est dépositaire dans
toute son étendue. Or ce pouvoir constituant est irréduc-
tible, et la souveraineté qui est ainsi acquise au Congrès
est entière ou elle n'est pas. La moindre atteinte aux
droits du Congrès serait donc une violation de la souveraineté populaire, qui ni en droit ni en fait ne connaît
de pouvoir supérieur. Le Congrès est une Assemblée
constituante dont rien ne peut arrêter ni limiter les pouvoirs.

Le raisonnement se réduit à une affirmation catégorique, et tranche la question par la question. La Constitution reconnaît au Congrès le pouvoir constituant, mais
est-on autorisé à conclure de là à une souveraineté nécessaire, fatale? c'est ce qu'il aurait fallu prouver et c'est
ce que nous ne pensons pas. On a confondu la souveraineté nationale avec les règles et les procédés que cette
souveraineté a adoptés pour assurer son propre exercice ; on a confondu le mandant et le mandataire. Le
peuple, le souverain, délègue momentanément son pou-

voir constituant, mais il ne l'aliène pas. La souveraineté doit toujours rester entre les mains de la nation ; ses représentants ne peuvent pas croire qu'ils en sont les délégataires, et que par suite tout doit s'incliner devant leur puissance. Parler ainsi, prétendre qu'on peut à sa guise et sans contrôle disposer de tout ce qui existe, de la Constitution entière, qui est la garantie du peuple, c'est le dépouiller au profit de quelques députés. Les sénateurs et députés par leur réunion en Congrès ne transforment pas leurs titres ; ils restent les mandataires de la nation, mandataires dont les pouvoirs sont par la force des choses momentanés et restrictifs, et ils ne peuvent dépasser les termes de leur mission spéciale, ni toucher au pacte fondamental autrement que dans la mesure indiquée par le pays.

Si les élus s'érigent en souverains, le peuple n'est plus considéré comme le maître. Et en ceci apparaît toute l'inconséquence du système de la revision illimitée. On déclare le Congrès souverain et on reconnaît que cette souveraineté n'est qu'une délégation. Nous voilà donc en présence de deux souverainetés coexistantes, et l'on peut se demander quelle est celle qui l'emportera. L'histoire nous répond que le mandataire absorbera le mandant, et que nous aurons à craindre tous les dangers d'une Assemblée omnipotente, absolue et despotique. Quels que soient les hommes, le pouvoir absolu les aveugle ; ils s'enivrent de leur propre puissance, surtout lorsque par leur origine ils sont tentés de se croire le peuple, et revêtus du pouvoir souverain ils s'imagineraient abdiquer en se limitant. Une pareille aventure ne nous paraît pas désirable à courir, et nous n'hésitons pas avec M. Jules Ferry à traiter « d'incorrecte et de dangereuse » une doctrine, qui veut remettre en question devant un Congrès illimité toutes les institutions de notre pays, et livrer aux délibérations d'une Assemblée nos droits et nos libertés les plus chères. Il n'y a qu'un souverain, c'est le peuple ; il n'abdique pas entre les mains de ses représentants. Si une Assemblée était souveraine, rien ne pourrait s'opposer légalement à l'extension la plus absolue de ses droits, et on serait exposé à la voir successivement se déclarer viagère ou héréditaire, s'emparer du pouvoir judiciaire, et gouverner par des comités.

C'est là ce qu'avait compris le législateur de 1875, et il avait nettement indiqué sa volonté de ne pas faire du Congrès une véritable Assemblée constituante souveraine. Le Congrès n'est pas omnipotent ; non seulement il ne peut se mêler ni de l'exécutif ni du législatif, mais encore l'article 11 de la loi constitutionnelle du 16 juillet 1875 lui impose un bureau obligatoire : le droit reconnu à toute assemblée délibérante de nommer son Président et ses secrétaires lui est refusé. C'est ensuite l'article 8, qui exige pour les délibérations du Congrès une majorité spéciale et extraordinaire. Le lieu même de ses séances n'est pas facultatif : il ne peut se réunir qu'à Versailles, article 3, loi du 22 juillet 1879. Ce dernier détail est particulièrement intéressant : par les deux premières règles c'est la Constitution qui lie le Congrès, mais la troisième est contenue dans une loi, dans un acte des deux Chambres, qu'on déclare pouvoirs inférieurs. Voilà donc cette Assemblée nationale, obligée sur trois points spéciaux, contre lesquels personne ne songe à protester, de s'incliner devant une autorité supérieure, et néanmoins on la veut souveraine, omnipotente, on nous refuse le droit de la limiter. L'argumentation n'est pas logique, et vous ne pouvez tirer un argument de la souveraineté du Congrès pour en déterminer la compétence : c'est au contraire cette souveraineté qui n'existe que dans les limites de sa compétence.

Il est dans le même ordre d'idées un point qui tient fort à cœur aux partisans de la revision illimitée et qu'ils considèrent comme la négation des bases essentielles du droit constitutionnel. Si l'on peut, disent-ils, soutenir que le Congrès n'est pas souverain, il est en tout cas inadmissible que cette limitation du pouvoir constituant soit confiée au pouvoir législatif, aux *deux Chambres, qui sont des pouvoirs inférieurs*. Donner aux Chambres un pareil droit, n'est-ce pas leur permettre d'usurper le constituant ? n'est-ce pas créer entre lui et le législatif une confusion regrettable ? Nous revenons sans cesse à la chimère caressée avec amour, à la nécessité d'un pouvoir constituant distinct et supérieur. Certes la réunion des deux pouvoirs dans les mêmes mains ne serait pas pour nous déplaire, mais où voit-on les traces de cette usurpation du législatif ? Ce ne sont pas les Chambres qui limitent les pouvoirs du Congrès, c'est la Constitution elle-même, et le Parlement ne fait que l'application du texte constitutionnel. Pourquoi les Chambres, pouvant refuser au Congrès toute mission revisionniste, n'auraient-elles pas à plus forte raison le droit de ne lui donner qu'une mission limitée? — Quant à prétendre que les Chambres sont des pouvoirs inférieurs au Congrès, nous ne savons quelle peut être l'origine de cette affirmation. Ces pouvoirs ne sont pas inférieurs, ils sont antérieurs au Congrès et nécessaires à sa création : ils ont besoin pour l'engendrer de se mettre d'accord sur ce que Gambetta appelait « son titre d'existence ». C'est dans cette entente que le Congrès trouve les limites de sa compétence, de ses attributions, et il ne reçoit que ce que lui ont transmis les deux Chambres, qui sont la représentation directe et légale de la souveraineté nationale. Il n'existe pas de hiérarchie entre le pouvoir constituant et le législatif; ils ne sont ni supérieurs, ni inférieurs l'un à l'autre : ils sont parallèles.

Reste un dernier argument souvent invoqué, et qui sous une forme simple et naturelle cache un véritable sophisme. L'Assemblée nationale est souveraine ; car elle a la liberté de ses discussions, *elle est maîtresse de son ordre du jour*. Décider par une résolution préalable qu'on revisera seulement tel article ou tel point, interdire au Congrès toute discussion en dehors du contrat intervenu, c'est fixer, limiter son ordre du jour, c'est porter la plus grave atteinte à son droit le plus indiscutable. Le vice du raisonnement est par trop apparent : il faut distinguer l'ordre du jour de la compétence et des attributions d'une assemblée. Toute assemblée, qu'elle soit souveraine ou non, est toujours maîtresse de son ordre du jour ; mais le droit de régler son ordre du jour résulte de ses attributions, et elle ne tient point ses attributions de la faculté de faire son ordre du jour. Nous n'en citerons qu'un exemple : le Sénat est maître de son ordre du jour, et cependant il ne pourrait y inscrire un projet financier non soumis préalablement à la Chambre des députés ; c'est en effet un point qui échappe à sa compétence. Le Congrès est maître de son ordre du jour, non du programme de ses discussions ; « les Chambres ont le droit de composer ce programme, le Congrès a le devoir de l'exécuter » (1).

Quelle est donc en définitive notre conclusion sur la thèse de la revision illimitée ? c'est qu'en voulant trop prouver, elle ne prouve rien. Logique en lui-même et parfaitement soutenable en principe, le système du pouvoir constituant distinct n'est pas admissible avec la Constitution de 1875, et ne peut triompher de la théorie adverse, que nous allons maintenant exposer. Tel est du reste l'aveu qu'a formulé un de ses défenseurs les plus ardents, M. Naquet, lorsqu'au Congrès il disait à ses collègues : « Vous êtes investis du pouvoir constituant au *point de vue de la loi* ; vous ne l'êtes pas au point de vue de la vérité des principes républicains ».

THÉORIE DE LA LIMITATION DES POUVOIRS
DE L'ASSEMBLÉE NATIONALE.

Avant d'aborder l'étude de la revision limitée, il nous paraît utile de dégager la pensée dominante du législateur de 1875, et de rechercher l'esprit qui a présidé à l'adoption du système de réforme actuellement en vigueur. On avait le choix entre deux théories principales successivement appliquées par les Constitutions précé-

______

(1) Bozérian, *Étude sur la revision de la Constitution*, p. 55.

dentes : ou l'appel à un pouvoir constituant distinct soit par le *referendum* soit par une Constituante, ou comme sous les Chartes une délibération des pouvoirs organisés. Ce dernier mode fut préféré ; on reconnut l'inutilité d'élections spéciales, les inconvénients d'une nouvelle consultation du pays, et il fut décidé que les Chambres qui avaient le droit de légiférer auraient celui de constituer. C'est pour avoir méconnu ce principe fondamental que la revision illimitée se heurte à des obstacles insurmontables. Nous avons une Constitution en vigueur ; on peut regretter le mode de revision adopté, on peut désirer le modifier, mais il faut reconnaître l'autorité de la loi, et ce n'est point en torturant un texte, ou en évoquant des principes dont elle n'a pas voulu tenir compte, qu'on fera de la juste et sage interprétation. L'idéal est représenté pour vous par une Constituante, faites triompher votre idée dans le pays, et lorsque vous aurez la majorité, alors vous modifierez l'article 8 en ce sens. Mais tant que la Constitution actuelle subsistera, renoncez à la fausser, et n'essayez pas de ressusciter ce pouvoir constituant souverain, qu'elle a formellement condamné. Le droit de reviser appartient aux deux Chambres réunies en Assemblée nationale ; les idées générales que nous venons d'exposer nous permettent de conclure *a priori* que le Congrès peut être limité, et qu'on n'a pas écarté le système d'une Constituante pour voir renaître sa souveraineté dans une autre assemblée, qui sous un nom différent aurait eu les mêmes pouvoirs et les mêmes inconvénients. C'est ce qu'il nous reste à démontrer.

L'article 8 n'a pas prévu la difficulté, mais il contient du moins quelques indications, qui peuvent nous aider à la résoudre. Son alinéa 3 dit que le Congrès pourra reviser « *en tout ou en partie* », expression qu'il emprunte à la Constitution de 1848. Dans cette dernière ces mots faisaient allusion au droit de limitation consacré par le texte lui-même. N'ont-ils pas été reproduits avec la même portée ? S'il en est autrement, si le Congrès est souverain, quelle est l'utilité, quel est le sens de cette expression ? Pourquoi distinguer la revision totale et la revision partielle, si l'assemblée est omnipotente ? A cela on objecte la place des mots « en tout ou en partie » ; il ne faut pas s'y méprendre, dit-on : ces mots sont dans le troisième paragraphe, qui traite des résolutions du Congrès, et non dans le premier, dans celui qui exige des Chambres une délibération séparée ; ils ne prouvent donc pas que les Chambres aient le droit par leur vote de limiter l'Assemblée nationale. Nous répondrons que si la restriction n'est pas implicitement dans le premier paragraphe, il est bien inutile de l'introduire dans le troisième, et que cette expression n'a plus alors aucun sens, aucune portée ; car il est trop évident que, lorsque le Congrès est réuni, s'il est souverain, il a le droit de ne pas faire tout ce qu'il peut.

Laissant de côté les arguments qui ne reposent que sur la littéralité du texte, nous insisterons davantage sur les origines rationnelles, logiques, et sur les conséquences pratiques de la revision limitée. — Un point certain, c'est que la Constitution de 1875 réserve absolument la possibilité de changer l'ordre de choses établi, et auto-

rise la revision intégrale. C'est là une disposition conforme aux principes républicains : il serait contradictoire de refuser au pays appelé à se gouverner lui-même
le droit de modifier dans son entier la Constitution. Il
appartient aux Chambres de déterminer à leur gré l'objet
de la revision et de décréter soit une refonte générale,
soit la réforme d'une ou plusieurs dispositions limitativement énoncées. Mais si le mandat donné au Congrès
peut être total, *aucun texte n'interdit qu'il soit partiel* :
les Chambres n'en sont pas réduites à n'user de leur droit
qu'à condition de l'épuiser, à opter fatalement entre l'absence de revision ou la revision totale. Nulle part il n'est
dit que la résolution des Chambres sera nécessairement
générale, et ne pourra s'écarter de cette formule sacra-
mentelle : il y a lieu de reviser. L'article 8 exige le consentement préalable des Chambres, mais il ne leur dé-
fend pas d'indiquer dans quelle mesure elles veulent
reviser. Il serait bien étrange que le Parlement ne puisse
ouvrir le débat de la revision sur quelques articles, sur
quelques points spéciaux, sans exposer par là la Constitution toute entière ; cette thèse ne conclut à rien moins
qu'à interdire au Congrès la modération à cause de sa
toute-puissance. Il ne s'agit pas toujours de démolir l'é-
difice pour le reconstruire sur de nouvelles bases ; n'est-
il donc pas possible de le consolider par des améliorations partielles ? Le bon sens proteste contre l'absolu de
cette interprétation : ce qui est de droit, c'est que les
Chambres soient libres, c'est qu'elles puissent se prononcer entre la revision totale et la revision limitée, c'est
qu'elles déclarent vouloir modifier tel point et non tel

autre. Si vous prétendez nier la faculté de limitation, et rendre impossible un mode si naturel de résolution, apportez pour nous convaincre une prohibition formelle, un texte précis ; mais ce n'est pas par voie d'hypothèse ni d'interprétation que vous ferez triompher contre le droit commun un fait aussi anormal. Exiger du Sénat et de la Chambre des députés une formule générale, qui ouvrirait le droit de discuter toutes les lois constitutionnelles, c'est ajouter à l'article 8 une prohibition qui n'y est pas comprise, c'est nier ce principe de bon sens : qui peut le plus peut le moins. Partout où les Chambres ne sont pas liées par une disposition impérative leur droit reste entier.

Tout ce que prescrit l'article 8, c'est la nécessité d'une résolution séparée des deux Chambres. Que doit contenir le texte de cette résolution ? Suivons pour le savoir la genèse d'un projet de revision. Déposée à la Chambre des députés par exemple, la proposition est discutée, et par son vote la Chambre laisse entendre quelles sont ses idées sur la réforme constitutionnelle et quel est son programme revisionniste. Au Sénat même série de faits traduisant une opinion, qui le plus souvent sera différente de celle de la Chambre. La conciliation étant le seul moyen d'aboutir entre deux pouvoirs égaux, on procède par voie de concessions réciproques, on circonscrit le terrain jusqu'à ce que l'accord soit parfait, et on n'ira au Congrès que lorsque ces divergences primitives auront fait place à l'entente la plus complète par le vote d'une résolution identique. Ce vote n'est autre chose que la signature d'un engagement, d'un *contrat*, sur lequel chaque Chambre, chaque partie avait fait ses propositions, et dont on a accepté et réglé tous les détails, toutes les conditions. Car pas plus que tout autre ce contrat ne se conçoit s'il n'y a *accord* sur son objet et sur chacune de ses clauses. L'article 8 exige une entente préalable des deux Chambres : il contient donc implicitement le droit de régler les limites de ce consentement, les conditions de la réunion du Congrès. Il est impossible de ne pas admettre que cet accord doit porter sur des points précis et limités, et que chaque assemblée est assurée par les termes de cette commune résolution que le Congrès n'ira pas au delà. Comment s'accorder sans savoir sur quoi l'on s'accorde ? L'entente ne pouvant se faire sur des matières vagues et indéterminées, il est indispensable que la formule de revision soit limitative. Et pour qu'elle soit limitative, pour que l'entente exigée par l'article 8 existe réellement, il ne suffit pas, comme l'ont proposé M. Andrieux en 1882 et M. Floquet en 1888, de faire connaître des vues générales sur l'étendue de la revision, et l'on ne peut se contenter d'indiquer à l'avance d'une façon vague les principales questions qu'aura à résoudre le Congrès. Cette formule de revision, qu'on a appelée « indicative », n'est qu'une forme déguisée de la revision illimitée ; c'est une énumération illusoire, qui n'engage à rien respecter, et qui ne peut constituer la base d'un accord absolu.

Lorsque, conséquence de la résolution des deux Chambres, le Congrès se réunira, il ne sera pas souverain, il n'aura pas la plénitude du pouvoir constituant. Il n'est qu'un des instruments du système gouvernemental, et

il ne pourra discuter que les points limitativement déterminés en vertu de l'accord contractuel, qui est sa
seule raison d'être. Le Congrès a reçu un *mandat spécial*,
il doit rigoureusement borner ses travaux aux questions
spécifiées d'avance par la majorité des deux assemblées,
il ne peut se mouvoir que dans les limites ainsi tracées,
et il ne peut les franchir sans commettre un abus de
pouvoir, sans violer les règles de sa compétence et
de sa légalité. Le Congrès n'existe que par le contrat
intervenu, et il serait extraordinaire que son premier
acte fut de nier cet accord, auquel seul il doit d'avoir
pris naissance. Enfreindre cet engagement d'honneur,
déchirer ce contrat, ne constituerait peut-être pas une
« abominable violation de la foi publique » (1), mais cet
acte serait la négation de tout notre droit constitutionnel, car il n'est pas possible que l'Assemblée nationale
s'arroge un droit souverain sur la Constitution, dont elle
n'est qu'un rouage. Le Congrès ne tire pas ses pouvoirs
du fait même de sa réunion, mais du fait qui a précédé
cette réunion, de l'accord des deux Chambres. Par le
contrat intervenu il a reçu un certain mandat, et ici,
comme en toute autre matière, le mandataire n'a d'autres
pouvoirs que ceux qu'il tient de son mandant. La promesse solennelle écrite dans le texte de la résolution des
Chambres lie juridiquement et moralement les membres
du Congrès : elle constitue un engagement d'honneur
entre les deux majorités, et cet engagement est la plus
solide des garanties, car on ne peut rien changer à un

____

(1) Jules Ferry, Sénat, 1884.

contrat d'honneur. Quant à l'exécution de ce contrat, quant à la réunion d'un Congrès limité, c'est un acte de confiance mutuelle, qui ne peut être accompli qu'avec la plus grande loyauté ; et lorsque les majorités auront limité par un acte de leur propre volonté la faculté constituante du Congrès, nul n'ose mettre en doute que l'engagement ne soit complètement tenu (1).

Telle est donc la solution rationnelle : *en droit* les Chambres peuvent limiter le Congrès. *En fait est-il politique et expédient de le faire ?* Nous n'hésitons pas à répondre affirmativement : cette thèse, qui pour la réforme d'un point de détail n'expose pas la masse de nos institutions, est la seule qui puisse obtenir l'adhésion du Sénat, adhésion nécessaire à la réunion du Congrès. Il ne faut pas oublier que le Sénat, de moitié inférieur en nombre à la Chambre des députés, peut craindre une surprise que lui ménagerait au Congrès la supériorité numérique de la Chambre. Il n'ignore pas que toute

(1) Deux observations de détail compléteront notre théorie sur les pouvoirs de l'Assemblée nationale :

1° — S'il y a une relation étroite entre la disposition visée par la résolution des deux Chambres et une autre disposition non visée, de telle sorte que l'abrogation ou la modification de la première semble devoir entraîner le changement de la seconde, le Congrès peut-il spontanément reviser cette dernière ? — Nous répondons négativement ; même dans ce cas le Congrès est lié. Cette solution s'impose, si l'on ne veut pas compromettre l'économie de l'article 8. Sinon l'Assemblée nationale pourrait toujours étendre par voie d'interprétation le mandat précis qu'elle a reçu et reviser des articles non spécifiés dans le contrat : il lui suffirait de déclarer solidaires des dispositions, que les deux Chambres dans leur résolution n'ont pas considérées comme telles.

2°. — Le Congrès peut dans certains cas statuer en dehors des limites à lui tracées. S'il est nécessaire de prendre des mesures de police intérieure, s'il faut trancher des difficultés qui entravent le cours de ses discussions, il peut se prononcer. Mais ce ne sont là que de simples résolutions, qui n'ont rien de commun avec son pouvoir constituant, et qui seront prises à la majorité ordinaire.

une école politique demande sa suppression, et si dans
l'Assemblée nationale une motion pouvait légalement se
produire en ce sens, si son existence pouvait être mise
en question, si en un mot les conditions du traité signé
en commun ne devaient pas être respectées, il aurait
toute raison de craindre sa défaite, et agirait prudem-
ment en refusant de voter la résolution de revision.
« L'instinct de conservation personnelle n'est pas moins
développé dans les corps constitués que dans les simples
individus, et peut-on admettre sérieusement qu'à un
jour donné les sénateurs en majorité courent au devant
de leur mort légale » (1).

La Constitution de 1875 a considéré avec raison le
Sénat comme ayant des droits et des pouvoirs égaux à
ceux de la Chambre ; il n'est donc pas dans son esprit
de détruire cet équilibre pour l'acte le plus important,
pour la réforme des lois constitutionnelles. Le rejet
de l'amendement Raudot (égalité de composition numérique des deux Chambres) indique la pensée du
législateur de 1875. Il jugea cette disposition inutile
parce qu'il trouvait assez de garanties dans l'article 8,
parce que le Sénat ne lui apparaissait pas comme sacri-
fié, et qu'ici comme en toute autre matière subsistait le
système de pondération poursuivi. La revision limitée
est la seule possible, la seule pratique ; le Sénat refusera
toujours de s'associer à un projet de réforme constitutionnelle, si l'Assemblée nationale peut se déclarer souveraine. Pour conjurer un pareil danger, il s'opposera
systématiquement à toute demande de revision ; ce qui

(1) Lafond de St-Mür. *Officiel*, 1884, Sénat, p. 1381.

serait contraire au bien public et à l'esprit de la loi. Il ne faut jamais oublier qu'une disposition législative n'est bonne qu'autant qu'il est possible de l'appliquer.

Un autre inconvénient pratique de la revision illimitée, c'est que nous retrouvons dans un Congrès souverain tous les dangers d'une Assemblée unique omnipotente, devant laquelle seront sans cesse remises en question toutes les institutions du pays. A propos d'une revision sur un paragraphe d'intérêt secondaire, un membre du Congrès pourra à l'improviste soit déposer une motion révolutionnaire susceptible d'aboutir, soit discuter les titres d'existence des pouvoirs publics. On s'expose ainsi à transformer une question de procédure parlementaire en une immense agitation politique, on fait de la revision un acte des plus redoutables, dont aucun gouvernement n'osera courir l'aventure, et surtout on arrive à une politique de surprises et de soubresauts. Lorsque le Congrès sera souverain, lorsqu'il agira sans contrôle, sans « sabot », il n'y aura rien de stable, rien de durable ; par des revisions fréquentes et capitales, le plus souvent engagées à la légère, on aboutira au règne du « provisoire permanent », en matière constitutionnelle. La revision limitée permet le progrès par le droit ; n'ouvrons pas à nouveau l'ère des révolutions. Signalons enfin tout ce qu'il y aurait d'illogique à exiger pour la moindre loi la garantie des délibérations des deux Chambres, lorsque la Constitution, la loi fondamentale, la loi la plus importante pourrait être modifiée sur l'initiative et par le vote d'une assemblée unique.

L'étude des précédents peut-elle nous être de quelque

ressource pour trancher la difficulté ? La Constitution de
1791 (article 7, titre VII), celle de 1793 (article 117), celle
de l'an III (titre XIII), et celle de 1848 (article 3), indiquent avec le plus grand soin que les pouvoirs de l'Assemblée chargée de reviser seront limités par le mandat
qui la crée. On a tenté d'en déduire que la Constitution
de 1875 n'ayant pas reproduit cette formule restrictive
témoignait ainsi sa volonté d'adopter une solution différente. Nous ne pouvons accepter cette interprétation :
si la Constitution de 1875 est muette sur la question,
c'est qu'elle a dans un article fort court, dans l'article 8,
plutôt indiqué que réglementé la procédure de la revision (1). Cependant malgré sa brièveté, si elle avait voulu
rompre avec toute la tradition républicaine, si elle avait
voulu innover sur un point aussi important, il est à pré-
sumer qu'elle aurait de quelque manière signalé cette
réforme, ou que du moins on en trouverait quelque trace
dans les travaux préparatoires. Or il n'en est rien, et
nous ajouterons que logiquement la limitation est bien
plus naturelle actuellement que dans les Constitutions
précédentes. Aujourd'hui le pouvoir législatif en limitant le constituant se limite lui-même ; autrefois il ré-
glementait la compétence d'une Constituante, élue direc-

(1) Comme le faisait remarquer M. Gambetta le 28 décembre 1876, à propos des attributions financières du Sénat, la Constitution de 1875 a été
votée hâtivement ; de là ces lacunes qui sont à l'heure présente la cause
de graves difficultés. « La nécessité qu'il y avait de travailler au plus vite
à l'établissement d'un système de gouvernement, qui devait enfin arracher
la France, — et ici je n'accuse aucun parti, je les accuse peut être tous, —
qui devait arracher la France à l'incertitude et au provisoire, cette nécessité a fait qu'on a rédigé cette Constitution avec plus de rapidité peut-être
qu'on n'en eût apportée dans des temps plus calmes et plus tranquilles ».
(*Officiel*, 1876, p. 9828).

tement par le peuple, il empiétait sur la souveraineté nationale elle-même. Il est mal aisé de comprendre que la théorie de la revision illimitée se réclame des grands principes démocratiques, lorsque la Constitution la plus démagogique, celle de 1793, s'exprimait ainsi : « La Convention nationale ne s'occupe relativement à la Constitution que des objets qui ont motivé sa convocation ».

La revision limitée nous apparaît comme la seule pratique, c'est pourtant à son application matérielle que s'adressent les plus vives critiques. Soit, dit-on, les Chambres limiteront le Congrès par leur résolution, et celui-ci ne devra pas en principe sortir de son mandat ; mais avec une assemblée unique on peut supposer une surprise, un entraînement ; il est possible que le Congrès veuille reviser un point non prévu, qu'on dépose un projet en ce sens et que la discussion s'engage. Quels sont, nous demande-t-on alors, les moyens légaux pour empêcher que cette motion n'aboutisse à un résultat, *quelle est la sanction qui permettra de maintenir le Congrès dans les limites préalablement tracées*?

Qu'il nous soit tout d'abord permis de nous étonner d'une pareille question ! On égare la discussion sur un terrain qui n'a plus rien de juridique, et l'on prend pour bases de l'argumentation des points qu'il nous sera toujours difficile d'admettre: on ne doit pas faire abstraction des garanties morales, on ne doit pas supposer jusqu'à preuve contraire que les majorités des deux Chambres n'observeront pas le contrat, ne respecteront pas la parole donnée. Raisonner sur une pareille hypothèse, c'est sortir de la légalité, et nous pourrions nous contenter de répondre que dès lors toute discussion légale devient impossible. La Constitution doit être respectée ; il ne suffit pas de lui désobéir, il ne suffit pas d'accomplir un acte révolutionnaire, pour démontrer ses vices et lui enlever toute autorité. On a pu dire avec quelque raison que le droit constitutionnel avait certains rapports avec le droit des gens : il est des violations de la Constitution, qui faute d'une autorité supérieure ne seront jamais réprimées. Mais ceci est un vice général auquel un texte formel ne peut remédier. La Constitution de 1791 était bien précise : « Les membres de l'Assemblée de revision prêteront indistinctement le serment de se borner à statuer sur les objets qui leur auront été soumis après le vote uniforme des trois législatures précédentes. » Si l'on admet une hypothèse révolutionnaire, on peut se demander aussi quelle aurait été la sanction au cas où cette assemblée aurait voulu outrepasser son mandat, et l'on ne voit pas qu'un serment soit un lien plus fort qu'un engagement d'honneur. Lors même que la violation de la Constitution demeurerait impunie, elle ne saurait constituer un droit. L'acte n'est pas la mesure du droit ; c'est le droit qui juge l'acte et décide s'il est juste ou illégal. — Mais cette impunité n'existe pas. Certes si le Congrès se déclarait omnipotent, ce serait une crise politique des plus graves, mais non sans issue : il existe des moyens légaux pour contraindre l'Assemblée nationale à ne pas dépasser les limites de sa compétence, à respecter la Constitution.

Lorsqu'au Congrès se produit une proposition de revision, que n'a pas prévue la résolution des Chambres, le Président n'est pas désarmé, il peut s'opposer à la discussion ; quant au gouvernement qui a accepté la responsabilité du projet de revision limitée, il doit mettre son existence ministérielle en travers de toute tentative de violation du contrat. Dans les deux Congrès de 1879 et de 1884 chaque motion en dehors du mandat a été l'objet d'une demande de question préalable, soit de la part de la commission, soit de la part du gouvernement ; le Président n'a toléré aucune discussion, et a simplement permis à l'auteur de la proposition de parler sur la question préalable, qui chaque fois a été votée. Sur ces divers points, tout le monde est d'accord. La difficulté n'existe que dans l'hypothèse où le Congrès ne vote pas la question préalable, et prétend discuter la motion nouvelle. En théorie il est évident que la décision du Congrès sera « illicite et nulle de plein droit ». L'Assemblée sortant d'un programme déterminé, et discutant des points non compris dans l'accord, sans lequel elle ne peut exister, n'a plus de raison d'être ; le contrat intervenu, qui était nécessaire à sa naissance, est indispensable pour la faire vivre. Pour employer une expression juridique, elle serait « sans cause ». Au delà des articles déterminés « le consentement requis des deux Chambres ferait manifestement défaut et le Congrès deviendrait illégal » (1). En fait le Président pourrait lever la séance, afin de donner à l'Assemblée le temps de la réflexion, afin de lui permettre de se ressaisir et de revenir sur un premier vote, dont elle n'a peut-être pas calculé toutes les conséquences. Si le Congrès persistait dans ses réso-

---

(1) Méline, Chambre, 1879.

lutions, le Président peut clore la session : il n'a qu'à se retirer avec tout le Bureau. Dès lors le Congrès, qui continuerait à siéger, violerait directement l'article 11 de la loi constitutionnelle du 16 juillet 1875 et ne serait plus qu'une assemblée révolutionnaire.

En outre, et c'est ici qu'apparaît le caractère sagement pondérateur de la Constitution de 1875, le Congrès n'est qu'un rouage gouvernemental, et s'il voulait se déclarer pouvoir constituant souverain, il se heurterait aux deux autres pouvoirs, le législatif et l'exécutif, qui dans une sphère différente sont ses égaux et n'accepteraient pas ses empiètements : la Constitution leur permet d'opposer à toute prétention de ce genre une barrière infranchissable. Et d'abord l'exécutif : malgré sa souveraineté le Congrès n'a pas le pouvoir exécutif, et ses résolutions pour être exécutoires doivent être promulguées tout comme celles des Chambres. Le Président de la République pourra et devra refuser de promulguer la nouvelle Constitution, et de donner la vie extérieure au vote d'une assemblée révolutionnaire ; nul ne pourra l'y contraindre. Les tribunaux auront aussi le droit de ne pas appliquer une loi, qui viole directement la Constitution. — Quant au législatif on peut être étonné qu'il résiste, puisque c'est lui-même qui exerce le pouvoir constituant. Ce serait oublier qu'il se compose de deux Chambres, et que le Sénat, qui n'a accepté la réunion du Congrès qu'après échange de promesses, se trouve annihilé par son infériorité numérique. Peut-être en refusant de prendre part aux délibérations de l'Assemblée porterait-il atteinte à son caractère de légalité : l'article 8 qui exige la réunion des deux Chambres ne serait plus observé. — Mais il a entre les mains une solution plus énergique et plus radicale : il autorisera le pouvoir exécutif à prononcer la dissolution de la Chambre, et cette dissolution, possible même pendant un Congrès, puisque la Constitution ne formule aucune réserve, entraînera forcément la clôture de l'Assemblée récalcitrante. Cette dernière sanction nous apparaît comme la meilleure. Dans ce conflit entre les pouvoirs publics, c'est le pays qui doit juger par voie d'élections : ou il approuvera par son vote l'attitude de résistance du Président de la République et du Sénat ; ou il fera triompher la thèse révolutionnaire du Congrès, et le pouvoir exécutif devra s'incliner, car la Constitution de 1875 aura vécu.

Nous tenons à répéter en terminant que de telles hypothèses sont absolument chimériques. Le vote des deux Chambres oblige la « conscience » de ceux qui y ont pris part, et nous avons la plus entière confiance dans la loyauté de nos représentants : les majorités qui se seront formées pour l'adoption d'une résolution, se retrouveront toujours au Congrès pour réprimer les excès de pouvoirs, et pour éviter de remettre en question toutes les institutions de notre pays. Nous concluons avec M. Ferdinand Dreyfus : « Il y a une chose que le voyage à Versailles ne peut changer : ce sont les volontés arrêtées d'un grand corps politique, qui sait ce qu'il veut, où il va, et qui veut arriver à des résultats en respectant la première loi qui s'impose à toute assemblée : le respect de la parole donnée » (1).

(1) *Officiel*, 1884. Chambres, p. 1477.

JURISPRUDENCE CONSTITUTIONNELLE

Des diverses raisons que nous avons exposées resort avec évidence cette double formule : 1° *les Chambres peuvent dans leur résolution fixer limitativement les points à reviser* ; — 2° *la compétence du Congrès est limitée par cette résolution préalable.* Appliquant au droit constitutionnel ce principe : *ejus est interpretari legem cujus est condere,* nous allons voir que les Chambres pour le premier point, le Congrès pour le second, ont toujours et avec énergie affirmé notre double conclusion. Le Code de procédure de la revision n'existant pas dans un texte ne pouvait être fait que par les applications, et nul ne peut nier leur autorité, partisans et même adversaires de la revision limitée ayant reconnu à l'avance toute la valeur d'une pareille interprétation. C'est M. Paris disant en 1875 : « Il n'y aura qu'un pouvoir au monde qui ait le droit d'interpréter la Constitution et qui l'interprétera, c'est l'Assemblée nationale qui sera chargée de la reviser. » Et. M. Andrieux en 1882 : « le Congrès nous paraît seul capable de trancher la difficulté (limitation) avec compétence. »

Le 22 mars 1879 le rapporteur du projet Spuller, M. Méline, s'exprimait ainsi : « Le Congrès aura pour objet spécial et unique la suppression de l'article 9 de la loi du 25 février 1875. Il est entendu que la compétence de l'Assemblée est absolument limitée, et ne saurait dépasser l'examen du point qui lui sera soumis sans violer le texte et l'esprit de la Constitution » (1). — Au

(1) *Officiel,* 1879.

Sénat, le 14 juin, M. Waddington, Président du Conseil, formule les mêmes idées : « Voici les termes précis dans lesquels la question va se poser devant le Congrès, termes dans lesquels elle restera absolument limitée, sans que l'on puisse supposer un instant qu'aucune autre discussion y puisse être soulevée » (1). — Le Congrès sanctionna la même thèse, et ne discuta que le point qui lui était soumis.

Le rapport de M. Andrieux sur le projet Gambetta concluait à la revision indicative : le Congrès ne peut être limité dans ses délibérations, mais les Chambres doivent faire connaître leur vue sur l'étendue de la revision. La Chambre adopta, le 26 janvier 1882, les conclusions de ce rapport. C'est le seul précédent en faveur de la revision illimitée; nos adversaires le font sonner bien haut ; mais il n'a qu'une portée toute relative sur la solution de la thèse constitutionnelle : rapport et vote sont entachés de préoccupations politiques et gouvernementales. Nous avons déjà vu dans notre exposé des applications de l'article 8 que toute autorité avait été déniée à ce vote par le ministère Freycinet, que la Chambre avait le même jour, le 26 janvier, repoussé la revision intégrale proposée par M. Barodet, et que quelques mois plus tard elle adoptait franchement et sans réserve la thèse de la revision limitée, indiquant ainsi que son vote du 26 janvier n'était qu'un vote politique. Quant au rapport de M. Andrieux, c'est un tissu d'assertions contradictoires. On y lit successivement que le Congrès est illimité, mais qu'il peut bien être limité ; qu'il doit sta-

(1) *Officiel*, 1879.

tuer sur certains articles désignés, mais qu'il est possible qu'il ne statue pas sur ces articles, et en discute d'autres. Ces contradictions s'expliquent par le fait que la commission comprenait deux partis, qui n'avaient pu s'entendre ; le rapport avait tenté d'amalgamer des idées nettement distinctes. Ce qu'il est important de retenir, c'est que le rapport concluait bien plus contre le projet Gambetta et contre le ministère que contre la revision limitée. Voici en effet les phrases qu'on y relève : « nous avons limité le mandat que nous entendons donner au ministère du 14 novembre » ;— « nous ne vous demandons pas de voter le droit illimité du Congrès » ; — « nous déclarons qu'il n'y a qu'un seul point en discussion : c'est la question du scrutin de liste à introduire dans la Constitution. Il s'agit de savoir si le gouvernement persiste à poser sur ce terrain la question de revision » (1).

En 1884, le problème des pouvoirs du Congrès fut discuté sous toutes ses formes et fut tranché avec une remarquable netteté. Le Président du Conseil, M. Jules Ferry, en avait rigoureusement précisé les termes : il demandait à la Chambre de faire un examen approfondi de la question, de se prononcer hautement sur les diverses doctrines qui interprètent l'article 8, et de donner une solution définitive du point de droit. Il adoptait personnellement la revision limitée : « nous vous demandons de déterminer rigoureusement par un vote clair, précis, ne donnant prise à aucune équivoque les limites de cette

______

(1) *Officiel*, 1882.

revision » (1). Le rapporteur, M. Ferdinand Dreyfus,
soutint la même thèse, que sanctionnèrent les votes de
la Chambre. Pendant huit jours, par une série de votes
successifs, par le rejet de neuf amendements, tendant à
dénaturer le projet gouvernemental, la Chambre avec
une énergie remarquable sut maintenir contre les attaques acharnées de l'opposition la doctrine de la revision
limitée ; elle affirma catégoriquement sa volonté de ne
pas laisser réunir le Congrès en dehors d'un accord préalable et limitatif. — Devant le Sénat, le rapporteur,
M. Dauphin, disait: « Votre commission est certaine
d'être l'interprète de la volonté du Sénat en déclarant
qu'il lui eut été impossible de s'associer à un projet de
revision, s'il n'eut pas été strictement limité, et si l'Assemblée nationale pouvait sortir des limites préalablement tracées (2) ».

Au Congrès M. Gerville-Réache reproduit au nom de
la commission la thèse de la revision limitée. « Prétendre malgré ce texte (art. 8) que les Chambres ne pouvaient limiter le champ de leurs discussions, c'est aller
à l'encontre de l'évidence..... Les Chambres ont conclu
un véritable contrat d'honneur, en vertu duquel elles
s'interdisent, au sein de l'Assemblée nationale, toute discussion en dehors du programme qu'elles se sont tracé » (3). Que fit le Congrès? Nous avons vu qu'il repoussa
par la *question préalable* tous les amendements extensifs
du projet gouvernemental. La question préalable n'avait
pas ici sa portée ordinaire ; en général elle n'est employée

(1) *Officiel.* 1884. Chambre des députés, p. 1120.
(2) *Officiel,* 1884. Sénat.
(3) *Officiel.* Assemblée nationale.

que contre une proposition absurde ou inconvenante, elle emporte une signification sinon de mépris, au moins de dédain. Au Congrès elle a un caractère spécial ; c'est, d'après l'article 39 du Règlement, « la déclaration qu'il n'y a pas lieu à délibérer », c'est une sorte d'exception préjudicielle. Elle était considérée comme une exécution stricte du mandat, « comme un témoignage de vénération pour le contrat intervenu ». La majorité permit de développer les divers amendements, elle laissa défendre à la tribune de la façon la plus large le fond même des propositions, mais elle se refusa à toute discussion, à tout débat contradictoire ; elle n'enleva pas la parole à ses adversaires, elle se réduisit elle-même au silence.

Au milieu de débats tumultueux, de discussions violentes et pleines d'acrimonie, malgré les tentatives d'obstruction, malgré les subtilités captieuses d'interprétation, la majorité du Congrès sut éviter les pièges, et résister à la campagne concertée entre des partis différents pour dénaturer le projet de revision restreinte. Le contrat fut ratifié par tous les votes, et la moralité de ce Congrès était exactement résumée par M. Léon Renault, lorsqu'il disait : « Par son attitude résolue et ferme au milieu de toutes les agressions de pensée, et quelquefois de paroles, de tous ses adversaires, la majorité allant jusqu'au bout de sa tâche, sans se laisser emporter, sans dévier d'un côté ni de l'autre, a fait une œuvre éminemment utile et a constitué une tradition constitutionnelle (1) ». Cette tradition est la consécration de notre thèse : les pouvoirs du Congrès peuvent être limités par la résolution des deux Chambres.

(1) *Officiel*. Congrès, 1884, p. 134.

CHAPITRE [III

Nous avons indiqué dans notre introduction les principes extrêmes que devait accepter et concilier toute
clause de revision : souveraineté du peuple, stabilité de
la Constitution. La solution adoptée par le législateur
de 1875 est-elle une heureuse innovation ou bien mérite-
t-elle les nombreuses et violentes critiques, qu'on lui a
si généreusement prodiguées ? L'article 8 a-t-il su garder une juste mesure, une sage moyenne entre les deux
termes un peu contradictoires du problème, ou contient-
il des défauts de nature à porter atteinte à la vitalité de
la Constitution de 1875 ?

§ 1. — *Comment la stabilité de la Constitution
se trouve-t-elle assurée ?*

C'est le point qu'avaient réglementé avec la plus
grande sollicitude les Constitutions précédentes : leurs
auteurs auraient désiré que la loi fondamentale ne fût
considérée qu'avec une sorte de respect religieux, et
qu'on ne pût la modifier qu'exceptionnellement et dans
des cas extrêmes. On a voulu voir dans ces dispositions
la marque de leur orgueil, l'exagération ridicule de leur

amour-propre ; on a dit que s'ils décrétaient la Constitution quasi-immuable, c'est qu'ils la croyaient parfaite et s'attribuaient un chef-d'œuvre. Tel n'est pas notre avis. Ils voulaient que la loi constitutionnelle ne pût se confondre avec les lois ordinaires, qu'un caractère de stabilité et de permanence la distinguât d'une législation modifiable au jour le jour ; ils redoutaient avec raison notre amour du changement, nos passions pour tout ce qui est nouveau, et sentaient tous les dangers de ces perpétuelles fluctuations. A la base de leurs préoccupations se trouve donc un motif des plus légitimes, et s'ils ont mérité quelques critiques, elles doivent s'adresser non au but poursuivi, mais aux moyens employés pour l'atteindre. Ces législateurs, qui n'avaient pour se guider aucune tradition, ont cru qu'il suffirait pour assurer la stabilité de la Constitution d'entourer sa revision de certains obstacles, d'exiger certaines formes difficiles à remplir. Ils n'ont pas compris que leur sollicitude dépassait le but, et qu'en accumulant ainsi les difficultés, qu'en assurant par trop l'immutabilité, ils méconnaissaient un principe d'ordre vital : ils pétrifiaient la loi fondamentale et s'opposaient à ce que la revision devînt jamais une réalité. Aussi qu'est-il advenu de toutes ces Constitutions? Il était si évident qu'aucune revision constitutionnelle n'était possible, que sauf en 1851 on ne tenta jamais la moindre réforme légale. Et alors, dès qu'un courant d'opinion publique se dessinait nettement hostile à la Constitution, il devenait inévitable qu'elle fut emportée par la force brutale, par *l'ultima ratio*, par une révolution ou un coup d'État.

Le législateur de 1875 avait présentes à l'esprit ces
terribles crises intérieures ; après en avoir cherché et
découvert les causes, il évita avec soin de retomber dans
les mêmes errements : les leçons de l'expérience n'a-
vaient pas été perdues. Aussi allons-nous trouver dans
la Constitution un minimum très faible d'exigences.

Pas de délai fatal, pas de clause disant que la revision
ne pourra avoir lieu que tous les cinq ou dix ans. — Un
terme fixe peut irriter les impatients, créer de l'agitation dans le pays, et à un moment donné présenter les
mêmes dangers qu'une revision impossible. Une pareille
disposition est fort contestable au point de vue des principes : les constituants n'ont pas le droit d'obliger le pays
à conserver pendant un temps déterminé une Charte qui
le gêne et dont il ne veut plus. Nous avons vu que la
nation était souveraine, qu'elle pouvait à tout instant
modifier la forme et les relations des pouvoirs publics :
il ne peut appartenir à ses mandataires de la lier et d'empiéter sur ses droits. En fait avec un terme fixé d'avance
on s'expose à une période de troubles à intervalles réguliers : lorsque le délai sera expiré, on se précipitera aveuglement vers la revision, et l'on revisera quand même,
avant de laisser courir une nouvelle période, pendant
laquelle il sera encore impossible de toucher à la Constitution. Autant vaudrait décider que la loi fondamentale
sera nécessairement revisée tous les cinq ou dix ans :
dire que la revision n'est pas utile avant dix ans, c'est
dire qu'elle sera utile après ce terme.

Pas de vœux successifs, séparés par un certain laps de
temps, comme prélude nécessaire à la réunion de l'As-

semblée de revision. Cette formalité fait durer de longues années la procédure préparatoire d'une modification, dont la nécessité peut avoir un caractère urgent ; nous y relevons tous les inconvénients signalés dans le cas d'un terme : impatience, agitation, peut-être même coup de force, moyen illégal qu'explique, si elle ne le justifie pas, la nécessité de la réforme. Un vœu de revision jettera, bien avant qu'une solution puisse intervenir, le discrédit sur l'institution, sur le principe discuté ; et même, si plus tard la revision est repoussée, l'effet n'en aura pas moins été produit, et la partie de la loi contestée ne retrouvera jamais son autorité première. C'est en outre faire au pouvoir public, qui sera atteint par le vœu, une situation des plus difficiles. Empruntant un exemple au comte de Clermont-Tonnerre, nous supposons un vœu émis en 1792 par l'Assemblée, vœu tendant à ce que le gouvernement cesse d'être monarchique, et nous nous demandons quel eût été le rôle du roi et combien fausse sa situation pendant les quatre années qui devaient s'écouler entre ce premier vœu et la réunion de l'Assemblée de revision.

Pas de majorité de convention trop élevée : on n'exige plus pour la revision une majorité des 2/3 ou des 3/4. C'était permettre à une minorité très faible, peut-être factieuse, de tenir en échec une majorité réelle, et d'imposer sa loi non seulement à l'Assemblée, mais encore à la nation. Il ne peut être permis « à une poignée d'hommes embusqués derrière la Constitution d'imposer leur volonté à tout un grand peuple... La nation ne peut

consentir à une pareille servitude » (1). Une telle méconnaissance de la grande loi si absolue des majorités
servirait de prétexte à des mouvements populaires ou
à des tentatives ambitieuses. La revision proposée en
1851 et demandée par d'innombrables pétitions fut
repoussée parce que la majorité n'était que des 2/3, et
que la Constitution de 1848 exigeait les 3/4. Qu'ar-
riva-t-il? le Prince Président fit le coup d'État du
2 décembre.

Mais, nous dira-t-on, puisque vous condamnez indistinctement tous les obstacles apportés au droit de reviser par les Constitutions précédentes, c'est que vous
voulez effacer toute distinction entre la loi fondamentale
et les lois ordinaires, vous oubliez qu'une Constitution
est un pacte supérieur, qui doit présenter certaines
garanties de durée et de stabilité. Non, nous ne l'oublions pas, et le législateur de 1875 ne l'a pas oublié plus
que nous. — Il a d'abord exigé une majorité spéciale, extraordinaire. Il ne s'agit plus d'une majorité très élevée,
difficile, pour ne pas dire impossible à réunir ; mais seulement de la majorité des membres composant l'Assemblée nationale, et nous avons dit qu'il fallait entendre
par là le nombre de sièges. Ce n'est plus le droit commun, qui lui se contente, sous réserve du *quorum*, de
la majorité des membres présents ; il y a là une première formalité et une première garantie. Est-elle exagérée ? compromet-elle le sort d'une proposition de revision ? Nous ne le pensons pas, et personne n'a critiqué
cette disposition. Ce n'est pas trop demander, quand il

____

(1) Laboulaye, *Questions constitutionnelles.*

s'agit d'un vote aussi important que celui de la revision, que d'exiger la majorité de notre représentation totale, la majorité de nos départements et de nos circonscriptions électorales.

Ce n'est du reste pas cette majorité spéciale qui constitue la plus sérieuse garantie de stabilité, la formalité solennelle qui doit consacrer la haute importance et le caractère supérieur de la Constitution. Cet hommage rendu à la loi fondamentale, nous le trouvons dans la réunion du Congrès, seul compétent pour modifier, pour reviser la Constitution. On a beaucoup critiqué l'institution du Congrès, on a dit qu'il avait fallu au législateur de 1875 une imagination remarquable ou un singulier désir d'innover et de faire œuvre personnelle, pour concevoir un rouage aussi inutile que dangereux. Nous aurons à revenir sur ces trop sévères appréciations. Il nous suffit pour le moment de constater que l'Assemblée nationale n'est pas un luxe, n'est pas une superfétation. Sa réunion a quelque chose de solennel, d'anormal et d'extraordinaire, qui marque d'un signe distinctif les modifications constitutionnelles.

Qu'on ne nous croie pas dupe des apparences, et esclave des pures formes : nous sentons fort bien tout ce qu'il y a de conventionnel en théorie à vouloir que les mêmes représentants, qui siègent séparément sous le nom de Chambre et de Sénat pour exercer le pouvoir législatif, se réunissent en assemblée unique sous le nom de Congrès pour exercer le constituant ; il n'y a rien de changé si ce n'est la formule, si ce n'est l'étiquette. Mais plaçons-nous dans le domaine des faits et envi-

sageons la réalité. Pour faire comprendre au peuple une
notion théorique, abstraite, il faut la lui présenter sous
une forme tangible et évidente. Comment avait-on
donné au pays le respect de la Constitution ? c'est en
instituant non seulement un pouvoir spécial et extraordinaire, le pouvoir constituant, mais surtout un
organe spécial et extraordinaire, une Constituante, une
Convention. Le législateur de 1875 a reconnu l'inutilité d'un pouvoir constituant distinct, et il l'a confondu avec le législatif. Mais il s'exposait ainsi à voir
la nation désorientée confondre bientôt sa loi fondamentale avec les lois ordinaires, et c'est ce qu'il n'a
pas voulu. Pour deux fonctions différentes il y avait
deux représentations, qui n'avaient ni le même titre, ni
les mêmes attributions. Depuis 1875 ce sont les mêmes
hommes qui assument les deux pouvoirs, mais pour
qu'on ne puisse les confondre, les assimiler, pour qu'ils
restent bien distincts quant à leur importance, on a
décidé que l'unique représentation changerait de titre,
j'allais dire de costume, suivant qu'elle serait législative
ou constituante. Qu'on ne s'y méprenne pas, la nuance
a eu en fait toute la portée qu'on voulait lui donner : la
réunion du Congrès apparait aux yeux de tous comme
un fait anormal, comme un acte grave et sérieux, et
rencontre dans le pays un tout autre retentissement
qu'une convocation du Parlement. Le but poursuivi a
été atteint : toute modification constitutionnelle est entourée d'une certaine solennité. Les deux Chambres,
qui se réunissent en Assemblée nationale rappellent
dans un autre ordre d'idées les audiences solennelles
des Cours de Justice, toutes chambres réunies.

N'obtiendrait-il que ce résultat ; établir le caractère distinct et supérieur de la Constitution, le Congrès ne serait pas inutile. Mais il en résulte une conséquence toute naturelle et particulièrement importante au point de vue de la stabilité de la loi fondamentale. Par sa nature exceptionnelle, par sa solennité, un Congrès ne peut passer inaperçu, indifférent à l'opinion publique : on hésitera avant de mettre en mouvement ce rouage spécial, et on n'y aura recours que si la revision est nécessaire, indispensable, si elle trouve son appui et sa sanction dans un grand mouvement national. La nécessité d'un Congrès ajoute à toute tentative de revision une forme, un délai, on peut dire une entrave, mais une entrave qui n'est que momentanée et dont on peut se débarrasser sans trop de difficultés. Ce délai, cet obstacle permettent aux esprits de se ressaisir, et dans un moment d'enthousiasme, d'engouement, c'est tout ce qui sauve.

La Constitution actuelle n'a donc pas méconnu cette première condition de son existence, la nécessité d'être stable ; mais elle s'est montrée fort libérale et a su sur ce point rompre avec la tradition. A ceux qui le regretteraient, à ceux qui désireraient des garanties de durée plus sérieuses, des barrières moins fragiles contre la revision, nous rappellerons l'exemple des Constitutions antérieures. Nous désirons nous aussi que la Constitution soit stable et respectée ; mais nous ne pensons pas que le véritable remède à la fréquence des changements, au désir incessant de modifier, soit dans les formalités, dans les difficultés dont on peut entourer l'exercice du droit

de revision. Ce qu'il faudrait, c'est transformer l'esprit
public, c'est lutter contre notre passion du nouveau,
contre notre tendance à changer sans cesse ; mais c'est
là une question d'éducation morale, et nous ne pouvons
sur ce point que formuler un vœu, qu'émettre une es-
pérance. Toute Constitution prudente doit être constamment en harmonie parfaite avec l'esprit et les idées de la
nation ; dans l'état présent de nos mœurs politiques elle
doit prendre garde d'entraver l'exercice de la revision par
une procédure compliquée qui en rendrait la pratique impossible : une Constitution qui ne peut être améliorée est
menacée et ses jours sont comptés. La solution, qui convient le mieux à notre pays, et qui est du reste conforme
aux principes républicains, c'est la liberté de la revision.
Une disposition constitutionnelle condamnée comme vicieuse par l'opinion publique ne jouira jamais d'une
grande autorité ; il vaut mieux procéder à une franche opération et enlever la tâche : la Constitution y gagnera en valeur et en prestige. La facilité de reviser les lois fondamentales est ainsi un gage de stabilité. Mais cette liberté
ne doit pas devenir de la licence. Revisons quand cela est
nécessaire, mais seulement dans ce cas ; il ne faut pas
qu'on puisse à tout instant sans motifs légitimes discuter, critiquer, peut-être transformer la Constitution et
les principes dont elle se réclame ; il ne faut pas que tout
soit prétexte à certains partis pour remettre en cause la
forme du gouvernement. Dans ce but certaines restrictions, certaines formalités sont nécessaires, et c'est ce
qu'a sagement établi l'article 8.

§ 2. — *La nation qui est souveraine a le droit
de reviser sa Constitution.*

L'article 8 n'est que la reconnaissance de ce principe.
Ce n'est donc pas son existence qui doit nous préoccuper, mais bien son application. Nous savons que le législateur de 1875 s'est refusé à établir un pouvoir constituant distinct et qu'il a attribué cette fonction au pouvoir
législatif, mais il a assigné une forme spéciale à l'Assemblée de revision, qui se réunit sous le nom de Congrès.
Quelle est la valeur de cette combinaison, et que faut-il
penser d'un pareil système ? Nous ne reviendrons pas
sur la controverse relative au pouvoir constituant ; mais
avant d'aborder l'examen des critiques que soulève
l'innovation du Congrès, il nous paraît utile de rappeler
les idées générales adoptées par la Constitution de 1875
en matière de revision.

L'idée fondamentale qui caractérise nettement le système, est le rejet du principe adopté par les Constitutions républicaines précédentes et l'acceptation en termes formels de la théorie défendue sous les Chartes.
Il n'existe donc plus d'organe spécial pour exercer le
pouvoir constituant ; les inconvénients en étaient trop
manifestes. Ou l'Assemblée constituante est permanente, et alors la revision peut se faire sans retard ;
mais on s'expose à la plus grande instabilité, et il
arrive fatalement que cette assemblée absorbe les pouvoirs constitués, ou est absorbée par eux : rappelons le rôle
effacé du Sénat impérial. Ou elle est élue par le peuple,

se déclare omnipotente, et, maîtresse de la Constitution, devient un danger pour les pouvoirs publics, qu'elle peut à son gré modifier ou anéantir. « Une assemblée chargée de faire ou de reviser une Constitution, disait Daunou en 1793, mutile et paralyse par sa seule existence toutes les autorités qui sont autour d'elle, est trop facilement entraînée à confondre le droit de créer et de modifier chaque pouvoir avec le droit de l'exercer immédiatement. » Une expérience cruelle nous a fourni les lumières qui manquaient aux disciples de Jean-Jacques Rousseau, et justifie amplement nos critiques du pouvoir constituant distinct.

Le principe auquel s'est rallié le législateur de 1875 est l'*attribution de la fonction constituante au Parlement*, au pouvoir législatif. Ce n'est pas là une innovation ; nous avons vu sous les Chartes l'application de cette idée, qui avait eu des partisans dès la Révolution. « Je désirerais donc qu'il n'y eut jamais d'Assemblée extraordinaire soit pour maintenir soit pour corriger la Constitution, que sa solidité résultât de l'organisation des pouvoirs, que les moyens de corriger ses défauts fussent placés dans cette même organisation, et que les corrections fussent lentes et difficiles » (1).

Le système est simple et logique : les deux fractions du Parlement, la Chambre des députés et le Sénat, sont juges de savoir si la revision est ou n'est pas utile ; elles représentent la nation et sont par là-même compétentes pour connaître les désirs et les besoins du pays. De plus, et c'est ici l'innovation, ce sont les mêmes Assem-

(1) Monnier, *Considérations sur le gouvernement*, p. 61.

blées qui procèdent à la revision. Les pouvoirs ordinaires, qui sont les organes naturels et permanents de
la souveraineté nationale, sont appelés à modifier la
Constitution. Plus n'est besoin d'avoir recours à de nouvelles élections, plus d'appel au peuple ; par le jeu des
rouages ordinaires on évite au pays une cause d'agitation parfois funeste, toujours inutile.

C'est là une solution toute de bon sens et de logique.
Quand on recherche le meilleur moyen de reviser, il ne
faut pas rester sur le terrain de l'abstraction, mais il
faut se demander par qui est-il bon qu'une question
aussi importante soit réglée? Par les pouvoirs les mieux
instruits des intérêts de la société, par les pouvoirs les
plus capables de réglementer et de légiférer. On a sous
la main le pouvoir législatif, qui est l'émanation directe
de la nation, qui est habitué à résoudre les difficultés
avec tact, avec mesure, qui enfin a l'autorité que donne
l'expérience, et on l'écarterait au moment où il est le
plus indispensable, au moment où il s'agit de délibérer
sur l'acte le plus grave, sur le pacte fondamental de la
société. Et par qui le remplacerait-on ? Par un pouvoir
extraordinaire, nouveau venu, sans tradition, sans expérience, et qui n'aurait pour loi que sa volonté. Ce n'est
pas admissible. Qu'on ne prétende pas que la revision
est un acte si important qu'on ne peut y procéder sans
avoir spécialement consulté le peuple. Le peuple s'est
prononcé dans les élections, et s'il désire modifier sa
Constitution il a donné à ses représentants le mandat
d'agir. Nous ne voyons pas comment des assemblées,
qui ont le droit de créer ou de supprimer un impôt, de

faire la guerre, de mettre en accusation le Président de la République, seraient incompétentes et incapables pour reviser.

Votre raisonnement est parfaitement judicieux, dit un autre groupe de critiques ; nous ne croyons pas à la nécessité d'un pouvoir constituant distinct, nous admettons avec vous et avec la jurisprudence constitutionnelle que les Chambres ont le droit par leur délibération préalable de limiter les pouvoirs du Congrès ; que leur accord est une condition *sine qua non* de la revision ; en un mot, pour nous comme pour vous, c'est en réalité le pouvoir législatif qui exerce le constituant : légiférer et constituer ne sont que deux attributions distinctes du même organe. Mais pourquoi avoir imaginé alors cette Assemblée spéciale, le Congrès ? pourquoi, lorsque les deux Chambres séparées peuvent délibérer et voter les lois les plus importantes, avoir *exigé pour la revision leur réunion en Assemblée nationale* ? Si on a admis le principe de la dualité des Chambres, c'est qu'il a paru présenter les plus sérieuses garanties : on assurait ainsi une grande maturité aux délibérations et une barrière aux entraînements, aux « emballements » d'une heure ; par la nécessité de l'entente, de la conciliation on aboutissait à des solutions sages et modérées ; on n'avait pas à redouter les empiètements, les tendances exclusives et souveraines d'une Assemblée unique. A ces garanties résultant de la dualité s'ajoutent d'autres sûretés établies par la Constitution : le droit pour le Sénat et l'exécutif de dissoudre la Chambre des députés, le droit pour le Président de la République de demander au Parlement une deuxième délibération. Pourquoi, lorsqu'il s'agit de reviser la Constitution, de délibérer sur cette question capitale, ne pas maintenir ce système ingénieux, qui produit journellement en matière législative les meilleurs résultats ? Dans quel but exiger la réunion d'un Congrès, qui ne peut être qu'inutile ou dangereuse ?

De deux choses l'une, objecte-t-on : Ou l'Assemblée nationale reçoit des deux Chambres un mandat précis, limité, qui comprend non seulement la désignation des articles ou des paragraphes à reviser, mais encore la solution à émettre, les termes mêmes de la modification constitutionnelle. Elle est absolument liée, et repoussera indistinctement par la question préalable toute motion, toute proposition nouvelle ; elle n'a qu'à se prononcer par oui ou par non sur le projet de revision qui lui est soumis. Ce n'est plus une assemblée délibérante, c'est une chambre d'enregistrement. Quelle est donc son utilité ?

Ou n'acceptant pas de faire jouer au Congrès un rôle aussi effacé, on essaye de trouver sa raison d'être, on lui reconnaît certains droits et certains pouvoirs. Cette seconde interprétation nous place sur une pente fatale. Si le Congrès n'est pas strictement limité, s'il peut délibérer et se prononcer autrement que par la question préalable, la Constitution s'est livrée à un terrible maître : on se trouve en présence d'une Assemblée unique, extraordinaire, sans frein, qui sera naturellement encline à l'omnipotence, et nul ne peut répondre de ce qui va arriver. Il était inutile d'édicter et de réglementer le système de la dualité des Chambres, puisqu'il leur sera loi-

sible, quand bon leur semblera, de briser toutes les barrières sagement établies par la Constitution, et de se
réunir en Assemblée nationale, assemblée unique avec
tous ses inconvénients et tous ses dangers.

Ces critiques sont-elles fondées ? Nous ne le pensons
pas. Le Congrès n'est pas une superfétation, un rouage
qui tourne dans le vide ; sa réunion ne nous apparaît
pas davantage avec ce caractère de péril national qu'on
prétend y trouver. Ce qu'il y a au fond de toutes ces critiques, c'est une admiration sans réserves pour le système Anglais. Nous y reviendrons dans notre chapitre
sur les Constitutions étrangères ; il nous suffit pour le
moment de savoir que ce système établit la confusion la
plus complète entre le pouvoir législatif et le pouvoir
constituant. C'est le Parlement qui modifie lui-même la
Constitution comme la loi la plus ordinaire, et ce résultat
est atteint sans secousses, sans agitation dans le pays ;
des améliorations progressives ont lieu sans bruit, sans
qu'on puisse même préciser la date de la réforme. Telle
est la méthode qu'on préconise et qu'on voudrait introduire en France. Certes nous sommes les premiers à en
apprécier la simplicité et l'harmonie, nous l'admirons
telle qu'elle est, fonctionnant dans le milieu qui lui est
propre, et où elle a trouvé naissance ; mais nous nous
refusons à toute imitation, à tout emprunt. Quand donc
cessera-t-on en France de se laisser séduire par les institutions étrangères, surtout par celles de l'Angleterre ?
Quand donc comprendra-t-on qu'emprunter aux Anglais
un système législatif ou constitutionnel pour le transplanter chez nous, c'est pure folie ? Entre deux nations

si différentes par leur idées constitutionnelles, par leurs habitudes de gouvernement, par leurs mœurs politiques, toute imitation est forcément stérile. La Grande-Bretagne a une Constitution, mais cette Constitution n'a de commun avec la nôtre que le titre : elle est coutumière et diffuse. Ne soyons pas dupes des apparences, ne copions pas des dispositions qui ne correspondraient pas à nos mœurs, et ne nous croyons pas « logiciens en raisonnant sur des mots, sans nous apercevoir que, si ces mots ont la même forme dans les deux pays, ils n'ont pas le même sens » (1).

Le Congrès n'est pas inutile. Même si l'on acceptait l'une des bases du dilemne dans lequel on prétend nous enfermer, même si le Congrès n'était qu'une Chambre d'enregistrement, son institution serait défendable. Nous avons indiqué quel serait alors son rôle : par des formes plus lentes et plus solennelles il établirait une différence entre la discussion d'un projet de loi ordinaire et l'examen d'une modification constitutionnelle. Au risque d'être appelés les disciples aveugles d'un « préjugé national » (2), d'être traités d'adorateurs « classiques d'une vieille idole », nous croyons cette distinction nécessaire et favorable à la stabilité, à l'autorité de la Constitution. Ce n'est pas seulement, comme paraît le supposer M. Lefebvre, p. 207, une « tendance chère à l'esprit français » ; nous verrons que cette prétendue erreur est acceptée par la plupart des peuples, et que l'exemple de l'Angleterre, si important qu'il soit pour

(1) Laboulaye, *Question. Const.*, p. 376.
(2) Lefebvre, *op. cit.*, p. 207.

certains publicistes, ne suffit pas à démontrer la fausseté d'un principe universellement admis. La Constitution est au-dessus des lois ordinaires ; sa revision doit être entourée de formes et de garanties, qui rassurent l'opinion publique : la gravité du mode devient un garant de plus de la maturité de la discussion.

Mais le Congrès a dans la revision une intervention plus efficace, un rôle plus actif. On dit : il sera omnipotent ou Chambre d'enregistrement. Non, il a entre ces termes extrêmes une situation intermédiaire. Il n'est pas souverain, puisque les deux Chambres ont le droit de limiter ses pouvoirs par leur délibération préalable. Les Chambres ont l'initiative, elles doivent s'entendre sur la revision, mais leur mission ne consiste qu'à préciser les articles à reviser. Quant aux termes mêmes des modifications constitutionnelles, quant aux solutions sur les points déterminés, c'est au Congrès et à lui seulement qu'il appartient de les connaître. Cette interprétation des droits du Congrès résulte clairement des applications de l'article 8. En 1879 le rapport de M. Laboulaye au Sénat disait ceci : « Nous n'avons pas accepté la proposition de M. Labiche, parce que le Sénat peut bien proposer la revision d'un article de la Constitution, mais qu'il ne lui appartient pas d'indiquer au Congrès l'article qui devra remplacer celui que l'on a supprimé ». En 1884 devant la Chambre le rapporteur concluait : « C'est au Congrès seul qu'il appartient de connaître les textes mêmes des modifications constitutionnelles » ; et le 30 juin le Président refuse de mettre aux voix un amendement de M. Anatole de la Forge, contenant la rédaction d'un texte destiné à remplacer le paragraphe 2 de l'article 8. Il suffit de comparer la résolution votée par les Chambres et la loi votée par le Congrès pour voir par la différence des deux textes quel est le rôle du Congrès. Enfin les termes de l'article 8 ne permettent pas de conclure à une Assemblée d'enregistrement, mais au contraire ces mots « procéder à la revision, § 2 » — « les délibérations, § 3 » supposent quelque travail, quelque discussion au sein de l'Assemblée nationale. Il n'y a donc pas de rédaction faite à l'avance des termes de la revision soumise au Congrès ; il doit les discuter lui-même, que la proposition émane du gouvernement ou de l'initiative parlementaire et, il se décide dans la plénitude de sa souveraineté.

Est-ce là reconnaître au Congrès des pouvoirs trop étendus ? Peut-on craindre sous cette attribution si légitime quelque piège caché, et y voir le germe d'une souveraineté absolue ? Il est bien évident que non. Le Congrès reste strictement lié par le mandat qu'il a reçu des Chambres ; il ne peut reviser que les articles spécialement désignés, mais il peut les modifier dans le sens qu'il lui plaira d'adopter. Se plaindre que le Congrès n'est pas assez lié, demander, comme M. Jules Simon en 1884, que les Chambres délibérant sur la revision puissent indiquer des solutions obligatoires, c'est pousser les exigences à un point où elles ne sont plus légitimes, c'est méconnaître l'esprit de la Constitution de 1875, tel qu'il résulte du texte et des applications. Mais qu'on comprenne bien notre pensée. Si les Chambres n'ont pas dans leur délibération préalable de solution à émettre, si leur ré-

solution ne doit viser que des articles et ne pas contenir
le texte des changements proposés, il ne faut pas en conclure que la réunion du Congrès sera le premier acte
d'une aventure, dont on ignore l'issue, et que l'on se
hasarde dans l'inconnu. On ne revise une disposition,
que lorsqu'on en a ressenti les inconvénients, et on ne
l'abroge qu'après avoir trouvé un remède à ce qu'elle
présentait de défectueux. Tout un courant d'opinion publique, qui résultera clairement des débats dans les deux
Chambres, indiquera le sens de la modification projetée.
Le gouvernement a toujours le droit de faire connaître
la solution qu'il préfère. Si ses explications ne sont pas
suffisamment claires, tout membre du Parlement pourra
par une interpellation lui demander de les préciser. On
votera sur cette interpellation, et l'ordre du jour adopté
par la majorité déterminera le but poursuivi. Ainsi il
existera entre les deux fractions du Parlement une sorte
d'accord tacite pour tracer la voie dans laquelle on s'engage et pour atteindre une solution communément admise. Par l'esprit qui aura dominé dans les discussions,
par les engagements du gouvernement, le Sénat se rendra compte des tendances de la Chambre, et inverse-
ment ; il est certain que la revision ne sera votée que
lorsqu'il y aura entre les deux Chambres analogie de
vues et communion d'idées. Pour les articles à reviser
le Congrès est lié par un texte formel, par la résolution
du Parlement ; pour la solution qui doit intervenir, il n'y
a pas de contrat, mais bien une pure garantie morale :
c'est une question de confiance.

Ainsi apparaît un deuxième avantage de l'Assemblée

nationale ; car, si le sens général de la modification
constitutionnelle est convenu à l'avance, il faut élaborer
le texte et en discuter scrupuleusement tous les termes,
afin qu'il ne se glisse ni erreur ni lacune. A la délibération séparée des Chambres vient donc s'ajouter la délibération imposante du Congrès. Cette dernière remplace
avec avantage la seconde lecture imposée en règle générale à tous les projets de lois. Il est possible que le vote
de la revision par les Chambres soit dû après déclaration d'urgence à une surprise, à quelque entraînement
passager ; le Congrès permet un revirement, si l'on s'est
aperçu qu'on faisait fausse route. En tout cas il oblige à
un examen plus réfléchi et la solution, à laquelle il
aboutit, ne saurait à cause de son importance être trop
mûrie ni trop pesée.

Arrivant à la fin de notre tâche nous sommes autorisés à conclure que la revision, telle qu'elle est organisée
par la Constitution de 1875 est parfaitement logique et
pratique, qu'elle est prudente et conservatrice des institutions existantes. On a dit que l'article 8 avait été sti-
pulé par des parties hostiles au gouvernement actuel (1).
C'est au moins contestable ; en tout cas, celui-ci devait
voir tourner en sa faveur les précautions prises contre
lui. Ce n'est pas qu'on ne puisse formuler quelques cri-

____

(1) C'est le principal grief invoqué dans le monde parlementaire contre
l'article 8 : il est l'œuvre des ennemis de la République, donc il n'a aucune
valeur juridique. Nous ne discuterons pas un tel raisonnement, nous contentant de faire remarquer que les prémisses n'en sont pas très rigou-
reuses. L'article 5 de la Commission des Trente, qui chargeait le Congrès
plutôt de faire une nouvelle Constitution que de reviser celle existante
déjà, était dirigé contre le gouvernement, Mais la rédaction actuelle de
l'article 8 est due à MM. Wallon et Dufaure, c'est-à-dire à des hommes
qui voulaient franchement établir une République modérée.

tiques de détails. Il est à regretter que le Congrès comprenne un trop grand nombre de membres, et surtout que la composition numérique de la Chambre soit supérieure à celle du Sénat. Notre Constitution a eu surtout le grand tort de ne pas définir nettement le caractère de l'Assemblée nationale ; elle aurait dû limiter ses droits, régler ses pouvoirs pour éviter toutes les difficultés d'interprétation et tous les dangers de la doctrine captieuse, qui proclame la souveraineté du Congrès. La jurisprudence constitutionnelle en a fait justice, mais un texte formel eût été bien préférable ; et si l'on veut absolument reviser, nous appelons sur cette lacune l'attention du législateur, afin de faire disparaître de nos lois une cause de conflits si regrettables et afin de supprimer ce germe de discorde si préjudiciable aux intérêts généraux de la nation.

En résumé l'article 8, qui laisse la porte ouverte aux modifications et aux progrès est fort sage. L'initiative de la revision appartient aux trois pouvoirs, c'est-à-dire aux deux Chambres et à l'exécutif. Si l'une des deux Chambres s'oppose à la revision, c'est qu'elle se croit soutenue par l'opinion publique. Celle-ci sera consultée et se prononcera en souveraine ; car il importe que la modification soit désirée par la volonté nationale. Quand ce mouvement d'opinion sera nettement caractérisé — et cela sans plébiscite, par le mode naturel et normal de consultation, par les élections, — la revision aura lieu. Elle n'est ni trop facile ni trop difficile : nous n'avons pas plus à craindre les modifications incessantes, que les impatiences résultant d'un obstacle insurmon-

table ; on peut dénouer le nœud gordien, et on n'en est
pas réduit à le trancher brutalement avec l'épée. Enfin
le Congrès, c'est-à-dire la période de revision proprement dite, sera de courte durée: ceci est de la plus grande
importance, car pendant la revision tout reste en souffrance, les pouvoirs publics se discréditent, les intérêts
sérieux du pays subissent le contre-coup de ces agitations, le commerce et l'industrie se resserrent. — Mieux
que tout raisonnement les faits démontrent combien est
simple et pratique notre système de revision. Si on pouvait dire avant 1875 « que notre mode préféré de réformer les Constitutions semble être de les renverser », il
faut reconnaître que nous avons changé. Aucune Constitution française n'avait été revisée légalement ; celle de
1875 par deux fois, en 1879 et en 1884, a traversé victorieusement cette épreuve au milieu du calme impartial
du pays. La clause de revision a donc reçu la sanction
incontestable de l'expérience, et c'est là le plus bel éloge
que l'on puisse en faire.

TROISIÈME PARTIE

LÉGISLATIONS ÉTRANGÈRES

L'étude des Constitutions étrangères eut paru aux
yeux de M. de Maistre un travail parfaitement inutile,
une véritable superfétation. Dans ses *Considérations sur
la France*, il développait avec esprit sa façon de penser :
« il n'y a pas d'*homme* dans le monde : j'y vois des Anglais, des Français, des Hollandais ; je sais même, grâce
à Montesquieu, qu'on peut être Persan. Mais quant à
l'*homme*, je ne l'ai jamais vu... Une Constitution faite
pour tout le monde n'est faite pour personne, c'est une
chimère et rien de plus ». La conclusion logique de cette
thèse serait l'inanité des travaux de droit public comparé;
elle considérerait comme une maladresse et comme un
danger les emprunts faits aux nations étrangères. Mais
sous tout paradoxe il existe un fond de vérité. Il est
certain qu'il faut à chaque société des institutions en
rapport avec ses mœurs, et qu'une disposition constitutionnelle qui convient à tel pays ne conviendra pas à tel
autre. Pour être bonnes les Constitutions doivent être
adaptées au milieu. Tant vaut le peuple, tant vaut la
Constitution : celle qu'on admire à New-York échouerait

piteusement à Madrid, et serait un bien mauvais législateur celui qui estimerait qu'une Constitution est parfaite et doit réussir chez tous les peuples parce qu'elle sied à une Société déterminée. Il faut en matière gouvernementale tenir compte avant tout de la race, des milieux et des tempéraments.

Cette vérité ne doit être cependant ni exagérée ni dénaturée : les hommes ne sont pas tout, les idées ont leur légitime importance. Nous n'étudions pas les Constitutions étrangères pour les imiter servilement, pour leur emprunter tous les détails de réglementation de la revision constitutionnelle. Notre but est de dégager les idées générales, les principes appliqués dans les pays libres, et de nous former ainsi une conviction raisonnée, reposant sur des bases certaines, afin de pouvoir en toute connaissance de cause prendre parti dans la solution des problèmes si complexes et si controversés que soulève la clause de revision.

Deux courants extrêmes et en sens contraire partagent en France l'opinion publique. « S'il existe des optimistes pour croire que les étrangers nous *envient* nos lois (c'est l'expression dont ils aiment à se servir), il y a aussi des pessimistes qui trouvent détestable tout ce qui se fait en France et vantent l'excellence des institutions adoptées par les autres peuples (1) ». L'étude sincère, que nous avons entreprise, va prouver tout ce qu'il y a d'erroné dans ces idées préconçues et excessives, dans ces lieux communs qui se transmettent chez nous de génération en génération, et que nous subissons pres-

____

(1) Batbie, *Les Constitutions d'Europe.* Préface, p. 6.

que inconsciemment, sans avoir jamais le désir de les contrôler (1).

L'énumération des États d'après leur situation géographique ou d'après l'ordre alphabétique aurait été monotone et confuse. Nous les avons divisés en deux grandes catégories : les Confédérations et les États unitaires. Ce dernier groupe de beaucoup le plus important a été lui-même subdivisé, d'après le mode de revision adopté par la Constitution actuellement en vigueur, et nous distinguerons : 1° les États qui revisent leur Loi fondamentale par la législature ordinaire ; — 2° ceux qui exigent une législature ayant reçu un mandat spécial ; — 3° ceux qui confient la revision à une assemblée Constituante ; — 4° ceux qui autorisent l'option entre deux des systèmes précédents. Un appendice comprendra les Constitutions soumises à la votation populaire, et celles qui n'ont pas prévu leur revision.

(1) La sotte vanité nous est particulière ;
     C'est proprement le mal français.   (La Fontaine).

PREMIER GROUPE

Les Confédérations.

États-Unis.

Nous avons emprunté aux États-Unis, outre les Constitutions écrites et les Déclarations de droits, l'idée du
pouvoir constituant et le mot de Congrès. Il semble donc
au premier abord que leur procédé de revision aura pour
nous un intérêt tout particulier, surtout puisqu'il s'agit
d'une démocratie. Les deux Constitutions sont en effet
fort semblables, et on y retrouve la même symétrie, mais
ce n'est qu'une apparence, qu'une réfraction vicieuse,
dont il ne faut pas être dupe. Nous ne parlerons pas des
différences de mœurs, qui existent entre les deux pays,
nous n'opposerons pas l'esprit pratique et positif des
Américains à nos idées spéculatives ; ce qu'il importe
de remarquer (et c'est une observation générale pour tous
les États rangés dans notre première classification), c'est
que nous sommes en présence d'une Confédération, que
nous ne pouvons la juger avec nos vues unitaires, et surtout que nous ne pouvons ni la comparer à nos institutions, ni songer à la copier. La Constitution fédérale
poursuit un but unique : créer entre les divers États ainsi
réunis un lien, une autorité centrale assez forte pour se
faire respecter, assez flexible pour ne pas entraver le dé-

veloppement particulier de chaque État. Si nous voulons comparer nos institutions politiques, nos principes sur la souveraineté du peuple et sur le pouvoir constituant, aux règles admises en Amérique, ce n'est pas la Constitution fédérale, qu'il faut consulter, mais bien les Constitutions particulières des États.

L'article V de la Constitution fédérale du 17 septembre 1787 est ainsi rédigé :

« Le Congrès, toutes les fois que les deux tiers des deux Chambres le jugeront nécessaire, proposera des amendements à cette Constitution ; ou sur la demande de deux tiers des législatures des divers États, il convoquera une convention pour proposer des amendements, lesquels, dans les deux cas, seront valables à toutes fins, comme partie de cette constitution, quand ils auront été ratifiés par les législatures des trois quarts des divers États, ou par les trois quarts des conventions formées dans le sein de chacun d'eux, selon que l'un ou l'autre mode de ratification aura été prescrit par le Congrès ; pourvu qu'aucun amendement fait avant l'année 1808 n'affecte d'une manière quelconque la 1re et la 2e clause de la 9e section du premier article, et qu'aucun État ne soit privé sans son consentement de son suffrage dans le Sénat ».

Les deux restrictions temporaires au droit de revision visaient la modification de l'impôt, et la suppression de la traite (transaction faite avec les États du Sud). La troisième réserve est encore en vigueur ; elle assure le maintien du point capital de la Constitution fédérale : égale représentation au Sénat (2 membres) de tous les États, quelle que soit leur population. Par là se trouve garantie l'indépendance des petits États.

Le pouvoir constituant est donc presque entièrement exercé par les pouvoirs constitués eux-mêmes. L'initiative d'un projet de revision appartient au Congrès et aux législatures des États, la rédaction à une convention nationale, le vote aux législatures ou à des Conventions. Ces Conventions ne sont pas dangereuses, ne sont pas souveraines ; leur devoir est strictement tracé et elles ne peuvent sortir de leurs étroites limites : la convention nationale n'est qu'une commission chargée d'un travail préparatoire d'élaboration ; les conventions des États n'ont que le droit d'adopter ou de rejeter ce projet. Il n'y a pas et il ne pouvait y avoir d'assemblée souveraine, maîtresse de reviser comme elle l'entendrait, parce qu'il s'agit d'une constitution fédérale, et qu'il fallait sauvegarder les droits de chaque État.

Il est à remarquer que cet article V n'emploie pas le mot de revision, mais bien celui d'amendements. On veut bien modifier la Constitution, la corriger, l'améliorer ; mais on ne comprend pas qu'on puisse remettre en question le pacte fondamental tout entier.

Quinze amendements (1) sont venus compléter la Constitution fédérale depuis 1787, et ces revisions ont laissé au pays la plus grande tranquillité ; elles sont chez

(1) Dix amendements furent adoptés en 1791 : les 8 premiers forment une véritable déclaration de droits ; le 9e garantit la souveraineté populaire ; le 10e intéresse l'indépendance des États. Le 11e date de 1798. Le 12e (1802) règle la nomination des Président et Vice-Président. Le 13e (1859) abolit l'esclavage. Le 14e proposé en 1866 a été ratifié en 1868. Le dernier ratifié en 1870 garantit le droit de vote aux nègres affranchis.

les Américains une manifestation toute normale de la vie politique. Lorsque l'opinion publique désire une réforme, elle l'indique dans les élections, et la Convention est convoquée. Pendant son travail, rien n'est interrompu ; les corps constitués, les rouages politiques continuent à fonctionner régulièrement, la loi qu'on veut modifier conserve son cours habituel ; on évite ainsi toute crise, toute agitation dans le pays. Au milieu de ce calme l'amendement proposé peut être discuté longuement, sans précipitation, et on ne voit jamais aux États-Unis une revision votée comme une loi urgente : parfois même la sanction des États se fait attendre plusieurs années (1).

Empire allemand.

L'article 78 de la Constitution (Deutsche Reichsverfassung) du 16 avril 1871 est ainsi conçu :

« Les modifications à la Constitution ont lieu sous forme de loi. Elles sont considérées comme rejetées, quand dans le sein du Conseil fédéral 14 voix se prononcent contre elles.

Les dispositions de la Constitution de l'Empire qui établissent des droits spéciaux à l'égard de certains États vis-à-vis de la Confédération ne peuvent être modifiées qu'avec l'assentiment des États en question ».

Ce dernier paragraphe garantit les droits des États ; son interprétation a donné lieu à de vives controverses.

---

(1) Le onzième amendement, relatif à une question de juridiction du pouvoir judiciaire fédéral, n'est devenu exécutoire que 4 ans après la délibération du Congrès.

Faisait-il allusion à l'assentiment du gouvernement de l'État intéressé, ou fallait-il consulter les assemblées représentatives ? Il n'a encore reçu aucune application, mais la doctrine paraît avoir adopté la deuxième solution.

La revision s'opère par les pouvoirs constitués comme une loi ordinaire, exigeant seulement une majorité spéciale. Cette majorité était des deux tiers dans la Constitution de l'Allemagne du Nord, promulguée le 24 juin 1867 après la campagne contre l'Autriche (art. 77). Les traités conclus avec la Hesse, la Bavière, le Wurtemberg lui ont substitué une majorité des trois quarts : 45 voix sur 58. Si l'on remarque que la Prusse a 17 voix au Conseil fédéral (art. 6), que la Bavière, la Saxe et le Wurtemberg réunis en ont 14, on voit qu'il leur est possible de s'opposer à toute modification de la Constitution, et d'exercer, suivant l'expression reçue en Allemagne, un droit de *veto* (1).

Suisse.

La Constitution fédérale de 1848 fut en 1872 l'objet d'une tentative de revision. Le nouveau projet voté par le Conseil national et par le Conseil des États fut repoussé le 12 mai par 5.253 voix. Le 29 mai 1874 fut mise en vigueur la Constitution actuelle ; elle avait été adoptée le 19 avril par 14 États et demi contre 7 et demi, et par 340.199 voix contre 198.013. Un projet de revision partielle a été rejeté par le vote populaire le 6 octobre 1878.

(1) Dans le programme exposé au Congrès de Halle (octobre 1890) le parti socialiste allemand a réclamé le *referendum*.

Enfin le 18 mai 1879 l'article 54 a été modifié : rétablissement de la peine de mort.

CHAPITRE III. — *Constitution fédérale de 1874.*

« ART. 118. — La Constitution fédérale peut être revisée en tout temps.

ART. 119. — La revision a lieu dans les formes statuées pour la législation fédérale (1).

ART. 120. — Lorsqu'une section de l'Assemblée fédérale décrète la revision de la Constitution fédérale, et que l'autre section n'y consent pas, ou bien lorsque 50.000 citoyens suisses ayant droit de voter demandent la revision, la question de savoir si la Constitution fédérale doit être revisée est, dans l'un comme dans l'autre cas, soumise à la votation du peuple suisse par oui ou par non. — Si dans l'un ou l'autre de ces cas, la majorité des citoyens suisses prenant part à la votation se prononce pour l'affirmative, les deux Conseils seront renouvelés pour travailler à la revision.

ART. 121. — La Constitution fédérale revisée entre en vigueur, lorsqu'elle a été acceptée par la majorité des citoyens suisses prenant part à la votation et par la majorité des États. Pour établir la majorité des États le vote d'un demi-canton est compté pour une demi-voix. Le résultat de la votation populaire dans chaque canton est considéré comme le vote de l'État ».

Nous voyons ici apparaître pour la première fois une application du *referendum* : le peuple est consulté, pour savoir s'il désire la revision ; il se prononce aussi pour

____

(1) Il faut donc le vote des deux Conseils, constituant l'Assemblée fédérale, du Conseil national et du Conseil des États.

adopter ou rejeter les modifications proposées. Nous reviendrons plus loin sur cette intervention populaire, et nous grouperons ensemble tous les pays qui la reconnaissent ; il nous suffit pour le moment de constater qu'il faut 50.000 citoyens suisses pour demander la revision, et que la loi du 17 juin 1874 se contente du chiffre de 30.000 électeurs, lorsqu'il s'agit de soumettre au *referendum* une loi ordinaire.

A qui appartient en réalité le pouvoir constituant ? Le texte constitutionnel paraît le réserver au peuple, aux citoyens directement consultés. En fait un pareil vote n'est que la ratification d'un projet discuté et préparé par l'Assemblée fédérale, c'est-à-dire par les pouvoirs constitués. — L'article 121 exige la majorité des États : c'est le trait caractéristique que nous retrouvons plus ou moins précisé dans toutes les clauses de revision des Constitutions fédérales.

Mêmes règles et mêmes remarques pour les quatre Confédérations américaines, dont nous reproduisons les clauses de revision.

Mexique. — Constitution, 12 février 1857.

« Art. 127. — La présente Constitution peut être complétée ou revisée. Pour que les additions ou modifications fassent partie intégrante de la Constitution, il est nécessaire que le Congrès (1) de l'Union, à la majorité des deux tiers de ses membres présents, vote ces réformes ou additions, et que la majorité des législatures des États les

---

(1) Comme aux États-Unis le Congrès comprend deux Chambres : celle des députés et celle des sénateurs (art. 51).

approuve. Le Congrès de l'Union fera le recensement des votes des législatures et déclarera si les additions ou réformes ont été régulièrement approuvées ».

Colombie.

L'article 92 de la Constitution de 1863 décide que la revision totale ou partielle aura lieu aux conditions suivantes :

1° Elle doit être demandée par la majorité des législatures des États ;

2° Elle doit être discutée et approuvée par les deux Chambres en la forme des lois ordinaires ;

3° Elle doit être ratifiée par le vote unanime du Sénat des plénipotentiaires, à raison d'une voix par État.

Une Convention peut aussi être convoquée par le Congrès sur la demande de la totalité des législatures des États. Cette Constituante comprendra un nombre de représentants égal pour chaque État.

Venezuela. — Constitution, 23 mai 1874.

« Art. 122. — La Constitution peut être revisée en tout ou en partie par la législature nationale, si la majorité des législatures des États le sollicitent. La revision sera limitée aux points visés par les États ».

Confédération Argentine. — Constitution, 25 septembre 1860.

« Art. 30. — La Constitution est revisable dans son ensemble et dans chacune de ses parties. La nécessité d'une revision doit être prononcée par le Congrès, à la

majorité des trois quarts de ses membres au moins ;
mais la revision ne pourra être effectuée que par une
Convention (1) convoquée *ad hoc* ».

(1) Le mot *convention*, qui est employé dans la plupart des constitutions
américaines ne doit pas nous induire en erreur. Chez nous il évoque l'idée
d'une assemblée souveraine, omnipotente ; en Amérique il signifie simplement une assemblée constituante, une assemblée chargée de préparer la
nouvelle rédaction de la loi fondamentale.

DEUXIÈME GROUPE

Les états unitaires.

CHAPITRE PREMIER

DES ÉTATS QUI REVISENT LEUR CONSTITUTION PAR LA LÉGISLATURE ORDINAIRE.

Autriche.

Les changements à la Constitution sont discutés et votés par le pouvoir législatif ; on se contente d'exiger une majorité spéciale.

Article 15 de la Constitution du 21 décembre 1867, complété par une loi du 2 avril 1873 :

« Les modifications aux lois constitutionnelles ne peuvent être valablement consacrées qu'à la majorité des deux tiers au moins des membres présents, et avec la présence dans la Chambre des députés de la moitié des membres au moins ».

Prusse.

La Constitution actuelle date du 31 janvier 1850 ; elle a subi quelques modifications de détail en 1853, 1867 et 1875.

« Art. 107. — La Constitution peut être modifiée par

la voie législative ordinaire. A cet égard il suffit dans chaque Chambre de la majorité absolue, obtenue dans deux scrutins successifs, à 21 jours au moins d'intervalle ».

Le Landtag se compose de deux Chambres. L'article 80 décide que la Chambre des Seigneurs ne peut délibérer s'il n'y a 60 membres présents ; pour la Chambre des députés il exige la présence de la majorité du nombre légal de ses membres.

Bavière.

Article 7, titre X, Constitution du 26 mai 1818 :

« Des modifications ou additions ne peuvent être apportées aux dispositions de la Constitution sans le consentement du Landtag (1). — Les propositions qui y sont relatives sont de l'*initiative exclusive* du Roi, et le Landtag ne peut les mettre en délibération que sur sa présentation (2). — Pour qu'une décision soit valable sur les questions de cette importance, il faut dans chaque Chambre la présence des trois quarts des membres et une majorité des deux tiers ».

Saxe.

Art. 152. — Constitution du 4 septembre 1831.

« Les propositions tendant à modifier ou éclaircir la Constitution ou à y faire des additions peuvent être présentées par le Roi aux États, et par les États au Roi. —

---

(1) Le Landtag se compose de la Chambre des Seigneurs (Reichsrœthe) et de la Chambre des députés (Abgeordneten) (titre VI).

(2) Une loi du 4 juin 1848, art. 2, a accordé au Landtag le droit d'initiative sur quelques matières constitutionnelles limitativement déterminées.

Une décision valable ne peut intervenir sur ces matières que si les deux Chambres sont d'accord, et si dans chacune d'elles il y a à la fois présence des trois quarts du nombre légal des membres, et majorité pour l'adoption des trois quarts des membres présents ; en outre une proposition de cette nature ne peut être transmise au Roi que si elle a été adoptée consécutivement par deux Landtags ordinaires (1). »

La stabilité constitutionnelle reçoit une double garantie. D'un côté la revision exige une majorité spéciale, clause que répète la quasi-unanimité des Constitutions ; de l'autre elle impose à toute modification un délai, puisqu'il faut le vote de deux législatures consécutives. — Notons l'article 12 qui n'autorise la revision en cas de régence qu'après l'avis du conseil de famille, composé des princes de la maison royale.

Dans le *Würtemberg*, dans le *Grand-Duché de Bade*, la revision est l'œuvre du pouvoir législatif. La Constitution du Würtemberg du 25 septembre 1819 exige dans son article 176 *in fine* une majorité des deux tiers des membres présents. Celle du Grand-Duché de Bade, 22 août 1818, dit, article 74 : « La présence des trois quarts des membres est nécessaire dans les deux Chambres pour délibérer sur un changement à la Constitution ».

Hambourg.

Art. 101. Constitution du 13 octobre 1879.

« Toute modification à la Constitution exige :

______

(1) Cet article 152 a été appliqué pour différentes revisions partielles en 1849, 1851, 1860, 1861, 1868 et 1874.

1° Une loi régulière votée par la Bourgeoisie (1) sous ces deux conditions : présence des trois quarts au moins des membres, adoption du projet par les trois quarts des membres présents ;

2° Une seconde loi votée dans les mêmes conditions et confirmant la première, vingt et un jours au moins après le premier vote de la Bourgeoisie.

Si le projet ne rallie pas la majorité des trois quarts des membres présents en nombre suffisant, il ne lui est donné aucune suite et on le considère comme rejeté ».

Suède.

La revision est faite par les trois pouvoirs, mais le vote définitif ne peut avoir lieu qu'à la session ordinaire qui suit le renouvellement de la seconde Chambre composant le Riksdag. Le projet de revision peut au contraire être repoussé dans la session même où la proposition a été faite. La seconde législature est limitée par les termes de la résolution adoptée par la première.

Art. 81, de la Constitution du 6 juin 1802, avec les modifications apportées en 1866.

« La présente Constitution, ainsi que les autres lois constitutionnelles du royaume, ne pourront être modifiées ou abrogées que par décision du Roi et du Riksdag en deux sessions ordinaires. — Les décisions du Riksdag sur les questions constitutionnelles proposées par le roi lui seront notifiées de la manière prescrite par la loi or-

____

(1) La Bourgeoisie (Bürgerschaft) est une assemblée législative de 160 membres élus par les bourgeois.

ganique du Riksdag (1). Si le Riksdag adopte une proposition de modification faite dans son sein, sa décision sera soumise au roi, qui devra avant la clôture de la session prendre l'avis de tous les membres du Conseil d'État sur la question, et faire connaître au Riksdag dans la salle du trône son assentiment ou bien les raisons pour lesquelles il ne saurait sanctionner la proposition ».

Le roi exerce dans cette procédure de revision un rôle prépondérant. Non seulement il a le droit d'initiative, mais il peut opposer un *veto* absolu à toute modification, et tenir en échec la représentation nationale. Par suite, la Constitution suédoise n'admet implicitement que les revisions partielles : une réforme ne peut affecter la forme même du gouvernement. Associer le roi à l'examen des propositions constitutionnelles, et lui accorder un pouvoir aussi considérable, c'est reconnaître qu'on ne peut mettre en question la forme monarchique.

Norvège.

La Constitution du 4 novembre 1814 n'autorise que des modifications de détail : pas de revision fondamentale.

Art. 112, modifié par une loi du 24 avril 1869.

« Si l'expérience démontre que quelque partie de la Constitution doive être modifiée, la proposition en sera faite au Storthing (2) à la première session ordinaire après une nouvelle élection et publiée par la voie de la presse.

(1) L'article 79 de la loi organique du Riksdag, 22 juin 1866, décide que pour les propositions de revision présentées par le roi, la réponse du Riksdag, si elle emporte approbation du projet royal, sera rendue dans la salle du trône le jour désigné par le roi. — C'est une formalité destinée à solenniser la procédure de revision.

(2) Le Storthing comprend deux sections : le Lagthing et l'Odelsthing.

Mais cette modification proposée ne pourra être acceptée ou rejetée qu'à l'une des sessions ordinaires après l'élection suivante. Toutefois aucune modification ne pourra jamais contredire les principes de cette Constitution, mais seulement y apporter des changements de détail, qui n'en altèrent pas l'esprit. Ces modifications devront être votées par le Storthing à la majorité des deux tiers des voix. »

Canton de Vaud.

Dans tous les cantons suisses la revision de la Constitution met en jeu la votation populaire et nécessite un *referendum*. Mais ce n'est pas le peuple qui prépare, discute le projet de réforme ; il ne peut que ratifier ou rejeter la loi en bloc. La revision est donc en réalité l'œuvre de l'assemblée qui la prépare, et nous classerons les cantons suivant que cette assemblée sera la législature ordinaire ou une Constituante spéciale.

Deux articles règlent le mode de revision dans le canton de Vaud :

Art. 91. Constitution du 15 décembre 1861.

« Les autorités constituées ne peuvent à quelque titre que ce soit apporter aucun changement à la présente Constitution autrement que dans les formes statuées pour la législation ordinaire et sous réserve de la sanction des assemblées générales de communes ».

Cet article doit être complété par une disposition qui date du 1er mars 1884, et qui, insérée dans l'article 99 de la Constitution, décide qu'on doit soumettre au peuple la question de savoir si la revision doit avoir lieu, avant de préparer aucun projet de réforme.

Les États qui composent la Confédération des États-Unis sont presque unanimes à décider que la revision de leur Constitution nécessite une votation populaire. Leur appliquant la même règle qu'aux cantons Suisses, nous les distinguerons d'après l'assemblée qui prépare la réforme. Un grand nombre d'États confient ce travail préparatoire aux pouvoirs constitués, à la législature ordinaire. Nous ne pouvons les indiquer tous, mais nous résumons trois Constitutions choisies parmi les plus récentes.

Pensylvanie.

L'article XVIII de la Constitution du 16 décembre 1873 autorise le Sénat et la Chambre des députés à proposer des amendements constitutionnels. Si la majorité « des membres élus » de chaque Chambre approuve ces amendements, ils seront publiés par le secrétaire d'État trois mois avant la plus prochaine élection générale dans deux journaux au moins de chaque comté. — Si ces projets réunissent encore la majorité dans les Assemblées nouvellement élues, le secrétaire d'État doit les publier à nouveau. — Trois mois au moins après leur adoption par les Chambres ces amendements sont soumis aux électeurs, et s'ils sont approuvés par la majorité ils feront partie de la Constitution.

La revision est donc l'œuvre de deux législatures consécutives. Nous avons souligné les mots : membres élus, parce qu'il eut été désirable de les trouver reproduits dans notre article 8 ; ainsi l'on eut évité toutes les controverses qu'a soulevées chez nous la question du *quo-*

rum. — Deux points de détail complèteront le système de revision adopté en Pensylvanie. Aucun amendement ne peut être proposé si ce n'est à 5 ans d'intervalle. Pour l'application du *referendum* la Constitution exige que, si deux ou plusieurs amendements sont proposés, il soit voté séparément sur chacun d'eux.

Cette procédure de revision porte le nom de *mode spécifique* : par la publicité donnée à la modification proposée l'opinion publique est avertie, les élections se font sur la question de la revision, et la seconde législature en adoptant ou rejetant le projet ne fait qu'obéir aux vœux du corps électoral.

Illinois.

La loi du 14 mai 1877, articles 1 à 7, règle la procédure de revision. Les amendements à la Constitution doivent être proposés « par motions jointes » à chacune des Chambres de l'Assemblée générale. Tout amendement qui réunit dans chaque Chambre les deux tiers des voix est soumis aux électeurs de l'État. — Le texte de la proposition est publié en entier par le secrétaire d'État dans au moins deux journaux ; cette publication sera faite au moins trois mois avant les élections de l'Assemblée générale nouvelle. — Les greffiers des comtés doivent donner avis qu'auxdites élections ledit amendement sera soumis au vote des électeurs.—Les résultats du vote sont proclamés, et s'ils sont affirmatifs l'amendement est publié dans au moins deux journaux au siège du gouvernement.

Louisiane.

La revision est prévue par l'article 252 de la Constitution du 23 juillet 1879. Des amendements à la loi fondamentale peuvent être proposés dans chaque Chambre. Ils sont lus trois fois à des jours différents et doivent réunir dans chaque fraction du Parlement la majorité des deux tiers de « tous les membres élus ». Le projet adopté est avec les oui et les non insérés aux procès-verbaux. Le secrétaire d'État le fait publier par deux journaux dans la Nouvelle-Orléans, par un dans les autres paroisses pendant trois mois avant la prochaine élection. A cette élection il est soumis au vote du peuple, et s'il est approuvé, il devient partie intégrante de la Constitution. — Si plusieurs amendements sont proposés simultanément, le peuple doit pouvoir voter séparément sur chacun d'eux. — Le gouverneur fait connaître par proclamation les résultats du scrutin.

Rentrent encore dans ce premier groupe la Constitution du *Pérou*, 1856 (art. 131) : la revision des articles constitutionnels est faite par un Congrès ordinaire suivant la procédure usitée pour tout projet de loi ; cette revision ne produit d'effet que si elle est ratifiée de la même manière par la législature ordinaire suivante ; — la Constitution de l'*Equateur*, 1861 : son article 132 exige pour la revision une majorité des deux tiers, et décide qu'on ne pourra toucher à certaines parties fondamentales, *las bases* ; — la Constitution de *Costa-Rica*, 1871.

Cette dernière édicte dans l'article 134 une procédure assez compliquée. La proposition de revision doit être appuyée par un tiers des membres du Congrès ; elle est lue par 3 fois à intervalle de 6 jours. Une première commission nommée par le Congrès présente dans un rapport sa manière de voir sur la question, qui est discutée comme une loi ordinaire, et qui doit réunir les deux tiers des voix. Si la revision est décidée en principe, une seconde commission prépare un projet, qui est présenté par le pouvoir exécutif avec son message dans la première séance ordinaire du Congrès ; ce projet pour être adopté doit être voté par les deux tiers des membres.

Haïti.

Nous reproduisons le texte de la Constitution du 18 décembre 1879, parce que c'est la loi étrangère qui se rapproche le plus du système adopté en France : l'Assemblée nationale chargée de reviser est en effet composée par la réunion du Sénat et de la Chambre des communes.

« ART. 201. — Le pouvoir législatif sur la proposition de l'une des deux Chambres ou du pouvoir exécutif a le droit, n'importe à quelle époque, de déclarer qu'il y a lieu de reviser *telles dispositions constitutionnelles qu'il désigne.*

ART. 202. — Si les deux Chambres admettent la revision proposée, l'Assemblée nationale se réunira et statuera à cet égard.

ART. 203. — L'Assemblée nationale ne peut délibérer sur cette revision, si les deux tiers au moins de ses membres élus ne sont présents. Aucune déclaration ne peut être faite, aucun changement ne peut être adopté dans ce cas qu'à la majorité des deux tiers des suffrages ».

Certains États admettent comme la Saxe, la Norwège et la Pensylvanie, que la revision doit être demandée par deux législatures successives, et que la seconde seule opère la réforme constitutionnelle. Dans quel groupe devions-nous classer ces pays? Nous avons pensé qu'il fallait les étudier à cette place : ce n'est pas une consultation spéciale des électeurs, c'est le renouvellement ordinaire, légal, à intervalles réguliers, des assemblées législatives, et ce sont les pouvoirs constitués qui exercent normalement une de leurs attributions, mais ils sont obligés de laisser écouler un certain délai entre les deux délibérations. Le Portugal seul est cité dans le groupe suivant, car l'article 142 recommande formellement aux électeurs de conférer aux nouveaux députés nu mandat spécial sur la réforme projetée. Aux trois États cités plus haut, il faut joindre les deux suivants.

Bolivie.

La Constitution actuelle a été promulguée le 28 février 1877.

« ART. 132. — Cette Constitution peut être réformée en tout ou en partie, lorsque préalablement la nécessité de la réforme et son objet auront été déterminés avec précision par une loi ordinaire approuvée à la majorité des deux tiers des membres présents de chaque Chambre. L'initiative de cette loi peut être prise indifféremment dans l'une ou l'autre des deux Chambres en la forme constitutionnelle. La loi qui déclarera la nécessité de la réforme sera remise à l'exécutif pour être promulguée.

ART. 133. — Dans les premières séances de la législature où il y aura eu renouvellement dans la Chambre des députés, la question sera prise en considération par la Chambre qui aura projeté la réforme ; et si cette dernière a été approuvée comme nécessaire par les deux tiers des membres présents, le projet sera transmis à l'autre Chambre pour être examiné de nouveau. La revision exigera aussi les deux tiers des voix.

ART. 134. — Les Chambres discuteront et voteront la réforme en se conformant aux dispositions constitutionnelles déterminées par la loi déclaratoire (1). La réforme sanctionnée passera à l'exécutif pour être promulguée, sans que le Président de la République puisse présenter des observations.

ART. 135. — Quand la modification sera relative à la période constitutionnelle du Président de la République, elle ne sera prise en considération, conformément à la disposition des articles précédents, que dans la période qui suivra. »

Ce dernier article donne la solution d'un conflit qui pourrait surgir entre l'exécutif et le législatif. Ce danger est peu à craindre chez nous, puisque le Président de la République n'a aucun rôle actif ; mais il peut cependant arriver que les Chambres indisposées pour un motif quel-

___

(1) C'est la loi votée par la première législature : elle détermine la portée, l'objet, les limites de la revision. — La résolution des deux Chambres en France n'est-elle pas elle aussi une loi, à laquelle doit obéir le Congrès ?

conque contre un Président, qui refuserait de leur céder, tentent de se débarrasser de lui par un moyen ayant les apparences de la légalité, par la revision du texte, qui règle la durée des pouvoirs du Chef de l'Exécutif. L'article 135 s'opposerait à toute prétention de ce genre.

Chili.

La revision est réglée par les articles 165-168 de la Constitution du 1ᵉʳ décembre 1874. Tout projet de modifications constitutionnelles doit être appuyé par un quart des membres de la Chambre où il prend naissance. Si les deux Chambres décident par les deux tiers des voix dans chacune d'elles que la revision est nécessaire, leur résolution sera transmise au Président de la République. Dans la première session que tient le Congrès après le renouvellement de la Chambre des députés, on délibère sur la réforme proposée, la loi devant tout d'abord prendre naissance dans le Sénat. On discute et l'on vote la revision comme s'il s'agissait d'une loi ordinaire.

CHAPITRE II

ÉTATS QUI CONFIENT LA REVISION A UNE LÉGISLATURE
SPÉCIALEMENT ÉLUE.

La législature ordinaire a décidé qu'il y avait lieu de
reviser les lois constitutionnelles. On peut craindre que
le pouvoir législatif ne se soit trompé, qu'il n'ait obéi à
quelque passion politique, à quelque rancune ministérielle, en un mot qu'une telle résolution ne soit pas en
harmonie avec l'opinion publique. Le meilleur moyen
de s'en assurer est de consulter cette opinion, d'en appeler au corps électoral. Deux moyens permettent d'atteindre ce but : on procédera à la nomination d'une assemblée constituante, ou bien — et c'est l'hypothèse
dans laquelle nous nous plaçons — on dissoudra les
assemblées législatives et l'on convoquera à nouveau les
électeurs. Cette dernière solution n'exige aucun rouage
spécial : elle procède par le renouvellement des pouvoirs
constitués, et a la plus grande analogie avec le système
précédemment étudié. La seule différence est la consultation du corps électoral. Dans ce scrutin spécial la revision jouera un rôle prépondérant, et l'on choisira tel ou
tel candidat, suivant qu'il sera ou non partisan de la réforme. La stabilité de la Constitution est ainsi entourée
d'une double garantie, et la rédaction nouvelle s'assure
l'assentiment de la majorité des citoyens. Il ne peut être

ici question d'entraves apportées au droit de reviser, puisque le renouvellement de la législature a lieu dans de très brefs délais : on demande aux électeurs leur avis, et on le fait, nous le répétons, sans créer un organe nouveau, par le seul jeu des assemblées législatives.

Belgique.

La Constitution actuellement en rigueur date du 7 février 1831, et fait extrêmement remarquable, unique même dans l'histoire constitutionnelle, depuis 60 années que cette Constitution existe, elle n'a jamais subi la moindre atteinte, la plus légère revision partielle (1).

« ART. 131. — Le pouvoir législatif a le droit de déclarer qu'il y a lieu à la revision de telle disposition constitutionnelle *qu'il désigne*. — Après cette déclaration les deux Chambres sont dissoutes de plein droit. — Il en sera convoqué deux nouvelles conformément à l'article 71 (2). — Ces Chambres statuent de commun accord avec le roi sur les points soumis à la revision. — Dans ce cas les Chambres ne peuvent délibérer si deux tiers au moins des membres qui composent chacune d'elles ne sont présents ; et nul changement ne sera adopté, s'il ne réunit au moins les deux tiers des suffrages ».

L'observation que nous avons faite en étudiant la Constitution suédoise s'applique également à la Belgique

(1) La question d'une réforme constitutionnelle est actuellement fort agitée en Belgique : le 20 janvier 1891 a eu lieu à Bruxelles une grande manifestation en faveur de la revision et de l'établissement du suffrage universel.

(2) L'article 71 exige que les électeurs soient convoqués dans les 40 jours de la dissolution et les Chambres dans les deux mois.

et à la plupart des pays monarchiques. Pour qu'une revision s'opère légalement, il faut l'intervention et le consentement du roi, et par suite il ne peut être question de changer la forme du gouvernement. La Constitution de 1831 attache à la sanction royale la plus grande importance, et l'acceptation de la réforme par un régent ne lui paraît pas suffisante : l'article 84 dit en effet qu'aucun changement à la Constitution ne peut être fait pendant une régence.

Luxembourg.

L'article 114 de la Constitution du 17 octobre 1868 reproduit à peu près les termes de la loi belge. Pas de revision possible pendant une régence (art. 115). Le pouvoir législatif qui demande la réforme est dissous ; une nouvelle Chambre est élue et convoquée dans les trois mois de la dissolution. Cette nouvelle Chambre ne pourra délibérer sur la revision que si trois quarts au moins des membres qui la composent sont présents ; le projet doit être voté par les deux tiers des voix.

Pays-Bas.

La Constitution du 15 novembre 1887 reproduit textuellement dans son chapitre XI les règles de la Constitution de 1815 sur la revision.

« ART. 194. — Toute proposition de modification à la Loi Fondamentale indique expressément la modification proposée. La loi déclare qu'il y a lieu de prendre en considération la proposition, telle qu'elle l'arrête.

ART. 195. — Après la promulgation de cette loi, les

Chambres sont dissoutes. Les Chambres nouvellement
élues examinent la proposition et ne peuvent adopter les
modifications, proposées par la loi susnommée, que si
elle réunit au moins les deux tiers des suffrages.

« ART. 196. — Il ne peut être apporté aucune modification à l'ordre de succession pendant une Régence (1).

ART. 197. — Les modifications à la Loi Fondamentale
arrêtées par le Roi et les États généraux sont solennellement promulguées et annexées à la Loi Fondamentale ».

Danemark. — Constitution du 28 juillet 1866.

« ART. 95. — Toute proposition de modifications ou
additions à la présente Constitution peut être présentée
au Rigsdag en session ordinaire ou extraordinaire. —
Lorsqu'une proposition de nouvelle disposition constitutionnelle aura été adoptée par les deux Chambres, si
le gouvernement veut y donner suite, le Rigsdag sera
dissous, et il sera procédé à des élections générales à la
fois au Folkething et au Landsthing. — Si la résolution
est adoptée sans changement par le nouveau Rigsdag,
et que le roi la sanctionne, elle aura force de loi constitutionnelle ».

Sauf l'obligation de renouveler le Rigsdag la réforme
constitutionnelle est discutée et adoptée en la forme des
lois ordinaires ; une des conditions essentielles est la
sanction royale. La Constitution de 1849 exigeait avant

(1) Une loi du 5 décembre 1884 avait autorisé la revision de la Loi Fondamentale pendant la Régence ; le texte de 1887 reproduit l'article 198 de
la Constitution précédente.

la dissolution deux délibérations conformes du Rigsdag ; cette entrave a disparu en 1866.

Même procédure en *Islande* : Constitution du 5 janvier 1874. L'article 61 rappelle les dispositions de la loi danoise ; il suffit de remplacer le mot Rigsdag par le mot Althing.

Roumanie.

La Constitution du 20 juin 1884 reproduit quant à la revision le texte de la Constitution de 1866.

« ART. 128. — Le pouvoir législatif a le droit de déclarer qu'il y a lieu à la revision de telle disposition constitutionnelle qu'il désigne. Après cette déclaration, lue trois fois de 15 jours en 15 jours en séance publique, et approuvée par les 2 Chambres, celles-ci sont dissoutes de plein droit, et il en est convoqué de nouvelles dans le délai prescrit par l'article 95 (1). Les nouvelles Chambres statuent d'accord avec le Souverain sur les points soumis à la revision. Dans ce cas les Chambres ne pourront délibérer si les deux tiers des membres qui composent chacune d'elles ne sont présents, et nul changement ne peut être adopté, s'il ne réunit au moins les deux tiers des suffrages. »

Grèce. — Constitution du 16-28 novembre 1864.

« ART. 107. — La Constitution ne peut pas être revisée en entier ; toutefois certaines de ses dispositions, non fondamentales et limitativement désignées, peuvent dix ans après sa promulgation être revisées, si la nécessité en est dûment constatée.

(1) Cet article fixe un délai de six mois.

La nécessité de la revision est suffisamment constatée, si la Chambre (βουλη) demande la revision dans deux législatures consécutives par une résolution spéciale prise à la majorité des trois quarts du nombre total de ses membres, et limitant les dispositions à reviser.

Cette revision une fois résolue, la Chambre en exercice est dissoute, et il en est convoqué une nouvelle spécialement dans ce but ; cette nouvelle Chambre, composée d'un nombre de membres double de celui des députés statue sur les points soumis à la revision ».

La Constitution grecque doit donc se ranger dans le groupe que nous étudions, quoiqu'elle n'ait pas entièrement adopté le système type. La seconde assemblée, à laquelle va incomber la discussion et le vote du projet de revision, n'est pas absolument une législature ordinaire ; elle en diffère par le nombre de ses membres. Il est à craindre que cette Chambre convoquée spécialement, composée d'un nombre anormal de députés, ne soit tentée de se considérer comme une assemblée extraordinaire, supérieure aux pouvoirs constitués, comme une véritable Constituante ! Et certes, telle n'a pas été la pensée du législateur de 1864, qui ne songeait qu'à entourer la revision de formalités et d'obstacles.

Cet article 107 est certainement de tous les textes constitutionnels modernes le plus prudent et le plus limitatif. Il interdit la réforme de toute disposition fondamentale (n'y aurait-il pas une première source de conflits pour interpréter ces mots et pour distinguer ce qui est fondamental de ce qui ne l'est pas ?). Il veut avec raison que les points à reviser soient formellement précisés.

Mais n'est-ce pas se montrer trop rigoureux que d'exiger et la résolution conforme de deux législatures consécutives et une majorité des trois quarts du *nombre total* des membres? Était-il en outre bien utile de doubler le chiffre des représentants à l'assemblée chargée de reviser?

Portugal.

La revision est réglementée par la Charte constitutionnelle du 29 avril 1826. Elle est l'œuvre des pouvoirs constitués : une première législature (1) vote le principe de la réforme ; une seconde discute et adopte le nouveau texte constitutionnel. La seule différence avec les pays précédemment cités, c'est qu'il n'y a pas de dissolution des Chambres : on attend le renouvellement légal et régulier.

« ART. 140. — Si 4 ans après que la Constitution du Royaume aura été jurée, on reconnaît que quelqu'un de ses articles doit être modifié, la proposition en sera faite par écrit ; elle devra prendre naissance dans la Chambre des députés et être appuyée par le tiers de ses membres.

ART. 141. — La proposition sera lue trois fois avec un intervalle de six jours entre chaque lecture, et après la troisième, la Chambre des députés délibèrera si elle peut mettre la proposition en discussion, en se conformant à tout ce qui est prescrit pour la confection des lois.

---

(1) Par exception aux règles généralement admises, l'iniative n'appartient pas aux deux Chambres ; elle est l'attribution exclusive de la Chambre des députés.

Art. 142. — Si elle est mise en discussion, et si l'on reconnaît la nécessité de modifier un article constitutionnel, on expédiera une loi, qui sera promulguée et sanctionnée par le Roi en la forme ordinaire, et par laquelle on ordonnera aux électeurs des députés pour la législature suivante de conférer un mandat spécial pour l'amendement ou la réforme proposée.

Art. 143. — Dans la première session de la législature suivante la question sera mise en délibération, et si le changement ou l'addition à la loi fondamentale est adopté, l'amendement sera joint à la Constitution et solennellement promulgué ».

La Charte monarchique du *Brésil*, 25 mars 1824, avait adopté dans ses articles 174-177 la même procédure de revision. La révolution de 1890 a changé la forme du gouvernement, et le premier Congrès des États-Unis du Brésil n'a pas encore promulgué la nouvelle Constitution.

CHAPITRE III

ÉTATS QUI PROCÈDENT A LA REVISION PAR UNE
ASSEMBLÉE CONSTITUANTE.

Nous entendons par Constituante toute assemblée spéciale, dont l'attribution unique consiste à préparer et à voter les réformes constitutionnelles. La loi fondamentale se distingue nettement dans ces pays des lois ordinaires ; les pouvoirs constitués ne peuvent y toucher. On a créé pour la revision un rouage nouveau, extraordinaire, dont le fonctionnement exige des élections spéciales. C'est la mise en pratique d'une théorie, qui réunit en France un certain nombre d'adhérents, et qui veut établir la démarcation la plus nette entre le pouvoir législatif et le pouvoir constituant. Aucune grande nation ne s'est ralliée à un pareil système ; nous n'en trouvons l'application que dans certains cantons suisses, et dans quelques États de minime importance.

La Constitution de *Genève* et celle de *Fribourg* décident que tout projet de revision totale sera discuté par une assemblée constituante. Dans la même hypothèse de revision totale les cantons d'*Aargau*, de *Schwyz* et d'*Uri* confient la rédaction du nouveau texte à une commission de constitution (Verfassungsrath). Nous nous contentons d'indiquer ce point spécial, car nous aurons dans le chapitre suivant à nous occuper à nouveau de ces diverses Constitutions.

Bulgarie. — Constitution du 16 avril 1879.

« ART. 167. — Les propositions tendant à modifier ou reviser la Constitution sont assujetties à la même procédure que les propositions des lois ordinaires.

ART. 168. — Les propositions de revision doivent pour être adoptées réunir une majorité de plus des deux tiers des membres de l'Assemblée nationale.

ART. 169. — Ces mêmes propositions sont ensuite soumises à l'examen de la Haute Assemblée nationale convoquée à cet effet ; la majorité des deux tiers est également nécessaire pour leur adoption ».

Serbie. — Constitution du 22 décembre 1888.

« ART. 201. — Les propositions tendant à introduire des modifications ou des additions dans la Constitution, ou à interpréter une de ses dispositions, peuvent être présentées par le roi ou par la Skoupschtina nationale.

Une proposition de ce genre doit contenir l'énonciation formelle de tous les points de la Constitution sur lesquels doivent porter les amendements, additions et interprétations projetées.

Si la proposition est présentée par le roi, elle sera communiquée à deux Skoupschtinas issues de deux élections consécutives ; la Skoupschtina sera ensuite dissoute, et la grande Skoupschtina nationale sera convoquée dans un délai de 4 mois au plus.

Si par contre une proposition de ce genre vient de l'initiative de la Skoupschtina, elle doit être votée par cette assemblée à trois reprises différentes, et à 5 jours d'intervalle entre deux votes consécutifs.

Pour statuer sur une proposition de l'espèce, il faut que les trois quarts au moins du nombre des députés fixé par la Constitution soient présents à la séance ; la proposition sera considérée comme adoptée si les deux tiers au moins des députés présents votent en sa faveur.

La proposition une fois adoptée de cette façon par deux Skoupschtinas issues de deux élections consécutives, la Skoupschtina sera dissoute, et la grande Skoupschtina nationale sera convoquée dans un délai de 4 mois au plus, à partir du jour de l'approbation de la proposition.

Dans chacun des deux cas, la grande Skoupschtina nationale pourra statuer seulement sur les amendements et additions à introduire dans la Constitution renfermées dans la proposition en vertu de laquelle elle a été convoquée.

Les décisions de la grande Skoupschtina nationale seront exécutoires lorsqu'elles auront été sanctionnées par le Roi ».

L'article 202 désigne certaines dispositions constitutionnelles qui peuvent exceptionnellement être l'objet d'une revision sur la proposition d'une seule Skoupschtina ; cette proposition sera votée dans les conditions ordinaires.

La revision sollicitée par la législature ordinaire est opérée par une assemblée spéciale. Il est bon toutefois de remarquer que cette assemblée ne répond pas entièrement à l'idée que nous nous faisons d'une Constituante.

Pas plus en Serbie qu'en Bulgarie il ne s'agit d'un pouvoir extraordinaire, exclusivement constituant. La Haute Assemblée nationale et la grande Skoupschtina nationale sont plutôt en réalité des pouvoirs constitués, qu'on ne réunit qu'exceptionnellement; mais leur rôle ne consiste pas uniquement à reviser : c'est ainsi que ces Assemblées ont seules compétence pour trancher les questions de cession et d'échange de territoires.

Paraguay.

Les articles 122 à 125 de la Constitution de 1870 décident qu'il y aura lieu à revision, lorsque le Congrès en aura reconnu la nécessité à la majorité des deux tiers de ses membres. C'est une convention, élue directement par le peuple et composée d'un nombre de membres égal au nombre des députés et des sénateurs, qui est chargée de la réforme. Cette Constituante ne peut reviser que les points indiqués par le Congrès.

Salvador.

D'après l'article 133 de la Constitution du 4 décembre 1883, tout projet de revision doit pour être admis réunir la majorité des deux tiers des voix des représentants élus dans chaque Chambre; il doit en outre indiquer exactement le ou les articles qu'il y a lieu de modifier. La résolution des Chambres sera publiée dans le *Journal officiel* et sera renvoyée pour sa prise en considération à la première législature qui suivra. Si celle-ci ratifie la proposition, une Assemblée constituante sera convoquée pour voter les réformes.

CHAPITRE IV

Certaines législations ont hésité entre les trois sortes de procédure que nous venons d'indiquer ; elles ont pensé que chacune présentait des avantages particuliers, et qu'il ne fallait pas écarter par un texte précis telle ou telle forme de revision, qui pouvait à un moment donné avoir son utilité. Il faut apprécier les circonstances au milieu desquelles naît le projet de réforme, tenir compte du but poursuivi, et alors en pleine connaissance de cause une décision sera prise, réglant la procédure à suivre. Qui sera juge de la question ? Ce rôle revient de droit aux pouvoirs qui ont à se prononcer sur la nécessité d'une modification constitutionnelle, c'est-à-dire tantôt à la législature, tantôt au corps électoral consulté directement.

Ce droit d'option constitue la règle générale des cantons suisses ; mais nous ne le trouvons appliqué que là et dans quelques États américains.

Berne. — Constitution du 31 juillet 1846.

« ART. 90. — La demande d'une revision de la Constitution peut être faite : 1° par le Grand Conseil ; 2° par au moins 8000 citoyens actifs, dans la forme à déterminer par la loi.

Art. 91. — Aussitôt qu'une pareille demande sera faite, le Grand Conseil devra soumettre à la décision des assemblées politiques les questions suivantes:

1º La revision de la Constitution doit-elle avoir lieu? et dans le cas de l'affirmative :

2º Cette revision doit-elle se faire par le Grand Conseil ou par une Assemblée constituante.

Art. 92. — Si la majorité des votants se prononce pour la revision par le Grand Conseil, ce corps suivra, pour la délibération du projet de Constitution, la même marche que celle qui est tracée pour la délibération du projet d'une loi permanente (1).

Art. 93. — Si la majorité des votants se prononce pour la revision par une Assemblée constituante, le Grand-Conseil avisera de suite aux mesures nécessaires pour en faire élire une.

Art. 94. — Chaque cercle électoral, tel qu'il est établi pour les élections au Grand Conseil (art. 7), élit sur chaque nombre de 3.000 âmes de sa population un membre à l'Assemblée constituante. Une fraction au-dessus de 1500 donne également droit à l'élection d'un membre.

Art. 93. — Le projet de Constitution discuté par le Grand Conseil ou par l'Assemblée constituante sera soumis à l'acceptation ou au rejet définitif des assemblées politiques ».

---

(1) L'article 30 exige pour toute loi permanente deux débats avec un intervalle de 3 mois au moins.

Neuchâtel. — Constitution du 21 novembre 1858.

« ART. 82. — La Constitution pourra être revisée en tout temps. Elle devra l'être si la majorité des électeurs le décide.

ART. 83. — Si le Grand Conseil ou au moins 3.000 électeurs, dont les signatures seraient dûment légalisées, trouvent opportun de réclamer une revision soit totale soit partielle, la question sera soumise aux collèges électoraux, réunis à cet effet, et ils décideront : 1° si la revision doit avoir lieu ; — 2° si elle doit avoir lieu par une Assemblée constituante ou par le Grand Conseil. — En cas de revision partielle l'autorité qui en sera chargée ne pourra s'occuper que des articles dont la revision aura été décidée.

ART. 84. — Si le peuple se prononce pour la revision par une Constituante, cette Assemblée sera nommée sur la base fixée par la Constitution pour l'élection du Grand Conseil.

ART. 85. — La Constitution sera soumise à la sanction du peuple en la forme que l'Assemblée constituante ou le Grand Conseil constituant aura déterminée. »

Tessin.

La Constitution du Tessin est la plus ancienne des constitutions cantonales actuellement en vigueur : elle date du 23 juin 1830, et a subi depuis un certain nombre de réformes partielles : nous ne mentionnons que la loi du 20 novembre 1875, qui règle dans son article 15 la nouvelle procédure de revision.

D'après cet article la Constitution peut être revisée en tout ou en partie soit sur la demande de la majorité des membres composant le Grand Conseil, soit sur la demande de 7.000 citoyens électeurs. Dans les deux cas le Conseil d'État doit dans le mois soumettre au peuple la question de savoir si oui ou non il entend reviser sa Constitution, et dans le cas de l'affirmative, si le projet de revision doit être préparé par le Grand Conseil ou par une Constituante. L'Assemblée constituante serait élue d'après les règles suivies pour le renouvellement du Grand Conseil. — La ratification du peuple est toujours réservée.

L'interprétation de cet article 15 a été la cause ou plutôt le prétexte d'une révolution, qui a éclaté à Bellinzona, le 11 septembre 1890. Les élections de l'année précédente avaient donné la majorité aux conservateurs, et les radicaux, dépossédés du pouvoir, avaient demandé la revision de la Constitution cantonale, en ce qui touche notamment le régime électoral ; 10.000 électeurs signèrent la pétition. Quelque temps après avaient lieu des troubles insurrectionnels : le parti radical accusait le Conseil d'État conservateur de ne pas se conformer à l'article 15, et de ne pas soumettre au peuple la question de l'opportunité de la revision dans le délai d'un mois. Le Conseil d'État ne refusait pas de donner la satisfaction exigée par la loi ; il prétendait simplement faire courir le délai d'un mois, dans lequel ce plébiscite doit avoir lieu, non pas du dépôt de la requête, mais de la vérification du nombre et de l'authenticité des signatures y apposées. Une simple question de jours a donc été le prétexte — c'est le seul mot qui convienne — de cet appel aux armes. — Le peuple consulté le 5 octobre a donné aux partisans de la revision une majorité de 74 voix sur environ 23.000 votants.

Valais.

Dans les trois cantons, que nous venons de citer, la revision sera donc l'œuvre soit de la législature ordinaire, soit d'une assemblée constituante, sous réserve de la ratification populaire. Le droit d'option entre les deux systèmes est de la compétence exclusive du peuple, consulté directement. — Nous retrouvons dans le Valais une disposition analogue, mais avec cette différence que si le pouvoir législatif prend l'initiative de la revision, il pourra élaborer lui-même la nouvelle rédaction constitutionnelle sans solliciter des électeurs un mandat spécial.

Art. 87. — Constitution du 26 novembre 1875. — « La présente Constitution devra être revisée, lorsque la majorité des citoyens habiles à voter en fera la demande. — La demande de revision faite par 6.000 citoyens sera soumise à la décision du peuple réuni en assemblées primaires. — Dans les cas d'affirmative, ces assemblées devront en même temps décider si la revision doit être totale ou partielle, et si elle doit être faite par le grand Conseil ou par une Constituante. — Toute demande de revision devra être adressée au Grand Conseil. Les signatures qui l'appuient seront données par communes, et la capacité électorale des citoyens qui les ont apposées devra être attestée par l'autorité communale.

Art. 88 — Le Grand Conseil peut aussi reviser la Constitution selon les formes fixées pour l'élaboration des lois, après avoir voté l'opportunité de la revision dans deux sessions ordinaires.

Art. 89. — La Constitution revisée sera soumise à la votation du peuple ».

Dans le canton des Grisons, dans ceux de Zurich et de Bâle-Ville la revision de la Constitution est discutée et proposée par le pouvoir législatif seul, mais ce sera tantôt la législature actuelle, tantôt une législature spécialement élue, qui rédigera le nouveau texte.

A *Zurich* l'article 65 de la Constitution du 31 mars 1869 décide que, si l'initiative du projet de revision émane du Conseil actuel, c'est lui qui l'élaborera. Si la revision totale est demandée par le peuple, il y a lieu au renouvellement du Conseil cantonal, et la nouvelle assemblée procédera à la réforme. — Les modifications constitutionnelles exigent au sein du Conseil cantonal deux délibérations à au moins deux mois d'intervalle.

La Constitution de *Bâle-Ville* date du 10 mai 1875. D'après les articles 47-49 le Grand Conseil peut prendre l'initiative de la revision et décider si elle sera proposée par lui-même ou par un nouveau Grand Conseil à élire. — Chaque fois que 1,000 citoyens demandent la revision, le Grand Conseil doit se prononcer sur cette question ; son avis sur l'adoption ou le rejet de la proposition est soumis aux électeurs, qui doivent décider aussi si le projet sera préparé par le Grand Conseil actuel ou par une assemblée nouvellement élue. — La Constitution revisée est soumise à la votation populaire ; en cas de rejet la Constitution précédente reste en vigueur.

La Constitution *des Grisons* a été promulguée le 23 mai 1880 ; nous reproduisons son article 58 :

« La Constitution peut toujours être revisée partiellement où dans son ensemble.

Le Grand Conseil peut ordonner spontanément la revision et en soumettre le projet au vote populaire, ou bien encore, s'il estime qu'une revision est opportune, il peut auparavant interroger le peuple sur ce point, et lui demander si la revision doit avoir lieu ou non, en joignant son avis à sa question.

La même question également accompagnée de l'avis du Grand Conseil devra être soumise au vote du peuple, lorsque 5.000 habitants du canton, ayant capacité électorale, en auront fait la demande.

En même temps que le peuple statuera sur la question de savoir si la Constitution doit ou non être revisée, il devra également, s'il opte pour l'affirmative, décider si l'élaboration de la Constitution revisée doit être confiée au Grand Conseil actuel ou à une nouvelle assemblée qu'il conviendrait d'élire ».

Ce texte se complète par l'article 2, qui soumet au vote populaire toute modification à la Constitution.

Un autre groupe de cantons suisses admet cumulativement deux systèmes de revision, mais le choix entre les deux n'est plus une question d'espèce : la Constitution prévoit elle-même les diverses hypothèses avec la solution à leur donner.

Genève. — Constitution du 24 mai 1847.

« ART. 152. — Tout projet de changement à la Constitution sera d'abord délibéré et voté suivant les formes prescrites pour les lois ordinaires. Il sera ensuite porté, dans le délai d'un mois, à la sanction du Conseil général. Dans ce cas la majorité absolue des votants décidera de l'acceptation ou du rejet.

ART. 153. — Tous les quinze ans, la question de la revision totale de la Constitution sera posée au Conseil général. Si le Conseil général vote la revision, elle sera opérée par une assemblée constituante. La Constitution ainsi revisée sera soumise à la votation du Conseil général : la majorité absolue des votants décidera de l'acceptation ou du rejet ».

La revision est donc suivant les cas l'œuvre de la législature ou d'une Constituante, sous réserve de la ratification du Conseil général, c'est-à-dire du corps électoral agissant collectivement. Le seul point intéressant de cette procédure est la nécessité de résoudre tous les quinze ans la question de la revision totale. C'est la seule Constitution moderne dans laquelle ait été insérée une disposition semblable. Ce système avait eu ses partisans en France pendant la Révolution : il fut rejeté comme organisant des perturbations périodiques, et comme attentatoire à la liberté absolue de reviser. Il fonctionne à Genève depuis 1847 sans qu'on ait eu à déplorer les conséquences rédoutées. Mais il faut bien reconnaître que ces résultats sont dus aux mœurs plus qu'à l'institution. Il ne s'agit pas en effet de convoquer une assemblée spéciale, extraordinaire, et par là même dangereuse ; on en appelle aux électeurs, et cette consultation est normale : c'est la sanction ordinaire de toute proposition législative (loi du 25 mai 1879). Le *referendum* avec lequel on est familiarisé n'entraîne aucune agitation, aucun trouble dans le canton. De plus le principal inconvénient de ces revisions périodiques, je veux dire l'impossibilité de présenter un projet de réforme constitutionnelle entre deux dates fixes, n'existe pas dans le canton de Genève. Parallèlement à cette discussion obligatoire tous les 15 ans existe en effet une autre procédure, qui permet de reviser à tout instant par l'intermédiaire du pouvoir législatif.

Fribourg. — Constitution du 24 mai 1857.

« ART. 78. — La Constitution peut toujours être revisée en totalité ou en partie. Dans ce dernier cas les articles dont la revision est demandée doivent être spécialement désignés.

ART. 79. — La revision totale ou partielle peut avoir lieu : 1° lorsqu'elle est demandée dans les formes à déterminer par la loi par 6.000 citoyens au moins ; 2° lorsqu'elle est décrétée par le Grand Conseil.

Dans l'un comme dans l'autre de ces cas la question de savoir si la Constitution doit être revisée est soumise à la votation du peuple, et si la majorité absolue des citoyens actifs se prononce pour l'affirmative, il est procédé à la revision dans les formes établies par les articles suivants.

ART. 80. — La revision totale se fait par une Constituante qui est élue de la même manière que le Grand Conseil.

Art. 81. — Si le projet de Constitution revisée est rejeté par la majorité des citoyens actifs prenant part à la votation, la même assemblée Constituante en élabore un second. — Si le second projet est encore rejeté, il est procédé à l'élection d'une nouvelle Constituante.

Art. 82. — La revision partielle se fait par le Grand Conseil. Les articles à reviser sont soumis à deux délibérations à un intervalle de 6 mois. — Le projet des articles revisés, adopté par le Grand Conseil, est soumis à l'acceptation du peuple, qui procède à ce vote après l'expiration d'un mois au moins depuis la seconde délibération. — Si la majorité des citoyens actifs prenant part à la votation se prononce pour l'acceptation, les articles revisés sont promulgués et font partie intégrante de la Constitution ».

Nous citons encore deux autres Constitutions cantonales de date récente, qui règlent une double procédure : la revision est préparée soit par la législature, soit par une assemblée spécialement élue.

La loi fondamantale du canton d'*Aargau* : 1876, autorise dans les articles 84-94 la revision totale ou partielle. L'initiative appartient au Grand Conseil, ou aux électeurs : il suffit dans ce dernier cas d'une requête contresignée par 6.000 citoyens. La revision partielle est faite par le grand Conseil dans la forme des lois ordinaires. S'il s'agit de revision totale, il faut d'abord consulter le peuple sur la nécessité de la réforme. L'approuve-t-il, une *Commission de Constitution*, chargée de préparer la nouvelle rédaction, est nommée par tous les électeurs. — Dans les deux cas le projet est soumis à la votation populaire.

Mêmes règles dans le canton de *Schwyz* (Constitution du 23 sept. 1877 ; art. 109-113.) 2.000 électeurs suffisent pour demander la revision. Si elle est totale, elle est préparée par une Commission de Constitution ; si elle est partielle, elle est de la compétence du Conseil cantonal, où elle doit faire l'objet de deux délibérations.

Il est un dernier groupe de cantons, dont nous n'avons pas encore parlé ; ce sont les cantons purement démocratiques, qui se caractérisent par l'omnipotence de l'assemblée générale des électeurs, et par son intervention directe dans tous les actes de la vie politique. Ces cantons sont ceux d'Uri, d'Unterwald, de Glaris et d'Appenzell. Voici comment ils procèdent à la revision de leur Constitution.

L'article 45 de la Constitution d'*Appenzell* (23 décembre 1876) déclare que la revision est toujours possible. L'Assemblée générale de tous les habitants électeurs (Landsgemeinde) est consultée, dès qu'une proposition est faite, sur le point de savoir s'il y a lieu à reviser. Si elle se prononce pour l'affirmative, elle indique qui sera chargé de préparer la nouvelle rédaction.

La Constitution du canton d'*Uri* est toute récente ; elle date du 6 mai 1888. Son article 96 est ainsi conçu :

« Une revision de la Constitution peut être en tout temps ordonnée par l'assemblée cantonale, en observant les conditions fixées par la loi. La résolution prise ordonne-t-elle une revision totale, alors l'Assemblée cantonale procède au choix d'une Commission de la Constitution, chargée de préparer et de soumettre à l'Assemblée cantonale le nouveau projet de Constitution ».

Nous avons vu qu'un grand nombre d'États de l'Union américaine chargeaient du travail de revision le pouvoir législatif. Il en est quelques-uns qui admettent cumulativement deux moyens possibles de reviser. Comme types de ce dernier groupe nous allons citer deux Constitutions récemment promulguées, celle de la Californie et celle de la Géorgie.

Californie.

La question est résolue par l'article XVIII de la Constitution du 7 mai 1879. Les amendements à la loi fondamentale peuvent être proposés dans les deux Chambres. S'ils sont approuvés par les deux tiers des membres élus de chacune d'elles, ils sont insérés aux journaux des Chambres avec les oui et les non ; la législature les soumet au peuple de la manière et au moment qui lui paraissent convenables. Un vote distinct a lieu sur chaque amendement.

Lorsque deux tiers des membres élus de chaque Chambre jugeront nécessaire une revision totale, ils recommanderont aux électeurs de voter à l'élection générale suivante pour ou contre l'élection d'une Convention. Si la réponse est affirmative, la législature convoquera une Convention. Cette Assemblée se composera d'un nombre de représentants, qui ne pourra dépasser le nombre des membres des deux Chambres ; elle se réunira dans le délai de 3 mois après l'élection, dans la ville que la législature aura déterminée. La nouvelle Constitution sera soumise à la ratification populaire, de la manière que la Convention aura définie. Les résultats seront proclamés par le chef de l'État.

Géorgie.

Titre XIII, Constitution du 5 décembre 1877.

« Des amendements à cette Constitution peuvent être proposés dans l'une ou l'autre Chambre ; s'ils sont adoptés à la majorité des deux tiers des membres de chaque Chambre, ils seront inscrits au procès-verbal avec le nom des votants. L'Assemblée générale les fera ensuite publier dans un ou plusieurs journaux de chaque district deux mois avant la date des élections générales, et pourvoira à ce qu'ils soient soumis au vote populaire à cette même date. S'ils sont votés par les électeurs qui ont qualité pour prendre part à l'élection des membres de l'Assemblée générale, ils formeront partie intégrante de la présente Constitution. Si plusieurs amendements sont présentés en même temps, les électeurs devront être mis à même de voter séparément sur chacun d'eux.

Une Assemblée constituante ne pourra être convoquée par l'Assemblée générale pour reviser ou changer cette Constitution, qu'en vertu d'un vote conforme émis par les deux tiers des membres de chaque Chambre. Pour la composition de cette Assemblée constituante, on prendra autant que possible la population comme base de la représentation ».

APPENDICE

I. — Constitutions qui ne prévoient pas leur revision.

Angleterre.

« En 1793, Hérault de Séchelles faisait demander à
la Bibliothèque nationale un exemplaire des lois de Mi-
nos. On commettrait une erreur toute pareille si l'on
s'avisait de chercher le texte de la Constitution anglaise » (1). Les Anglais n'ont aucun goût pour « la co-
dification qui pétrifie les lois » ; leur Constitution n'est
pas écrite, n'a pas de rédaction officielle. Certains jurisconsultes ont pu collationner les différents actes et les divers textes organiques ; jamais le législateur n'a sanctionné ces recueils. C'est une Constitution coutumière ;
elle se compose de cet ensemble d'usages et de précédents que l'on désigne sous le nom de *common law*. Par
suite elle est peu précise, vague, diffuse ; et lord Pal-
merston pouvait dire en parlant de cette constitution :
« je suis prêt à donner une bonne récompense à celui qui
m'en porterait un exemplaire ».

Dans une pareille conception constitutionnelle il n'y a
pas place pour la revision telle que nous l'entendons,
c'est-à-dire pour une réforme officielle de textes, pour
la modification solennelle d'un article. Les mots : *revision de la Constitution, pouvoir constituant* n'existent pas

(1) Boutmy, *Études sur le droit constitutionnel*, p. 3.

plus dans le dictionnaire politique de nos voisins, que l'idée qu'ils représentent n'existe dans les esprits. Par un travail sourd, latent, s'opèrent des transformations insensibles, des améliorations progressives. A l'imitation de la nature le développement a lieu successivement, sans secousses, et l'esprit nouveau ne s'infuse que lentement, rajeunissant d'antiques usages. Sans système, sans unité de méthode les statuts s'ajoutent aux statuts au jour le jour : ils sont le résultat des événements, et répondent aux nécessités de l'heure présente. « Avec un régime politique doué comme le nôtre d'une faculté inépuisable d'adaptation, il n'est jamais difficile de donner satisfaction aux besoins nouveaux qui se produisent (1). »

Il y a plus : on pourrait croire que les Anglais tout en sachant innover hésitent à le proclamer ; le mot les effraie plus que la chose, et à notre formule favorite : *tout nouveau, tout beau,* ils sont tentés de répondre par l'adage : *the new is false.* Aucune réforme ne se présente chez eux comme une innovation : lorsqu'ils proclament quelque droit nouveau, ils arguent de leur constitution composée de mille coutumes éparses, et répètent avec insistance qu'ils rappellent seulement un droit ancien dont le peuple anglais a toujours joui. « Rien n'est plus remarquable dans l'histoire de notre Constitution que le caractère de permanence que conservent toutes les institutions faisant partie du gouvernement du pays, en dépit des changements continuels et souvent énormes que subissent leurs pouvoirs, leurs privilèges et leur

(1) Palgrave, *La Chambre des Communes,* p. 44.

influence » (1). Ici comme partout apparait l'ingéniosité anglaise ; c'est l'application la plus caractéristique du génie de ce peuple, si habile aux transitions sociales. Qui donc l'égalera dans l'art difficile de joindre sans renversement le présent au passé, et d'exploiter tout ce qui fut pour le plus grand profit de tout ce qui est ?

A qui appartient-il de proclamer à nouveau un droit ancien ou plutôt de modifier un usage constitutionnel ? C'est au Parlement. La Constitution n'étant pas solennellement formulée peut être transformée comme une loi ordinaire. Suivant un vieil adage, devenu banal, le Parlement peut tout faire, « si ce n'est un homme d'une femme » ; il a dans sa plénitude l'exercice de la souveraineté : il peut tout, parce qu'il a tout fait ; il a tout fait, parce qu'étant né et ayant vieilli avec la société, il a présidé à tous les événements de son histoire. Nous ne trouvons en Angleterre aucune différence entre le pouvoir constituant et le pouvoir constitué : le Parlement peut sans suivre aucune règle spéciale toucher aux dispositions les plus importantes de la Constitution. Sir Édouard Coke parlant de la toute-puissance du Parlement, dit « qu'il peut changer et créer de nouveau la constitution du royaume (2) ». Aucune précaution n'est prise pour rendre la revision constitutionnelle lente et solennelle ; il n'existe pas de procédure particulière, et sur la modification d'une règle fondamentale on pourrait déclarer l'urgence.

Cette confusion du constituant et du législatif n'est

(1) Erskine May, *Histoire constitutionnelle de l'Angleterre,* t. 1, p. 266.
(2) Tocqueville, p. 312.

formellement précisée dans aucun texte ; c'est un usage
immémorial, une tradition consacrée. Nous pourrions
cependant citer un statut de la reine Anne, qui consacre
le droit du Parlement de changer par une loi l'ordre de
succession au trône. Rappelons un fait des plus caracté-
ristiques : le pacte de 1688, le fameux Bill des Droits,
était l'œuvre d'une convention nationale ; on ne reconnut
son autorité que lorsqu'il eut été repris par un Parlement régulier, et voté comme une loi ordinaire. Comme
en France la Chambre haute a ses adversaires ; les différentes propositions, émanant de l'initiative privée et
tendant à la suppression de la Chambre des Lords, qui se
sont produites ces dernières années, ont été présentées
sous forme de bills législatifs. — C'est ainsi que les droits
populaires ont été acquis sans révolution, que le pouvoir
est passé de la couronne à la Chambre des communes,
et que la liberté constitutionnelle a pu se concilier avec
les anciennes institutions. « La solidité de cette Constitution vient de sa souplesse : elle plie et ne rompt pas » (1).

Le système anglais n'est pas théoriquement exempt de
critiques. Cette constitution coutumière ne subit que des
modifications incomplètes, et il en résulte que rien n'est
supprimé, que tout principe, alors même qu'il ne reçoit
aucune application présente, subsiste à l'état latent. On
aperçoit le défaut et les dangers qui en sont la conséquence possible. Comment empêcher un droit, un privilège, qui sommeillait depuis de longues années, de se
réveiller, de réclamer sa mise en vigueur, et de faire
échec au droit actuel ? Est-ce qu'en 1860 la Chambre des

(1) Boutmy, l. c., p. 35.

Lords n'émit pas la prétention d'exercer à nouveau une attribution longtemps négligée, le droit d'amender les lois financières, et n'eut-elle pas en définitive le dernier mot ? Aujourd'hui, comme il y a un siècle, Livingstone pourrait dire (1) : « Un roi d'Angleterre peut, quand il le voudra, se rendre absolu ». Par l'absence d'un texte formel, par la superposition des coutumes les plus diverses, les différents pouvoirs, armés les uns et les autres de titres également sérieux, peuvent être tentés de s'engager dans des conflits légaux et insolubles. — En outre une Constitution, que rien ne différencie d'une loi ordinaire, est trop mobile : elle n'apparaît pas avec le caractère de durée, de fixité, qui fait sa force et son autorité. — Il serait injuste de ne pas reconnaître que la pratique anglaise ne justifie nullement nos critiques théoriques. Mais l'honneur n'en revient pas selon nous à la méthode constitutionnelle ; il appartient à l'esprit public, au respect de la coutume, et aux mœurs politiques, qui peuvent se résumer dans les deux mots de tradition et de mesure. C'est par ces mœurs que les Anglais se passent de revision solennelle, qu'ils peuvent ne compter que sur le temps, les événements pour faire progresser leur régime constitutionnel, et qu'ils ont réussi à allier le progrès à la conservation.

M. Lefèbvre dans l'ouvrage déjà cité, M. Glasson dans son *Histoire du droit et des institutions de l'Angleterre*, t. XI, p. 46, et beaucoup d'autres publicistes, regrettent vivement que la Constitution de 1875 n'ait pas copié la loi anglaise. C'est selon eux la seule méthode simple et

—————————

(1) *Examen du Gouvernement d'Angleterre*, p. 22.

rationnelle ; le législateur français en ne l'adoptant pas telle qu'elle existe de l'autre côté du détroit n'aurait obéi qu'à un vain amour-propre d'auteur. Nous ne saurions souscrire à cette conclusion ; on peut approuver le système, on peut surtout admirer son fonctionnement en Angleterre ; mais nous sommes persuadés qu'on ne pourrait sans les plus graves inconvénients le transplanter dans aucun autre pays, surtout en France. Il y a en effet une trop grande dissemblance dans la Constitution et dans les idées politiques des deux peuples.

Par goût le Français aime l'uniformité, la logique ; par le cours des événements ce naturel s'est encore développé. La Révolution de 1789 ayant fait table rase des institutions politiques et des lois sociales, il a fallu reconstruire totalement l'édifice, créer de toute pièce une nouvelle organisation. C'est la méthode simultanée : notre Constitution est un traité scientifique, une œuvre conçue d'un seul jet. — Les Anglais au contraire n'aiment pas à généraliser ; ils craignent d'être victimes de la logique, et se refusent à codifier leur Constitution, voulant conserver « ces incohérences heureuses, ces disparates utiles, ces contradictions tutélaires, qui ont une raison décisive de se retrouver dans les institutions; c'est qu'elles se trouvent déjà dans les choses elles-mêmes » (1). Leur histoire ne comprend aucun bouleversement profond et général; ils n'ont eu qu'à consolider, non à réédifier. Leur Constitution est l'œuvre des siècles, la consécration d'un ensemble de privilèges et de droits remontant à un temps immémorial. C'est la mé-

____

(1) Boutmy, *l. c.* p. 8.

thode successive ; elle convient admirablement à la nation, qui prétend « qu'un peuple sans passé est un peuple sans avenir » (1). — Il en résulte cette différence fondamentale, qui s'opposerait à elle seule à toute assimilation : le Parlement français est l'œuvre de la Constitution ; la Constitution anglaise est l'œuvre du Parlement.

Même divergence dans les idées constitutionnelles. Nous préférons le juste à l'utile ; c'est le contraire en Angleterre. Nous voulons un tout complet, une législation rationnelle, un travail d'ensemble ; nous nous complaisons devant « une large conception en surface » (2) ; n'ayant pas de traditions, nous nous livrons aux recherches spéculatives. Les Anglais préfèrent « une étroite conception en profondeur » (2) ; ils trouvent dans leur passé d'antiques usages toujours maintenus et respectés, et ont pour guide l'expérience ; partisans d'une politique utilitaire, ils ne songent à corriger un abus, à rectifier une erreur, que lorsqu'elle devient un danger. L'absence de logique ne justifie point à leurs yeux la nécessité d'une revision. — Nous retrouverions la même antinomie dans les mœurs politiques, si nous ne craignions de sortir des cadres de cette étude. Au lieu de suivre l'opinion publique comme en Angleterre, nos représentants ont l'habitude de la régenter. En outre, avec notre division en partis distincts, hostiles et intolérants, la revision ainsi comprise ne serait qu'une arme de combat, qu'un moyen d'opposition : le système anglais demande la confiance réciproque et le goût des transactions.

(1) Laboulaye, *l. c.*, p. 380.
(2) Boutmy, p. 68.

La situation constitutionnelle de la *Hongrie* a de nombreux points de ressemblance avec celle de l'Angleterre. Sa première Constitution remonte en 1222 ; depuis elle s'est développée, modifiée à travers les siècles. Il existe quelques documents écrits, notamment ceux de 1848 et de 1867 ; mais ses institutions reposent principalement sur un ensemble de règles coutumières, résultant de la tradition. En l'absence d'un texte précis sur la revision, nous devons appliquer à cet État tout ce que nous venons de dire sur l'Angleterre.

Restent deux grands États européens, qui n'ont pas résolu le problème de la revision.

L'*Italie* a adopté comme Constitution le statut fondamental du Piémont du 4 mars 1848. Ce texte est muet sur la question. Aucun projet de revision n'a été proposé depuis cette date ; lorsque cette hypothèse se réalisera, l'Italie va se trouver dans une situation analogue à celle de la France sous les Chartes ; il ne nous paraît pas hasardeux de présager que la même difficulté recevra la même solution.

En *Espagne* ni la Constitution du 23 mai 1845, ni celle du 30 juin 1876, qui est actuellement en vigueur, n'ont prévu leur revision. Les changements apportés au régime politique de ce pays ont été jusqu'à nos jours l'œuvre des révolutions. La doctrine reconnaît qu'on doit ici encore suivre la règle, généralement admise en France en 1842, à savoir que toute revision légale doit être faite par les trois pouvoirs constitués.

II. — États qui soumettent la revision
a un plébiscite.

Ces États ont été déjà étudiés, mais séparément, dans différents groupes ; il est intéressant de les rapprocher, parce qu'ils ont ce caractère commun d'en appeler directement au peuple pour la ratification de toute réforme constitutionnelle. Nous ne reprendrons pas une énumération ingrate ; on peut les indiquer d'un mot : rentrent dans cette catégorie l'unanimité des cantons suisses, et l'immense majorité des États de l'Union américaine (1). Nous ne relèverons pas davantage les différences de détail qui existent entre ces législations. Peu nous importe que le *referendum* soit obligatoire pour toute modification ou qu'il n'existe que dans certains cas, qu'il soit soumis à des délais plus ou moins longs, qu'il rende préalable telle ou telle mesure de publicité, et que les bases sur lesquelles on calcule la majorité ne soient pas partout les mêmes (2). Nous ne considérons que le principe général : la nécessité d'un plébiscite.

Cet appel au pays se présente à deux reprises : avant et après l'élaboration du projet de revision.

Avant la revision, on consulte le peuple pour savoir

(1) Peut-être serait-il plus exact de dire l'unanimité des États de l'Union ; la difficulté, l'impossibilité même de se procurer en France les Constitutions actuelles, sans cesse modifiées, de ces divers États ne nous a pas permis une affirmation catégorique.

(2) Ainsi dans le canton de *Zug*, l'article 33 de la Constitution de 1873 exigeait, pour qu'une réforme constitutionnelle fut adoptée, la majorité absolue des citoyens ayant droit de suffrage ; une loi du 30 octobre 1881 se contente de la majorité absolue des votants.

si le besoin d'une modification constitutionnelle se fait généralement sentir, et si telle institution a cessé d'être en harmonie avec les aspirations nationales. La majorité se prononce-t-elle pour l'affirmative, on convoque alors l'assemblée chargée de préparer le nouveau texte. Le chancelier Kent disait en 1821 à propos de la réforme de la Constitution de New-York : « La Constitution est la volonté du peuple sous sa forme expresse : elle a pour objet la protection permanente, le bonheur durable de la génération présente et de la génération future ; la théorie républicaine et la pratique constante du pays exigent qu'on ne puisse à aucun degré altérer cet acte sans que le peuple ait exprimé formellement sa volonté sur ce point » (1). Le principe est de toute vérité, et nous ne saurions y contredire : c'est une application de la souveraineté nationale. Mais en résulte-t-il qu'on doive directement consulter le peuple. Oui peut-être dans l'État de New-York ; oui peut-être dans la plupart des cantons suisses et des États de l'Union : c'est en effet « la pratique constante du pays », c'est le fonctionnement régulier, habituel des institutions politiques. Mais peut-on dire que la « théorie républicaine » exige le *referendum ;* nous ne le pensons pas. Le peuple doit pouvoir se prononcer sur la question de revision et imposer les modifications qu'il désire ; mais un plébiscite n'est pas indispensable pour atteindre ce but : des élections ou spéciales ou ordinaires indiqueront l'opinion générale de la façon la plus légale et la plus indiscutable. Par le choix de leurs représentants les citoyens, qui veu-

---

(1) Laboulaye, *Questions constitutionnelles*, p. 387.

lent reviser, triompheront facilement s'ils sont la majorité.

Les idées, que nous venons d'indiquer, sont tellement
pratiques et rationnelles, que certains cantons suisses,
et un grand nombre d'États américains n'exigent pas
cette première consultation nationale : ils laissent à la
Législature, à la représentation naturelle du pays, le
soin de demander, de décréter la revision et ne se considèrent pas comme moins démocrates que leurs voisins. Et pourtant ces divers États sont habitués à la
pratique du *referendum* ! Combien plus devons-nous
écarter toute tentative d'assimilation, nous qui nous
heurterions aux difficultés matérielles, que soulèverait
l'application de ce principe dans un grand pays comme
la France ! La consultation de quelques milliers d'électeurs peut donner de bons résultats ; le vote de plusieurs
millions de citoyens serait inutile et fatalement dénaturé.

Cette procédure constitutionnelle paraît simple et rigoureuse à l'observateur superficiel ; elle n'est pourtant
pas exempte de défauts. Alors même que nous ferions
abstraction des difficultés d'application, alors même
que nous l'analyserions dans le milieu le plus favorable,
c'est-à-dire dans un petit État, où les habitants peu nombreux jouissent depuis de longues années d'une liberté
absolue et sont familiarisés avec cette institution, elle
ne nous donnera pas le reflet exact de l'opinion publique. Que demande-t-on aux électeurs ? On leur demande
s'ils désirent la revision, et ils ne peuvent répondre à la
question que par oui ou par non. Lorsque la majorité
aura voté affirmativement, il sera bien prouvé que cette

majorité veut modifier quelque chose, mais non quel est
ce quelque chose. J'ai répondu oui parce que je désirais
étendre les attributions du Sénat; mon voisin a voté
oui parce qu'il est partisan de la suppression du Sénat.
Nos deux voix se sont réunies, et ajoutées à d'autres, qui
poursuivent peut-être quelque réforme d'ordre tout différent, elles ont suffi à faire déclarer que la revision
était nécessaire. La revision a lieu, et si elle porte sur
les droits du Sénat, il est certain qu'elle mécontentera
l'un de nous deux. Si la Chambre haute est par exemple
supprimée, je n'aurai à m'en prendre qu'à moi-même,
qui par mon vote affirmatif ai approuvé la revision : je
suis allé contre le résultat poursuivi. L'appel au pays sera
donc le plus souvent une apparence trompeuse. Puisqu'il
ne reproduit pas fidèlement l'opinion générale, puisqu'il
ne nous permet pas de préciser nos desiderata, nous lui
préférons la consultation normale par l'élection de représentants, dont nous connaissons et approuvons les
idées de réforme. — Peut-être notre critique est-elle
trop sévère, injuste même ; le système ne fonctionne-t-il
pas régulièrement en Suisse ? Peut-être faudrait-il pour
juger en toute équité être plus familiarisés que nous ne
le sommes avec les institutions vraiment démocratiques.
Si nous nous sommes trompés, c'est que nous n'avons
pas su nous débarrasser de nos mœurs politiques, et que
nous n'avons pu apprécier une organisation étrangère,
qui échappe à l'éducation constitutionnelle, si rudimen-
taire, il est vrai, de notre esprit national.

Un second *referendum* suit la préparation du projet
de revision : c'est sur la ratification ou le rejet de la ré-

forme que se prononcent directement les électeurs. Le vote est cette fois clair et précis, il porte sur un texte formel. On ne vote pas sur une question d'ordre général pouvant être diversement interprétée ; on approuve la nouvelle rédaction, ou l'on préfère le maintien des articles primitifs. La souveraineté du peuple s'exerce ainsi sans intermédiaire.

Nous avons déjà apprécié la valeur du *referendum* en étudiant les Constitutions impériales, et nous maintenons nos conclusions, persuadés que ce mode de consultation n'est logique et sincère qu'en apparence. Que l'on comprenne bien notre pensée : nous ne le méprisons nullement, nous apprécions ses avantages et ses qualités, et nous ne prétendons pas nous approprier la critique par trop sévère que nous lisons dans les *Considérations sur les Gouvernements*, de Monnier, p. 59 : « Oser soumettre la Constitution au jugement des provinces, serait vouloir sacrifier la France pour des subtilités métaphysiques, l'exposer à tous les fléaux réunis, et ruiner pour jamais la plus belle contrée de l'Univers ». Mais nous ne saurions partager l'enthousiasme qu'un pareil système paraît soulever chez certains esprits ; et lorsqu'on le déclare parfait, de beaucoup supérieur à notre régime actuel, nous ne pouvons nous empêcher de remarquer et de signaler ses fâcheux inconvénients.

On peut tout d'abord reprocher au plébiscite de promettre beaucoup et de tenir fort peu. Les pays, qui l'admettent, connaissent, dit-on, « le gouvernement du peuple par le peuple et pour le peuple ». La formule ne serait peut-être pas du goût de tout le monde ; nous l'acceptons cependant, et nous demandons alors comment le *referendum* produit à lui seul un pareil résultat. Ne soyons pas dupes des mots et allons au fond des choses : comment en réalité se fait cette consultation populaire ? Le projet de revision préparé par une assemblée élue est publié par les journaux ou par voie d'affiches ; les électeurs ont été du reste tenus au courant par les débats auxquels a donné lieu l'élaboration de la réforme. Ils vont se prononcer en connaissance de cause, tout autant du moins que le permettra leur éducation politique. Et ce n'est pas là le moindre inconvénient du plébiscite, lorsqu'il faut statuer sur des questions complexes, délicates, qui embarrassent les esprits les plus éminents, les hommes d'État les plus remarquables, d'en appeler à tous les citoyens, à la masse populaire ; elle comprend ses intérêts directs, elle sait apprécier la valeur et la capacité de ses mandataires, mais quelles que soient ses habitudes de liberté et de démocratie elle ne pourra sur des problèmes aussi abstraits que subir et suivre des impulsions.

Les Constitutions même les plus démocratiques se sont heurtées à cette incompétence du corps électoral, lorsqu'elles ont voulu appliquer les principes ; elles ont dû leur faire subir les plus graves dérogations, et tout en maintenant les lignes principales et primitives de l'édifice, elles en ont transformé tout l'aménagement. Quelle est en effet l'intervention directe du peuple dans la revision ? Ce n'est plus que le droit d'une chambre d'enregistrement ; il se prononce pour ou contre l'amendement proposé ; par oui ou par non il l'adopte ou le rejette ; et c'est là tout son rôle. Il n'est pas appelé à discuter, à donner ses appréciations sur tel point de détail ; il ne peut pas présenter d'amendements, accepter une partie de la réforme et refuser l'autre. C'est un tout indivisible sur lequel il doit se prononcer ; oui ou non cette modification vous convient-elle, telle que nous l'avons rédigée ? Combien se trouve ainsi réduit ce rôle des citoyens qui devait être prépondérant ! où voit-on ce « gouvernement du peuple par le peuple ? » — On nous répondra que les difficultés matérielles sont seules responsables d'un tel changement, et qu'il a paru impossible de faire délibérer directement un trop grand nombre de citoyens. L'objection est trop fondée pour que nous ne nous en emparions pas immédiatement. Ces obstacles pratiques sont incontestables, et c'est pour cela que nous sommes hostiles à tout *referendum*. Nous aussi nous voulons consulter le peuple sur la revision, nous aussi nous reconnaissons sa souveraineté ; mais, puisqu'il ne peut l'exercer directement, qu'il remette à des mandataires compétents le soin de modifier sa Constitution, qu'il donne son avis dans les élections, qu'il traduise ses désirs par un mode naturel, normal et facile. A quoi bon lui donner l'illusion d'un pouvoir, qu'il n'exerce pas ? La nomination de représentants vaut le plébiscite le plus formel. Pour prendre un exemple, les cinq élections législatives, qui ont eu lieu depuis 1875, ne sont-elles pas la meilleure ratification de notre Constitution ?

On nous accusera encore de juger la cause uniquement à notre point de vue national. Le souvenir des plébiscites impériaux vous obsède, dira-t-on, et vous généralisez les faits regrettables qui se sont produits en France à cette époque. Certes une pareille leçon ne saurait être négligée, et nous avons essayé précédemment d'en déduire les conséquences. Mais nous posons la question sur un terrain plus vaste, et c'est aux précédents étrangers que nous faisons appel. Parcourant l'histoire constitutionnelle des cantons Suisses et des États de l'Union, nous constatons des revisions incessantes. Il ne s'y passe guère d'années qu'on n'établisse une Constitution, ou qu'on n'en réforme une autre. Une statistique dressée par M. le professeur Vogt prouve qu'en Suisse une Constitution cantonale ne dure pas en moyenne plus de 17 ans (nous ne parlons que des revisions totales). Aux États-Unis il y a eu depuis un siècle plus de 200 modifications de ce genre. La conclusion est que chaque parti en arrivant au pouvoir, transforme la Constitution dans le sens qui lui est le plus favorable. Nous avons déjà dit que le plébiscite était la carte forcée, et que tout gouvernement trouvait en lui un serviteur fidèle. Ce qui était vrai pour la France l'est aussi à l'étranger. Dans les pays qui nous occupent la revision est une arme de parti, un moyen d'arriver au pouvoir ou de s'y maintenir. Un événement qui date de hier en est la preuve manifeste ; c'est la révolution du Tessin. Que voulait le parti radical en demandant la revision ? Battu aux dernières élections il voulait substituer au mode électoral actuel, reposant sur une délimitation artificielle des circonscriptions, le système des cercles basé sur le chiffre de la population. C'est qu'il prétend avoir la majorité numérique dans le canton et qu'il accuse ses adversaires de ne do-

miner que grâce à un système ingénieux de délimitation
des collèges. Avait-il ces scrupules lorsqu'il était au pouvoir? Non certes, et la revision n'est pour lui qu'un
moyen de lutte. Que devient en présence d'un tel état de
choses le respect dû à la loi fondamentale, et ne devons-
nous pas préférer le système plus généralement admis
et non moins libéral de la revision par les seuls pouvoirs
constitués?

III. — Conclusion.

Si nous dégageons maintenant de cet ensemble de législations les principes, qui sont le plus généralement
admis, nous voyons triompher de la façon la plus formelle le système que nous avons toujours défendu. L'immense majorité des Constitutions nous répondent : *pas
de revision par une Assemblée Constituante, extraordinaire et omnipotente ; — pas davantage de revision trop
facile, permettant de modifier la Loi constitutionnelle
comme une loi ordinaire.*

Première règle générale. — La revision sera l'œuvre
des pouvoirs constitués, c'est-à-dire du peuple lui-même
par sa représentation normale. On a trouvé généralement pratique et naturel de confier une tâche aussi
lourde, une réforme aussi importante aux législateurs,
qui ont en matière constitutionnelle comme en matière
législative la plus grande compétence. On ne sent pas
la nécessité de créer un rouage spécial. Ce sont les mêmes assemblées qui exercent le pouvoir constituant et le

pouvoir législatif ; mais ces pouvoirs n'en restent pas moins distincts, comme nous le verrons tout à l'heure, et gardent chacun leur individualité propre, leurs caractères spéciaux.

Quelques pays font exception à cette première règle : nous les avons classés dans le chapitre 3 des États Unitaires ; en outre certains États de l'Union (groupe 4) appliquent ou non ce principe, suivant les circonstances. Remarquons tout d'abord que les pays auxquels nous faisons allusion forment une infime minorité, et qu'ils sont tous de peu d'importance. Quel est le système auquel se rallient ces diverses Constitutions ? Elles confient la revision à des assemblées spéciales, à des Constituantes. Ainsi la thèse si ardemment soutenue en France sur la nécessité d'une Constituante paraît avoir reçu l'adhésion de plusieurs peuples ; ainsi ils peuvent invoquer des précédents étrangers, ceux qui demandent sans relâche la convocation d'une Convention, d'une assemblée spéciale, qui serait l'émanation directe du peuple, et qui représentant la nation exercerait sa souveraineté et jouirait d'une omnipotence absolue. Une telle conclusion serait une grave erreur. Nous tenons à le dire bien haut, pour qu'il n'y ait pas la moindre équivoque : *aucune nation ne reconnaît la souveraineté de ses représentants*. Nous ne parlons pas seulement des pays où la revision se fait par les pouvoirs constitués (il est dans ce cas de toute évidence que les législateurs n'ont qu'un mandat limité) ; nous préoccupant surtout des Assemblées Constituantes, nous n'en trouvons pas une seule, qui puisse se déclarer omnipotente : partout existe la revision limitée.

Relisez l'article 201 de la Constitution Serbe, vous y verrez que « la grande Skoupstchina nationale peut statuer seulement sur les amendements et additions à introduire dans la Constitution renfermés dans la proposition en vertu de laquelle elle a été convoquée ». De même au Paraguay ; de même aux États-Unis, qu'on invoque sans cesse. Les assemblées de revision, les Conventions, y sont renfermées dans le cercle étroit d'un devoir bien tracé. Les Américains ne sont pas tentés comme nous d'identifier le mandataire et le mandant ; ils ne se contentent pas de déclarer que la souveraineté est inaliénable, mais ils déduisent les conséquences de ce principe. Les représentants ne sont qu'un pouvoir subalterne : ils ont des devoirs envers leurs électeurs, mais non des droits sur eux. Les Conventions loin d'être omnipotentes ne sont qu'une simple commission chargée de préparer le projet de revision. En 1829, John Randolph précisait nettement cette conception constitutionnelle devant la Convention de Virginie : « Nous sommes ici des avocats que consulte le peuple, des médecins politiques chargés de proposer un remède pour les maladies dont souffre l'État ; nous n'avons pas le droit de voter un acte qui engage la nation ; nous sommes les humbles conseillers du peuple (1) ». Les Conventions omnipotentes n'ont existé aux États-Unis, que pour voter l'ordonnance de Sécession, et devant la Convention d'Alabama, Yancey expliquait ainsi leur nouveau rôle, celui qu'on voudrait introduire en France : « la Convention est omnipotente : il n'y a point de pouvoirs réservés. Le peuple est ici dans

(1) Jameson, *The Constitutional Convention*, p. 294.

la personne de ses députés. Vie, liberté, propriété, tout est dans nos mains. Tous nos décrets sont suprêmes sans ratification, parce que ce sont les décrets du peuple agissant dans sa capacité souveraine (1) ». Ces Conventions ont voté la guerre et ont par suite laissé les plus mauvais souvenirs. Pour un Américain le meilleur moyen de perdre une République, c'est de confier sa Constitution à une Assemblée unique et omnipotente, c'est de la livrer à la « dictature parlementaire ».

Seconde règle générale. — La Constitution qui est revisée par les pouvoirs constitués ne devra pourtant pas être confondue avec une loi ordinaire. Tous les pays que nous avons étudiés, sauf la Prusse et l'Angleterre, maintiennent cette distinction. Nous avons insisté longuement sur l'intérêt que présentait la stabilité de la Constitution, sur le respect dont elle devait être entourée ; nous ne reviendrons pas sur cette discussion théorique, nous contentant de signaler l'accord unanime des Constitutions étrangères. Toutes ont pensé qu'une revision ne pouvait être traitée comme une réforme législative, et qu'il fallait rendre solennel et rigoureux l'exercice du pouvoir constituant. La loi fondamentale reste une loi spéciale, supérieure, à l'abri des attaques journalières et des discussions irréfléchies. Ce but a été atteint de divers moyens : la plupart des Constitutions exigent pour leur revision une majorité spéciale, soit des trois quarts, soit ordinairement des deux tiers des membres de l'assemblée compétente ; d'autres procèdent à de nouvelles élections ; d'autres enfin imposent deux résolutions con-

____
(1) Jameson, *op. c.*, p. 296.

formes prises par deux législatures consécutives. Presque partout existe une ligne de démarcation entre l'autorité qui réclame la réforme et celle qui l'accomplit.

La Constitution française de 1875 se contente pour toute solennité de la réunion des deux Chambres en Congrès. C'est donc, l'Angleterre et la Prusse exceptées, la Constitution la plus libérale, celle qui apporte le moins d'entraves à sa revision, et rapproche le plus le pouvoir constituant du pouvoir législatif : l'article 8 contient une réglementation des moins sévères, une de celles qui gênent le moins l'esprit d'innovation. Que deviennent dès lors toutes les critiques adressées à un système, qu'on prétendait hérissé d'obstacles ? La pratique en avait déjà fait justice ; la législation comparée est encore plus formelle. La revision, telle qu'elle est organisée en France et par les textes et par la jurisprudence constitutionnelle, n'est que l'application sincère des vrais principes ; elle laisse à la forme gouvernementale actuelle le caractère d'un édifice achevé, mais autorise et facilite les modifications qui seront jugées utiles par la souveraineté nationale. Étant un ouvrage de main d'homme notre Constitution est accessible au progrès de la raison et de l'expérience ; mais chaque réforme sera consacrée avec cette solennité, et cette réserve qui attestent les convictions et les espérances d'une nation.

Et pourtant nous ne pouvons arrêter notre étude sur cette dernière phrase; nous avons constaté toutes les qualités de la clause actuelle de revision, mais il nous est impossible de conclure avec sérénité, et nous terminons sur une parole de doute. Les mécanismes constitution-

nels n'ont pas de valeur propre indépendamment des
forces morales et sociales, qui les mettent en mouvement, et dès lors la revision offre un moyen trop commode d'agitation pour que les partis politiques songent
à l'abandonner : la question reste et restera toujours ouverte.

POSITIONS

Prises dans la thèse.

DROIT ROMAIN.

I. — La division par curies n'est pas un sectionnement par quartiers.

II. — L'âge requis pour briguer les magistratures municipales est essentiellement variable d'après les usages locaux.

III. — Contrairement à ce qu'ont pensé certains auteurs, il n'existe pas de *Lex municipalis* générale.

IV. — Tout candidat était patronné par des *collegia*, sortes de comités électoraux.

V. — L'*ordinatio comitiorum* faite par Tibère se limitait à Rome.

DROIT FRANÇAIS.

I. — Une constitution sage prévoit et facilite sa revision.

II. — La modification constitutionnelle se distingue par quelque forme solennelle de la réforme d'une loi ordinaire.

III. — L'exercice du pouvoir constituant ne nécessite ni assemblée distincte, ni consultation spéciale du corps électoral.

IV. — La majorité exigée au sein de l'Assemblée nationale pour une revision est de la moitié plus un des sièges.

V. — Les pouvoirs de l'Assemblée nationale sont limités par la résolution des deux Chambres, qui déclare la nécessité d'une revision.

Prises en dehors de la thèse.

DROIT ROMAIN.

I. — L'erreur sur l'origine de la propriété *error in dominio* ne nuit pas à la validité de la tradition.

II. — Il n'y a pas de donation sans la volonté du donataire.

III. — L'usucapion est possible pour le demandeur comme pour le défendeur dans le cas de chose jugée.

IV. — La garantie n'est pas de droit dans la constitution de dot.

DROIT CIVIL.

I. — Toute clause qui modifie l'actif ou le passif de la communauté légale n'a qu'un seul effet principal et direct.

II. — La constitution de dot est un contrat à titre gratuit.

III. — Le rang de l'hypothèque légale de la femme mariée est acquis au jour de la formation de la créance qu'elle est destinée à garantir.

VI. — L'héritier qui acquiert sur licitation un immeuble de la succession grevé d'hypothèques ne peut pas purger.

DROIT PÉNAL.

I. — Les articles 199 et 200 du Code pénal ne sont pas en contradiction avec le principe de l'entière sécularisation du mariage.

II. — On ne peut former une demande en revision fondée sur

l'inconciliabilité de deux jugements contradictoires, s'ils n'em-
portent condamnation.

III. — La tentative d'avortement n'est pas punissable, lors
même qu'elle a été commise par toute autre personne que la
femme.

IV. — La réconciliation intervenue entre les époux pendant
l'instance d'appel profite au complice de l'adultère.

                              Vu par le Président de la thèse,

Vu par le Doyen,   Ph. JALABERT.
COLMET DE SANTERRE.

               Vu et permis d'imprimer :
        Le Vice-recteur de l'Académie de Paris.
                GRÉARD.

TABLE DES MATIÈRES

DROIT ROMAIN

———

DROIT FRANÇAIS

PREMIÈRE PARTIE

Les Constitutions Françaises avant 1875.

DEUXIÈME PARTIE

La Constitution du 25 février 1875.

FIN

Imp. G. Saint-Aubin et Thevenot, Saint-Dizier (Haute-Marne), 30, Passage Verdeau, Paris.